「社長」の本分

社会的価値を創出する思考力と実行力

公認会計士
「黒字社長塾」主宰 武田雄治［著］

中央経済社

はじめに

本書は，経営者（特に社長）をターゲットに，「『社長』の本分」について書いた本である。

社長が，経営を行うためには，以下のような能力が必要となる。

- 壮大な夢を描く力
- 誰も考えないようなことを考え抜く思考力
- 思ったら直ぐに実行に移す圧倒的な行動力
- 失敗を失敗と思わない忍耐力
- 多くの人を惹きつける人間力
- 顧客を振りむかせるマーケティング力
- 数字から実態や問題点を読み解く読解力
- 簡潔に物事を伝えるプレゼン力
- 社員のやる気を引き出すマネジメント力

しかし，そのような能力・スキルを全体的・大局的・俯瞰的に学ぶ書籍が見当たらない。そこで，社長に必要な能力・スキルを俯瞰できるような書籍を書くことにした。

筆者は，公認会計士試験（旧２次試験）に合格後，監査法人で監査実務を，東証上場企業で経理実務を学び，その実務経験を通して「経理を変えれば会社は変わる」ということを痛感した。そこで，2005年に経理業務改善を行うコンサルタントとして独立し，現在に至るまで，主に上場企業の決算・開示支援，決算早期化支援を行っており，この分野では第一人者と称されるようになった。

転機は2011年に起きた。同年に発生した東日本大震災の直後，多くの中小企業の資金繰りが逼迫しているのを目の当たりにし，「日本の会社の99％以上を占める中小企業こそ救わなければならない」と痛感し，中小企業に特化した経営コンサルティング事業「黒字社長塾」® を立ち上げたのである。上場企業だけでなく，中小企業を支援するようになり，また，会計だけでなく，経営も支援するようになった。

それ以降，売上数兆円の上場企業の経営者・経理担当者から，売上ゼロのベンチャー企業の社長まで，また，80代の会長から10代の起業家まで，実に多くの経営者等と向き合い，意見を交わし，あらゆる改善を支援してきた。我が国に33,000人以上いる公認会計士（2022年３月末日時点）の中で，筆者ほど幅広い経営者と向き合ってきた者は数少ないだろう。

本書は，「黒字社長塾」® を立ち上げてから10年間のコンサルティングの経験をもとに，「『社長』の本分」とは何かについてまとめたものである。

そもそも「経営」とは何なのだろうか。

筆者は，**経営とは，「社会的価値を創出する方法」**と定義している（【図表序－1】参照）。経営は，私利私欲のために行うものではなく，世のため，社会のため，人々のため，全従業員のために行うものである。企業は「社会の主要な構成要素」であり，「社会性」を無視して経営は成り立たない。社会的に価値があるものを創出し，顧客に提供して利潤を獲得し，その利潤を再配分しながら，会社と事業を成長させなければならない。

そのためには，社長の**「思考力」**（社会的価値を創出する方法を考えること）と**「実行力」**（社会的価値を創出する方法を実行すること）の両輪が欠かせない。前者は，構想力，企画力，戦略立案力，計画立案力ともいえる。後者は，マネジメント力，マーケティング力ともいえる。

「思考力」「実行力」の土台・支柱となるのが経営理念であり，会計リテラシーであり，リーダーシップ力である。

なお，社長の「思考力」「実行力」は，常に外部環境要因の劇的な変化にさらされる。社長業とは，**環境変化対応業**でもある。

多くの社長が，この経営の全体像が見えておらず，部分に追われているのではないだろうか。そのため，目の前の雑務に精一杯となり，思い描いた壮大な夢を忘れてしまっている。そうやって，顧客の創造より，月末の支払いに目がいっていないだろうか。それでは，社会的価値の創出も，夢の実現も不可能で

【図表序-1】経営とは何か

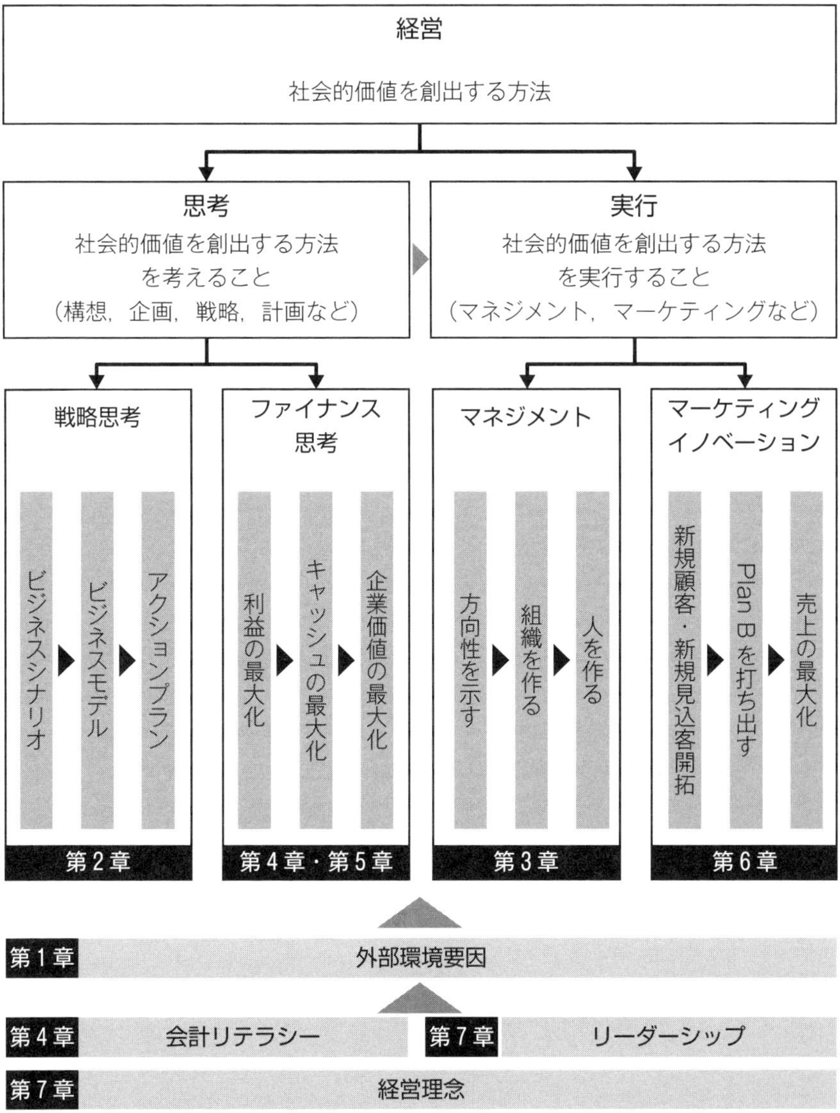
経営
社会的価値を創出する方法
思考
社会的価値を創出する方法
を考えること
（構想，企画，戦略，計画など）
実行
社会的価値を創出する方法
を実行すること
（マネジメント，マーケティングなど）
戦略思考
ビジネスシナリオ
ビジネスモデル
アクションプラン
第2章
ファイナンス
思考
利益の最大化
キャッシュの最大化
企業価値の最大化
第4章・第5章
マネジメント
方向性を示す
組織を作る
人を作る
第3章
マーケティング
イノベーション
新規顧客・新規見込客開拓
Plan B を打ち出す
売上の最大化
第6章
第1章
外部環境要因
第4章
会計リテラシー
第7章
リーダーシップ
第7章
経営理念

ある。

そこで本書は，MBA 講義や経営学術書に書かれているような専門的・理論的な内容は省き，できるだけ平易に，経営の全体像と，社長業（社長の本分）の全体像を示し，体系的に説明することを試みた。より専門的・理論的な内容を知りたい方は，専門書・学術書を大いに参考にして頂きたい。

また，本書は「読みもの」としての書籍にとどまらず，17種類の「ビジネステンプレート」を用意しており，本書を読みながら「ビジネステンプレート」を作成していくことにより，最後には経営戦略・経営計画（これらを本書では「**ビジネスシナリオ**」という）が完成するようになっている。単に「読みもの」として読み流すのではなく，本書を「マニュアル」として活用し，「ビジネステンプレート」に向かい合い，頭を使い，手を動かしながら，読み進めてほしい。

巻末資料には，本書に掲載している17種類の「ビジネステンプレート」の雛形をすべて載せているので，各ページを A4サイズに拡大コピーしてから読み進めることをお薦めする。

本書が，ひとりでも多くの社長の経営のバイブルとなれば至上の喜びである。

なお，本書は，多くの方々の叡智を編集してできあがったものである。

筆者が公認会計士として独立してから16年間，師としてモノの見方・考え方を教え続けてくれた株式会社 LDSS 前 代表取締役の故池田重樹さんは，本書の執筆を応援して下さり，本書に掲載している多くのビジネステンプレートやコンテンツの提供をして頂いた。執筆中に病気により他界され，本書を直接届けられなかったのは残念無念である。

また，故池田師匠の元アシスタントであり株式会社 LDSS 現 代表取締役の中嶋歩美さん，池田師匠と共に一緒に学びあった同志 栢野正典さん，黒字社長塾のクライアントの経営者の皆さん，黒字社長塾のセミナーの受講者の皆さん，中央経済社の坂部秀治編集長の協力なくして本書は完成しなかった。この場をお借りして，深く感謝を申し上げます。

2022年３月

公認会計士　**武田雄治**

- 本書に掲載している各種テンプレートは，株式会社LDSS，もしくは，武田雄治の著作物である。株式会社LDSS，もしくは，武田雄治の書面による許可なしに，複写，引用，又は読者以外の第三者の閲覧に供することを禁じる。
- 歴史上の人物の敬称は省略している。

本書の

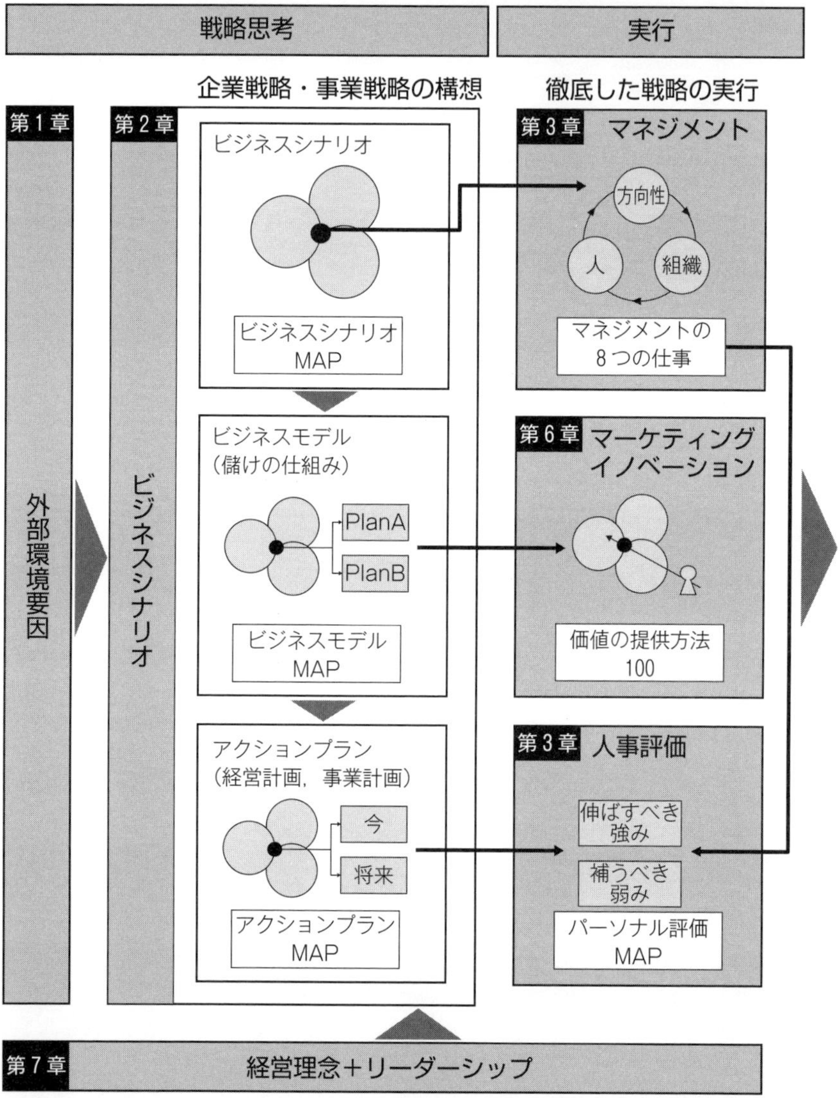
戦略思考
実行
企業戦略・事業戦略の構想
徹底した戦略の実行
第1章
外部環境要因
第2章
ビジネスシナリオ
ビジネスシナリオ
ビジネスシナリオ
MAP
ビジネスモデル
(儲けの仕組み)
PlanA
PlanB
ビジネスモデル
MAP
アクションプラン
(経営計画,事業計画)
今
将来
アクションプラン
MAP
第3章
マネジメント
方向性
人
組織
マネジメントの
8つの仕事
第6章
マーケティング
イノベーション
価値の提供方法
100
第3章
人事評価
伸ばすべき
強み
補うべき
弱み
パーソナル評価
MAP
第7章
経営理念+リーダーシップ

全体像

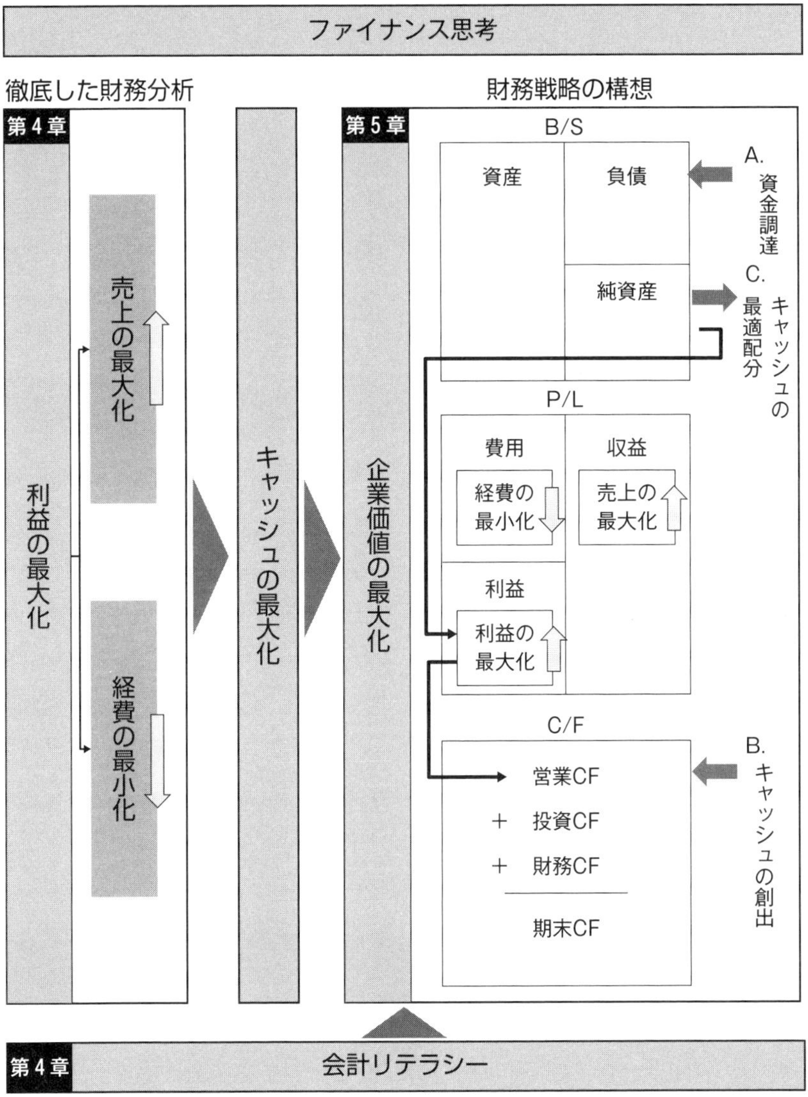
ファイナンス思考
徹底した財務分析
財務戦略の構想
第4章
利益の最大化
売上の最大化
経費の最小化
キャッシュの最大化
第5章
企業価値の最大化
B/S
資産
負債
純資産
A. 資金調達
C. 最適配分 キャッシュの
P/L
費用
経費の最小化
収益
売上の最大化
利益
利益の最大化
C/F
営業CF
＋ 投資CF
＋ 財務CF
期末CF
B. キャッシュの創出
第4章
会計リテラシー

CONTENTS

巻末付録 ビジネステンプレート

経営環境の変化

第1章

第１章の全体像

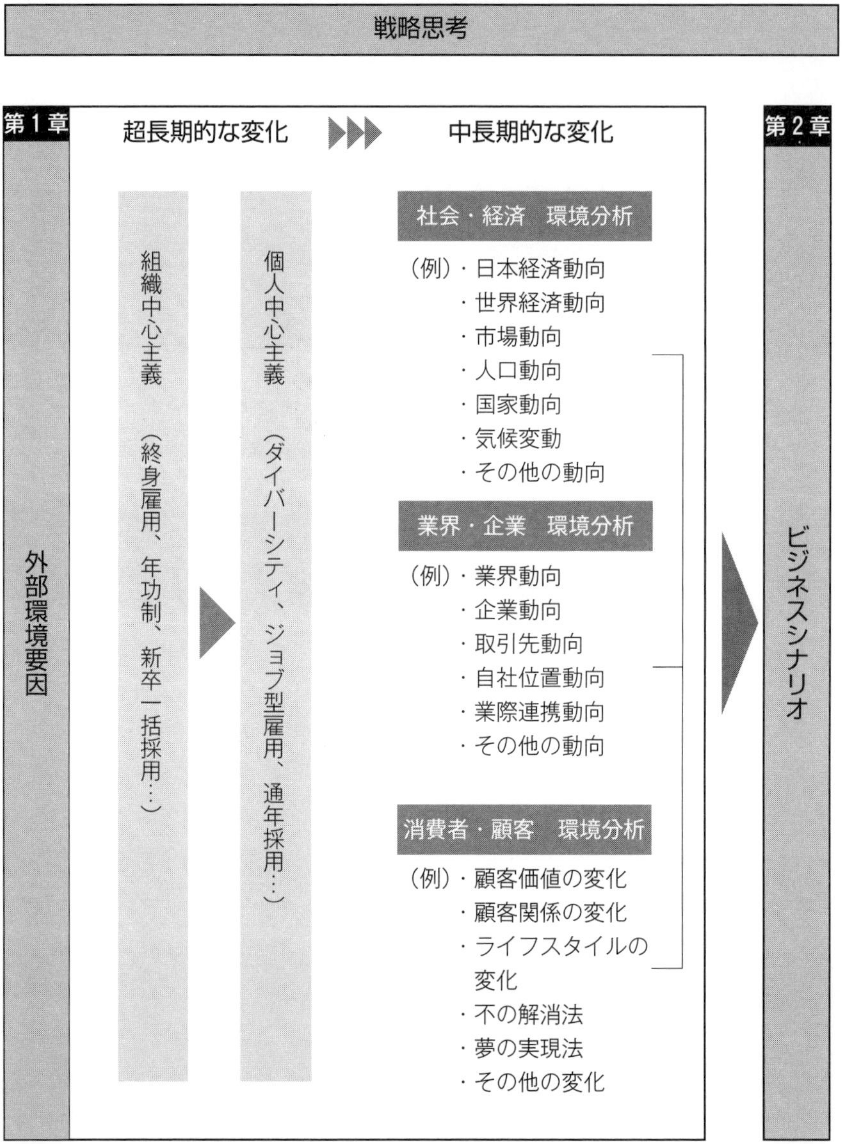
戦略思考
第１章
外部環境要因
超長期的な変化
中長期的な変化
組織中心主義（終身雇用、年功制、新卒一括採用…）
個人中心主義（ダイバーシティ、ジョブ型雇用、通年採用…）
社会・経済　環境分析
（例）・日本経済動向
・世界経済動向
・市場動向
・人口動向
・国家動向
・気候変動
・その他の動向
業界・企業　環境分析
（例）・業界動向
・企業動向
・取引先動向
・自社位置動向
・業際連携動向
・その他の動向
消費者・顧客　環境分析
（例）・顧客価値の変化
・顧客関係の変化
・ライフスタイルの変化
・不の解消法
・夢の実現法
・その他の変化
第２章
ビジネスシナリオ

1．環境変化に対応できないものは死ぬ

(1)　努力すれば和式便器は売れるのか

優れた経営者は，壮大な夢を描く力が必要であり，それを実行する力が必要である。その夢を実現するために会社があり，事業を立ち上げたのだと思う。では，夢と行動だけで成果を上げることができるのか。圧倒的な行動力だけで成果を上げることができるのは，若い会社か，小さい会社だけだろう。夢をカタチにするには「技術」がいる。

言うまでもないことだが，ビジネス環境は，不透明・不確実・不連続かつ劇的に変化する。１年たりとて同じ環境ということはない。リーマンショックやコロナショックで世界は変わったといわれるが，既に起こっていた変化が加速したにすぎず，ショッキングな変化は今後も必ず起こる。

同じように，消費者や顧客のニーズ・嗜好も劇的に変化する。去年ブームを巻き起こしたものが，今年は見向きもされないということは想定外でもなんでもない。

ビジネス環境も，顧客のニーズも，常に激的な変化をしている中で，最も変化できていないのは自分（売主）ではないだろうか。売主は本来，最も変化に敏感であり，最も行動に俊敏であり，変化を先取りした商品・サービスを提供しなければならないところ，ビジネス環境の変化や，顧客のニーズの変化についていけていない。一代で「流通帝国」を築き上げ，小売業界で初めて売上高１兆円を突破したダイエー創業者中内㓛をもってしても，時代の変化や消費者のニーズの変化を捉えることはできず，バブル経済の崩壊を追いかけるように帝国も崩壊した。当時のダイエーが，イオンの傘下になるとは，誰が予測しただろうか。外部環境が激的に変化を繰り返す中で，自分（売主）が変わり続けることは非常に難しいことであるが，**環境変化に対応できないものは淘汰される運命にあること**は歴史が証明している。

ビジネス上の「失敗」の原因をまとめた本が多く出版されている[1]。それらに書かれていることの共通点は，経営トップの環境の見誤りやリスク認識の甘

さ，リーダーシップやマネジメントの機能不全，ビジネスモデルの陳腐化などである。逆にいえば，外部環境とリスクへの対応（本章2．参照），ビジネスモデルの再構築（第2章参照），マネジメントの遂行（第3章参照），リーダーシップの発揮（第7章参照）などを怠らなければ「失敗」することはないといえる。しかし，それができている経営トップはほとんどいない。

2011年に「黒字社長塾」の事業を開始して驚いたのは，たった数年で売上高が5割，7割と減少した中小企業があまりにも多い実態であった。そういう会社の社長から「売上を上げたい」「黒字にしたい」という相談を受ける。「売上高がここまで下がっているのに，なぜ何のイノベーションも起こさなかったのか」と問うと，ほぼすべての社長が同じような言い訳をする。「環境が変化しただけで，自分は悪くない」，「自分は一生懸命に仕事をしてきた」と。まさに，ゆでガエル型の衰退を地で行く会社である。

繰り返すが，圧倒的な行動力だけで成果を上げることはできない。あなたがどれだけ熱意を持って営業しても，どれだけ努力をしても，和式便器は絶対に売れない。売上高が激減して相談にくる会社は，何年も同じ商品・サービスを売り，何年も同じパンフレットを使い，何年もホームページを更新せず，一度たりともイノベーションを起こしていない。古めかしいホームページを何年も更新せず，誰があなたの会社に問い合わせをするというのか。

経営の神様 稲盛和夫氏は，「人生・仕事の成果」を「考え方×熱意×努力」という一行の方程式で示した。「熱意」や「努力」は0～100まであるが，「考え方」はマイナスもあり得る。つまり，「考え方」がマイナスであれば，「熱意」が大きければ大きいほど，「努力」が大きければ大きいほど，結果は大きなマイナスとなる。仕事で成果がでないのは，「考え方」が根本的に間違えているのではないだろうか。環境変化に適合せず，独りよがりのビジネスをしているのではないだろうか。

1　例えば，ジム・コリンズ著『ビジョナリーカンパニー3　衰退の五段階』（日経BP社，2018年），シドニー・フィンケルシュタイン著『名経営者が，なぜ失敗するのか？』（日経BP社，2004年）は名著。廣松隆志著『なぜ倒産』（日経BP，2018年），荒木博行著『世界「倒産」図鑑』（日経BP，2019年）なども参考になる。ビジネス上の「失敗」の原因をまとめたものではないが，戸部良一著『失敗の本質　日本軍の組織論的研究』（中公文庫，1991年）は経営者にも有益である。

筆者は，この稲盛方程式の「考え方」を，**「モノの見方・考え方」**と拡大解釈している。社長の「考え方」だけでなく，**「モノの見方」**が大切であり，それを誤ると成果はでないからである。ここでいう「モノの見方」とは，ビジネス環境と，顧客のニーズを含む。外部環境の変化に自らが串を刺しにいかなければならない。海の中に潜り，モリを持ってじっとしていても永遠に魚を捕まえることはできない。魚の動きよりも素早く，自らモリを刺しにいかねば獲物を捕まえることは絶対にできない。ビジネスも同じである。

⑵　ビジネス環境の大きな変化に関心を持っているか

ビジネス環境は，不連続かつ劇的に変化する。このビジネス環境の変化は，１～３年スパンでやってくる大きな変化（中長期的な変化）と，10～30年スパンでやってくる，さらに大きな変化（超長期的な変化）がある。**優れた経営者は，どちらの変化にも敏感であり，その変化の先頭に立ち，変化を取り入れる。**10～30年スパンの超長期的な変化をキャッチして，イノベーションを起こし，１～３年スパンの中長期的な変化をキャッチして，ドメイン（事業領域）・経営戦略・事業戦略に変革を起こす。

しかし，多くの経営者は，変化を後追いするか，変化を見て見ぬふりをし，ゆでガエル型の衰退を辿る。

変化に敏感な経営者でも，近視眼になり，１～３年スパンの中長期的な変化しか見ていないケースもある。そうすると，じわりじわりとやってくる超長期的な変化に気が付かない可能性がある。

富士フイルムは，10～30年スパンでフイルムの需要が衰退していくことをキャッチしていた。2000年に同社の社長に就任した古森重隆氏は，本業（写真フイルム事業）からの事実上の撤退を決断。大規模なリストラを断行しながら，フイルム技術を応用した化粧品，医薬品，医療機器，液晶用フイルムなどの分野に事業を転換し，事業ポートフォリオを10年スパンで変えていった（2006年には商号を「富士写真フイルム」から「富士フイルム」に変更した）。その後も，富士フイルムは進化し続けている。他方，フイルム業界のトップ企業であったコダックは，この10～30年スパンでじわりじわりとやってきた破壊的変化に対して破壊的イノベーションを起こすことができず，2012年に倒産した。

近視眼的な「モノの見方・考え方」だけをしていたら，イノベーションに乗り遅れ，死に絶えることになりかねない。社長は，ビジネス環境の大きな変化をキャッチしなければならない。

「黒字社長塾」のクライアントである社長からよく聞かれたのは，「どうやったら時代の変化をキャッチできるのか」というものだった。業界内の変化をキャッチすることは容易いが，社会や経済にどのような変化が起こっているのか，今後10〜30年スパンでどのような変化が起こるのかについて，どのように学び，知ることができるのかが分からないというのである。結論からいえば，変化をキャッチアップする具体的な方法は「ない」。そのようなものは大学院に行っても学ぶことはできない。しかも，（人口動態を除き）あらゆる将来予測はほぼ不可能であろう。上場企業の社長であっても，1年後の株式相場や為替相場の予測が当たることはない。

では，経営者はどうやって変化を捉えるのか。それは**「関心を持つ」**しかない。関心を持てば，情報は向こうからやってくる。関心がなければ視界に入ったものですら脳は認識しない。例えば，スポーツカーに関心がある人は，東京の青山通りや大阪の御堂筋を歩くと，スポーツカーのショールームが多くあることに気付くと思う。しかし，関心がない人は，そこにショールームがあることすら脳は認識できない。

ドトールコーヒーの創業者 鳥羽博道氏は，会社設立から10年が経とうとしていた1971年，喫茶店業界の経営者と共にヨーロッパの視察ツアーに参加した。早朝のシャンゼリゼ通りで出勤途中の多くの人々が次々とカフェに入っていき，立ってコーヒーを飲んでいる光景を目にして「これだ！」と心の中で叫んだという。これこそが喫茶店の最終的な業態ではないかと思った鳥羽氏は，後に立ち飲みコーヒーの第1号店「ドトールコーヒーショップ」を原宿にオープンさせる[2]。ツアーに参加した他の喫茶店業界の経営者も，同じ時間，同じ場所で，

2　株式会社ドトールコーヒーHPより

同じ光景を見ていたという[3]。しかし，シャンゼリゼ通りの人の動きや新形態のカフェに関心を持ってその光景を見ていたのは鳥羽氏だけだった。関心があれば情報は勝手に入ってくる。そして，関心があれば心は動く。心が動けば身体が動く。「ドトールコーヒーショップ」は，2021年12月末時点で全国1,078店舗，系列の「エクセルシオールカフェ」などを含めると1,289店舗を展開する巨大コーヒーチェーンへと成長した[4]。しかし，多くの街の喫茶店はビジネス環境の変化と共に消えていった。関心を持つかどうかが，企業の成長か衰退かをも左右することになる。

(3)　「会社の在り方」を変えなければ生き残れない

上述のとおり，あらゆる将来予測はほぼ不可能である。しかし，過去（歴史）を学べば，未来が読めることがある。外部環境の変化に自らが串を刺しにいくためには，社長が過去のビジネス環境の変化を学び，分析すべきである。

上述のとおり，ビジネス環境の変化は，１～３年スパンでやってくる大きな変化（中長期的な変化）と，10～30年スパンでやってくる，さらに大きな変化（超長期的な変化）がある。まずは，これまでの10～30年に起こった大きな変化について見ておこう。

多くの社長は気付いていると思うが，この10～30年において，ビジネスの世界では，破壊的変化が起こり，**「会社の在り方」**が激的に変わってしまった。正確にいえば，会社で働く**「人」の働き方，価値観**が激的に変わってしまったため，「会社の在り方」も変わらざるを得なくなってしまったのである。「人」の働き方，価値観が突然変わることはなく，何年もかけてじわりじわりと変化していたのだが，コロナショックにより，それが一気に顕在化してしまった。出社はしない，出張はしない，転勤しない，会議はリモートでしか参加しない，ハンコは押さない，紙は使わない，さらには会社に従属しない，会社に属さない…という働き方が当たり前になってしまった。

3　村上龍『カンブリア宮殿　村上龍×経済人３―そして「消費者」だけが残った』（日経ビジネス人文庫，2012年）より

4　株式会社ドトールコーヒーHPより

日本の人口（特に15歳以上65歳未満の生産年齢人口）が激減していく中で，会社側も「人」の確保と，従業員の**エンゲージメント**（会社に対する愛着，貢献度）の向上は重要な経営課題とならざるを得ない。そこで，大企業やグローバル企業から率先して，リモートワーク OK，時短 OK，フレックス OK，週休３日 OK，地方移住 OK，兼業・副業 OK と，従業員を囲い込みながら，従業員のエンゲージメントを高める施策を次々と打ち出している。この流れは，今後10年スパンで中小企業にも確実にやってくるだろう。

経営者は，この大きな変化に関心を持たなければならない。従業員の働き方，価値観の変化に対応しなければ，従業員から見捨てられるようになる。戦後から続いた従来の「日本的経営」の終焉を迎えたといっても過言ではないほどのビジネス環境の変化（破壊的変化）がやってきた。

高度経済成長期は，人口増加と相まって，組織が人を選ぶ**「組織中心主義」**の時代であったといえる。新卒一括採用，終身雇用，年功序列を前提としたメンバーシップ型雇用[5]を行い，全員が同じ屋根の下で同じ釜の飯を食い，仕事が終われば上司・同僚と飲みに行き，週末にはゴルフに行った。そこに対して，多くの人は違和感を持たず，家族やプライベートの時間を犠牲にしてでも，フルタイム・フルライフを会社に注いだ。そうやって，組織の論理で「サラリーマン共同体」を作っていき，サラリーマンに会社への忠誠心や，メンバーとの同質性，協調性などを求め，それが人事評価の対象となった。1989年に日経平均株価が38,957円の最高値を記録した頃に「24時間働けますか」「５時から男」というキャッチフレーズの TVCM が流れ，共に流行語にもなったのは，その時代の象徴でもある。

ここから30年が経ち，時代は変わった。いまは，人が組織を選ぶ**「個人中心主義」**の時代である。**「個性の時代」**といってもいいだろう。会社という経済主体の中に従業員という構成要素がいるという時代は終わり，会社という閉鎖空間に個人という経済主体が存在するという時代になったのである。優秀な若

5　メンバーシップ型雇用とは，先に人を採用し，採用した人に仕事を割り振る雇用形態をいう。日本独特の新卒一括採用を前提とした雇用形態であり，日本型雇用ともいわれる。ジョブローテーションを繰り返しながら，長期的に人材育成をしていくため，終身雇用制度を前提とした雇用形態である。

者は，会社への忠誠心や，メンバーとの同質性，協調性を求められることを極端に嫌う。同じ屋根の下で同じ釜の飯を食うという発想は全くない。飯は，自分が好きなものを，自分が好きな時間に，自分が好きな場所で食べるものだと考えている。そして，優秀な若者は，自身の才能や能力が最大限発揮でき，自分の個性や価値観を尊重される場を選ぶ。そして，将来の成功や保障よりも，今の「**充足感（fulfillment）**」を選ぶ。ひとつの会社に骨を埋めるという発想もないため，その会社や仕事や上司が嫌になればあっさりとその閉鎖空間を飛び出し，もっと居心地のいい会社に転職する。会社に人生を注いできた「組織中心主義」の時代の人には信じられないことかもしれないが，時代は変わったのである。優秀な若者が「古い価値観」の昭和のおっさんが経営する会社を選ぶことはないだろう。会社側がこのビジネス環境の変化（破壊的変化）をキャッチし，「古い価値観」を脱却しなければ，会社の**サステナビリティ（sustainability，持続可能性）**すら危うい時代となった。

実際に，欧米のグローバル企業では，メンバーシップ型雇用ではなく**ジョブ型雇用**[6]が行われている。頻繁なローテーションを繰り返しながら一億総ジェネラリストを育成するというキャリアパスではなく，ジョブとビジネスに必要な個の才能や能力を高めるプロフェッショナルの育成へと人材育成も変化している。人材採用に関しても，大卒・内国人・男性を暗黙の前提とした同質人材の採用ではなく，**ダイバーシティ（diversity，多様性）**[7]を重視した採用が選択されている。日本の大手企業も，ジョブ型雇用へ移行し[8]，ダイバーシティ経営へと移行している企業が増えてきたが，対岸の火事と思わないほうがいい。この流れも，今後10年スパンで中小企業にも確実にやってくるだろう。

「個人中心主義」の時代においては，会社のビジョン・ミッションを掲げ，従業員との対話を通して彼らをインボルブする（巻き込む）だけでなく，従業

6　ジョブ型雇用とは，先にジョブ（職務内容）を定義し，そのジョブに必要な人材を採用する雇用形態をいう。新卒一括採用や終身雇用制度を前提とせず，中途採用（通年採用）が一般的である。

7　ダイバーシティとは，多様性を意味し，集団において年齢，性別，人種，宗教，趣味嗜好などさまざまな属性の人が集まった状態のことをいう。多様な人材の能力などを最大限に発揮できる環境を提供することがイノベーションを生み出し，価値創造に繋げることができるといわれている。

8　日本の上場企業では，KDDI，富士通，日立製作所がいち早くジョブ型雇用を採用し，ジョブ型「御三家」といわれている（日経電子版2021年7月19日より）。

【図表１－１】「組織中心主義」から「個人中心主義へ」（全体像）

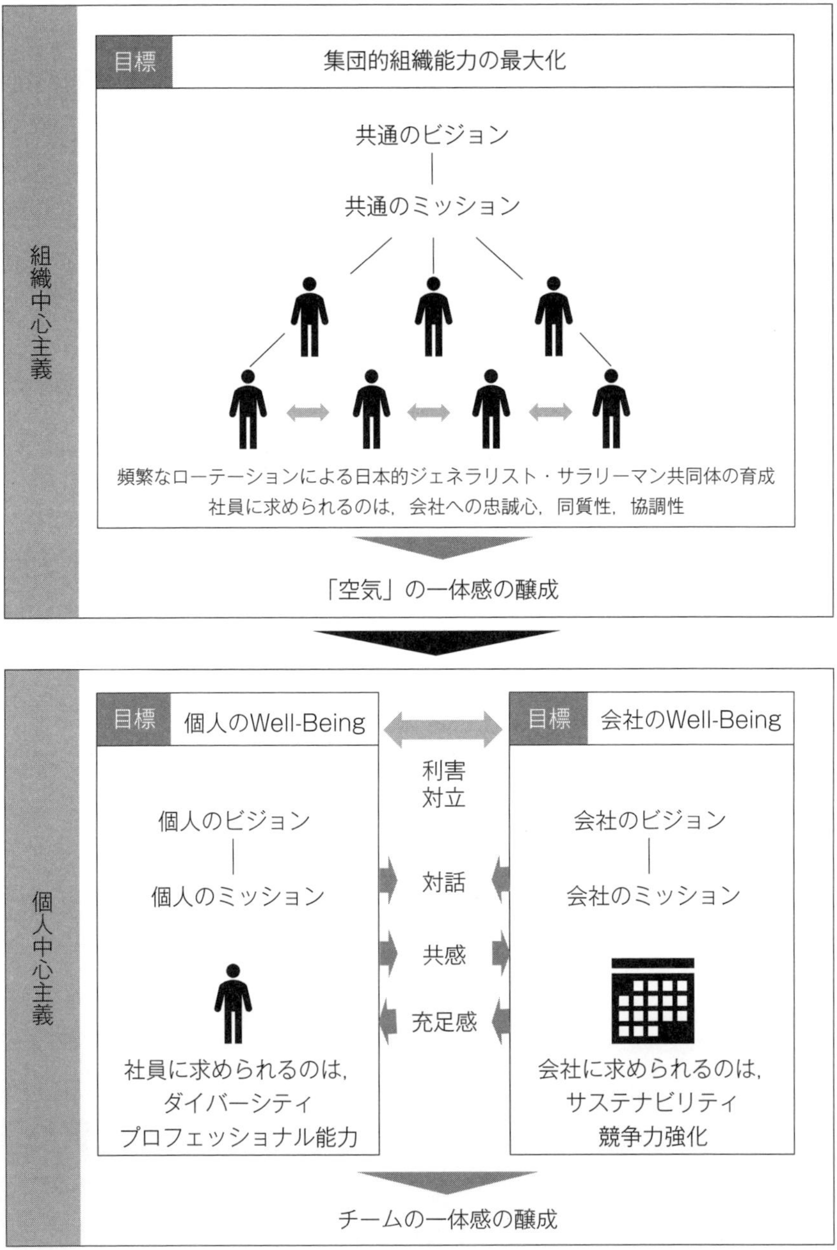

員の「充足感」を会社から提供するようなマネジメント力が求められる。マネジメントについては第３章で詳述する。

(4)　これから必要になるのはDXだけでなく，CXとPX

このような会社の在り方，「人」の働き方，価値観の激的な変化が，「人事組織」，「組織構造」，「事業戦略」，「ガバナンス」など，あらゆるものに影響を及ぼす。【図表１－２】はそれを図表にしたものである。

カネボウなどを再建した実績のある冨山和彦氏は，経営の在り方，会社の在り方，私たちの働き方，人生の在り方…そのすべてにおいて，これまでの30年以上の成功の呪縛により世界から周回遅れとなっているため，過去の呪縛を断ち切った変革（Transformation）が必要だという。昨今の大きな変革はデジタル絡みであり，DX（Digital Transformation）の必要性が叫ばれているが，冨山氏はDXより**CX**（Corporate Transformation，**会社を根こそぎ変えること**）が必要であり，旧来の日本的経営から完全決別しなければならないと主張する[9]。筆者もこの主張には同意である。日本企業が生き残るためには，経営者がビジネス環境の変化に「関心を持つ」ことだけでは不十分で，**CX**を行わなければならない。【図表１－２】の左側に書かれたものを，すべて右側に変えるくらいの変革を起こさなければならない。

そして，CXと同じくらい必要なことは，**PX**（Personal Transformation）[10]である。器（Corporation）のみを変革するのではなく，人（Person）の変革も必要となる。昨今，会社の**競争力強化**のために，会社の**サステナビリティ（持続可能性）**と個人の**ダイバーシティ（多様性）**を高めなければならないと叫ばれている。組織やリーダーの価値観を押し付けたり，会社への忠誠心や帰属意識を求めたりしながら，同質のジェネラリストを育成して競争力を高めていった「組織中心主義」の時代が終わったことは上述したとおりである。いまは，異質で多様な人材の才能や能力や発想力を最大限に活かして，企業の競争力を

9　冨山和彦『コーポレート・トランスフォーメーション　日本の会社をつくり変える』（文藝春秋，2020年）

10　PXといえば，「ポートフォリオ・トランスフォーメーション」（Portfolio Transformation，事業の再構築）を指すこともあるが，本書では「パーソナル・トランスフォーメーション」を指す。

【図表1－2】「組織中心主義」から「個人中心主義へ」（詳細）

	従来の日本的経営 （組織中心主義）	新しい会社のカタチ （個人中心主義）
人事組織	●同質性，閉鎖性，固定性がキーワード ●終身雇用 ●年功制 ●新卒一括採用 ●中途入社組は例外的な存在 ●大卒日本人男性が暗黙の前提 ●終身年功制の裏返しとしての定年制（勤続40年モデル） ●転職は基本的に悪，人員整理は最悪 ●メンバーシップ型雇用 ●忠誠心のあて先は会社 ●フルタイム・フルライフ型雇用 ●人材育成は長期指向，内部指向 ●頻繁なローテーションによるジェネラリストの育成 ●人事制度は一元的 ●人事評価は組織固有スキル（社内業務知識，忠誠心，協調性等）	●多様性，開放性，流動性がキーワード ●新卒入社者は40歳まででほとんど退社 ●能力制 ●通年採用 ●新卒か中途かは誰も知らない，気にしない ●ダイバーシティ（性別，国籍等は問わない） ●定年制はなし（平均就社期間10年） ●転職は当たり前，再入社歓迎 ●ジョブ型雇用 ●忠誠心のあて先はジョブ ●兼業・副業は自由 ●人材育成はスキル育成指向，リカレント指向 ●ジョブとビジネスのプロフェッショナルの育成 ●人事制度は多元的 ●人事評価は共通スキル（リーダーシップ，コミュニケーション能力，調整力等）
組織構造	●年功ベースの世代別階層 ●事業単位，機能単位のミニ共同体分権構造 ●ボトムアップ型×全員参加型意思決定（稟議，会議） ●意思決定も実行も全員参加型指向 ●無駄で長い会議を繰り返し，「空気」の一体感を醸成（集団的組織能力の最大化を目指す）	●能力ベースのフラットな階層 ●個々人の能力に基づくネットワーク型，プロジェクト型組織構造 ●プロ型意思決定（対等なプロ同士が知見と事実とロジックを議論して決定） ●意思決定も実行も個人が基本単位 ●意思決定はスピードと実効性重視（必要に応じてトップダウンで苛烈な意思決定を行う）
事業戦略	●自前主義（手持ちの組織能力で戦える事業領域で戦う）	●非自前主義（異質な人材の採用，M＆A，ベンチャー企業活用など外部資源を積極活用して戦う） ●コア事業の成長力が低下したら躊躇なく撤退する ●人材ポートフォリオの新陳代謝も躊躇なく行う
ガバナンス	●サラリーマン共同体主義ガバナンス ●取締役会は社内取締役中心 ●株主のガバナンス機能は最小化（株式持ち合い，株主総会対策） ●幹部経営陣の選抜は生え抜きの内部昇格が原則（新卒入社生え抜きの男性が多い） ●社長人事は前任者の専権事項（OBガバナンス）	●ステークホルダー主義ガバナンス ●取締役会は社外取締役中心 ●株主のガバナンス機能は有効活用（株式持ち合い廃止，株主との建設的対話重視） ●幹部経営陣の選抜はトップ経営層としての能力・適性等を重視（生え抜き中途，国籍，性別，年齢を問わない） ●社長人事は社外取締役を含む現執行部で決定

［出所］冨山和彦『コーポレート・トランスフォーメーション―日本の会社をつくり変える』（文藝春秋，2020年）を元に，筆者作成

強化していかなければならない。この点も「組織中心主義」の時代の人には違和感しかないかもしれない。

ダイキン工業の井上礼之氏は，総務・人事畑から上場企業の社長に登りつめた珍しいキャリアを持つ。かつては収益の上がらない「ボロキン」と揶揄されたダイキン工業を空調業界世界No.1企業に成長させた「プロ経営者」である。井上氏は，著書[11]の中でダイバーシティの重要性について何度も強調している。なぜ会社の競争力強化のために，同質の人間の集まりではなく，多様な人間（ダイバーシティ）が必要なのかについては，「同じ色の絵の具を混ぜても1つの色しか出ませんが，いろんな色の絵の具を混ぜると，ときにはとんでもない素晴らしい色が出せたりします」と，分かりやすく例えてくれている。女性比率を○%にするという目標を掲げることがダイバーシティではなく，性別，国籍，学歴，職歴などに関係なく，いろんな人の意見を集め，叡智を結集することがダイバーシティであり，それを企業の競争力強化の源泉としなければならない。

ダイバーシティを推進すると，会社には様々な利害をもった人が働くことになるため，利害の対立が起こる。経営者は，会社の「Well-being」（幸福度）と個人の「Well-being」を共に高めることを目標にし，会社のビジョン・ミッションの達成と共に，個人のビジョン・ミッションも達成させ，従業員の**エンゲージメント**（会社に対する愛着，貢献度）の向上させるようなPXもしていかなければならない。

異質な人材を束ねて組織化するためには，新たなマネジメントの遂行（第3章参照）と，強烈なリーダーシップの発揮（第7章参照）が必要になる。

このように，これまでの10～30年で，ビジネス環境は大きく変化した。このビジネス環境の変化に串を刺し，会社を変え（CX），人を変え（PX），経営者自らが変化の原動力とならなければ生き残ることはできない。既に起きている変化を知らないこと，もしくは，知っていながら見て見ぬふりをすることは，リーダーシップ・マネジメントの機能不全を及ぼし，ビジネスの「失敗」へと

11　井上礼之『人を知り，心を動かす―リーダーの仕事を最高に面白くする方法』（プレジデント社，2021年）

突き進むことになりかねない。

では，１～３年スパンでやってくる大きな変化（中長期的な変化）にはどのように対応したらいいのか。

2．外部環境分析

「はじめに」でも述べたとおり，社長業とは環境変化対応業でもある。

環境の変化を捉えるには，**「関心を持つ」**しかないと書いた。関心を持てば，情報は向こうからやってくる。社長は，入手した情報を，見て見ぬふりをしてはならない。環境の変化は常に起こっているが，その環境の変化は，自社にとってプラス要素（機会／チャンス）なのか，マイナス要素（脅威／ピンチ）なのかを見極めなければならない（これを**「外部環境分析」**という）。

この「外部環境分析」を行う際は，P18の【テンプレート１】のシートを活用してほしい。

【テンプレート１】の外部環境分析シートは，真ん中に「社会・経済 環境分析」「業界・企業 環境分析」「消費者・顧客 環境分析」の３つのカードを用意している。

「社会・経済 環境分析」は，ビジネス環境の非常に大きな変化（世界経済動向，日本経済動向，市場動向，人口動向など）を記載するカードである。**「業界・企業 環境分析」**は，ビジネス環境の変化の中でも，自社の属する業界や，その業界内の企業の動向を記載するカードである。**「消費者・顧客 環境分析」**は，その名のとおり，消費者・顧客の動向を記載するカードである。消費者・顧客は，一般的に，「不」に感じていることや，「夢」に思っていることにお金を払う。では，顧客の「不」や「夢」は何だろうか。それはどのように変化してきただろうか。

【図表１－３】をヒントに，【テンプレート１】の外部環境分析シートの真ん中の３つのカードを埋めてみてほしい。

【図表１－３】外部環境分析のヒント

社会・経済　環境分析のヒント	
（例）・日本経済動向	－国内の景気動向，大きな出来事など
・世界経済動向	－国外の景気動向，大きな出来事など
・市場動向	－金融市場などの動向
・人口動向	－国外の人口動向（超高齢化，少子化など） －世界の人口動向（2050年に約100億人）
・国家動向	－財政状態，インフレの可能性など
・気候変動	－地球温暖化，異常気象，脱炭素など
・その他の動向	－SDGs・ESG，Ethical の流れなど
業界・企業　環境分析のヒント	
（例）・業界動向	－市場規模〇兆円，市場成長率〇%など
・企業動向	－売上推移，利益推移，ドメインなど
・取引先動向	－価格推移，利益率，商品群，新商品など
・自社位置動向	－業界におけるポジショニング，役割など
・業際連携動向	－水平連携，垂直連携，異業種参入の状況など
・その他の動向	－規制緩和，規制強化，法規則改正 その他業界での大きな出来事など
消費者・顧客　環境分析のヒント	
（例）・顧客価値の変化	－製品・サービス・価格面などの変化
・顧客関係の変化	－顧客コミュニケーションなどの変化
・ライフスタイルの変化	－顧客の価値観，美意識，生活様式などの変化
・不の解消法	－不の解消法の変化
・夢の実現法	－夢の実現法の変化
・その他の変化	－ヒット商品，流行語，バズワードなど

なお，「外部環境分析」を行う際は，視座は自分の会社や事業に「求められること」に絞り，視野を３枚のカードに広げていくことがポイントである（【図表１－４】参照）。自分の会社や事業に求められていないことのトレンドなどを分析しても意味がない。**外部環境分析の目的は，その結果として，自社に「求められること」は何なのかを導くことである。**

真ん中の３つのカードに記載できたら，それぞれの要素が自社にとってプラス要素（機会／チャンス）なのか，マイナス要素（脅威／ピンチ）なのかにつ

【図表1－4】外部環境分析の視座・視野・視点

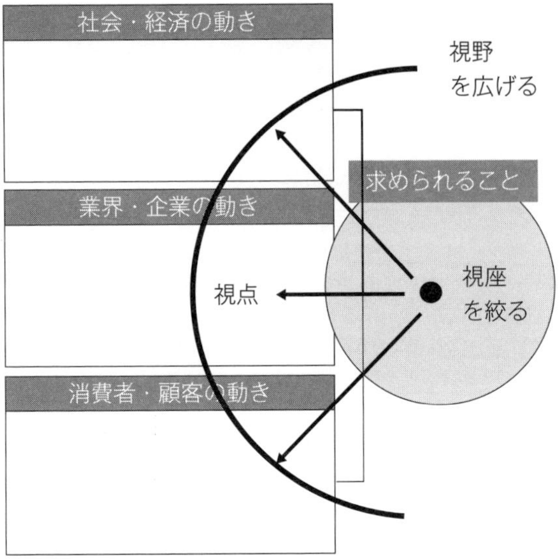

いても，左右のカードに記載する。例えば，日本の人口が減少傾向にあることは，自社にとってマイナス（脅威／ピンチ）であるという会社が多いと思われるが，プラス（機会／チャンス）であるという会社もある。超高齢化社会を迎えることも，自社にとってマイナス（脅威／ピンチ）であるという会社が多いと思われるが，プラス（機会／チャンス）であるという会社もある。皆様の会社にとって，それぞれの環境変化は，プラス要素だろうか，マイナス要素だろうか。

合計９枚のカードに記載できたら，その結果として，自社に「求められること」は何なのかを考え，その答えを下のカードに記載する。

外部環境は１年で目まぐるしく変化することがある。そのため，【テンプレート１】の外部環境分析シートは，少なくとも年に１度は更新することが望まれる。それは，自社に**「求められること」**も毎年変化するということである。環境変化に対応できずに，ゆでガエル型の衰退を辿らないよう，社長自らが環境変化に対応していく姿勢を持たなければならない。

外部環境分析ができたら，社長が次にやるべきことは，自社に**「求められること」**をベースに，自社の「ビジネスシナリオ」を描くことである。

次章では，「ビジネスシナリオ」の描き方について詳述していく。

【テンプレート１】外部環境分析

外部環境分析

Title

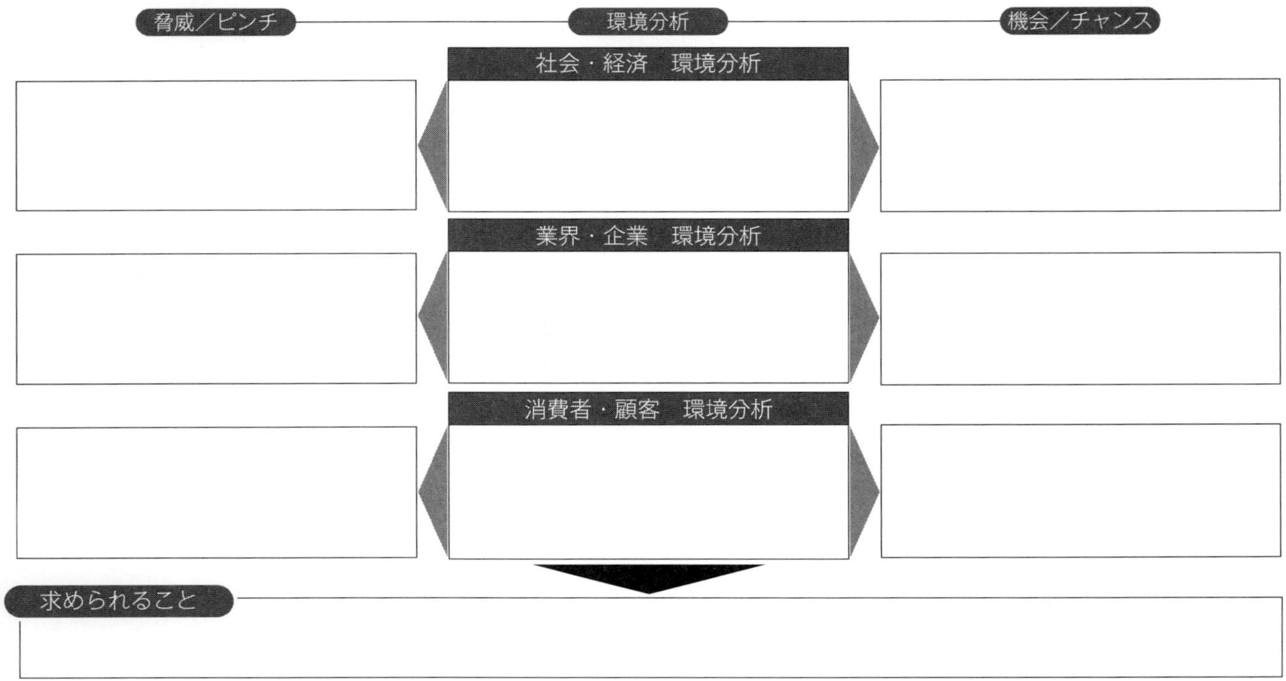

【テンプレート1】外部環境分析　作成事例（筆者が2011年に「黒字社長塾」を立ち上げた際に作成したもの）

外部環境分析

Title　黒字社長塾

脅威／ピンチ	環境分析	機会／チャンス
	社会・経済　環境分析	
・経済状況の長期的な落ち込み ・国民の消費マインドの落ち込み ・労働人口減少による圧倒的な人員不足の時代へ ・経済状況悪化，人員不足による中小企業の事業継続の危機	・2009年　リーマン・ショック，株価暴落 ・2011年　東日本大震災，節電 ・タイ洪水，ギリシャ問題 ・歴史的円高，労働人口減少 ・将来　消費税増税	・労働人口減少を補うため，IT化，デジタル化，クラウド化などが加速する可能性 ・国内マーケット縮小に伴い，海外進出支援を提供できるチャンス
	業界・企業　環境分析	
・返済猶予制度終了後の資金繰り悪化，返済不能の危機 ・中小企業の倒産の増加のおそれ，連鎖倒産のおそれ	・デフレ経済 ・本業低迷，売上至上主義崩壊 ・企業再生，事業再生 ・返済猶予制度（2013/3まで） ・納税企業25%（国税庁） ・会計士・税理士余りの時代	・中小企業に特化した会計コンサル・経営コンサルをしている会計士・税理士が少ない ・正しい決算書の作成（適正な期間損益計算）と，徹底した財務分析の実施により，利益の最大化を図るという新しいサービス提供のチャンス ・会計・税務のサービス一体化のチャンス ・会計事務所向けサービス提供のチャンス
	消費者・顧客　環境分析	
・資金繰り悪化 ・資金調達が困難（金融機関対策が困難） ・売上低迷（売上向上策が困難） ・慢性的赤字（黒字化対策が困難） ・会計士・コンサルなどの専門職への契約・支払いを渋る企業が増加する脅威	・資金繰り，資金調達の悩み ・売上低迷，赤字の悩み	・会計コンサル，経営コンサルのみならず，ファイナンス支援のチャンス ・中小企業の経営の土台を作るところからサービス提供ができるチャンス

求められること

・成長より，潰さない経営
・適正な期間損益計算の実施
・安定的な黒字化（B/S 調整でなく，P/L 改善＝黒字化）
・徹底した財務分析の実施による理詰めの利益最大化支援
・利益至上主義への転換（マーケティング，イノベーションも支援）
・脱粉飾，脱ドンブリ，脱銀行依存による経営の健全化，安定化

ビジネスシナリオ

第2章

第2章の

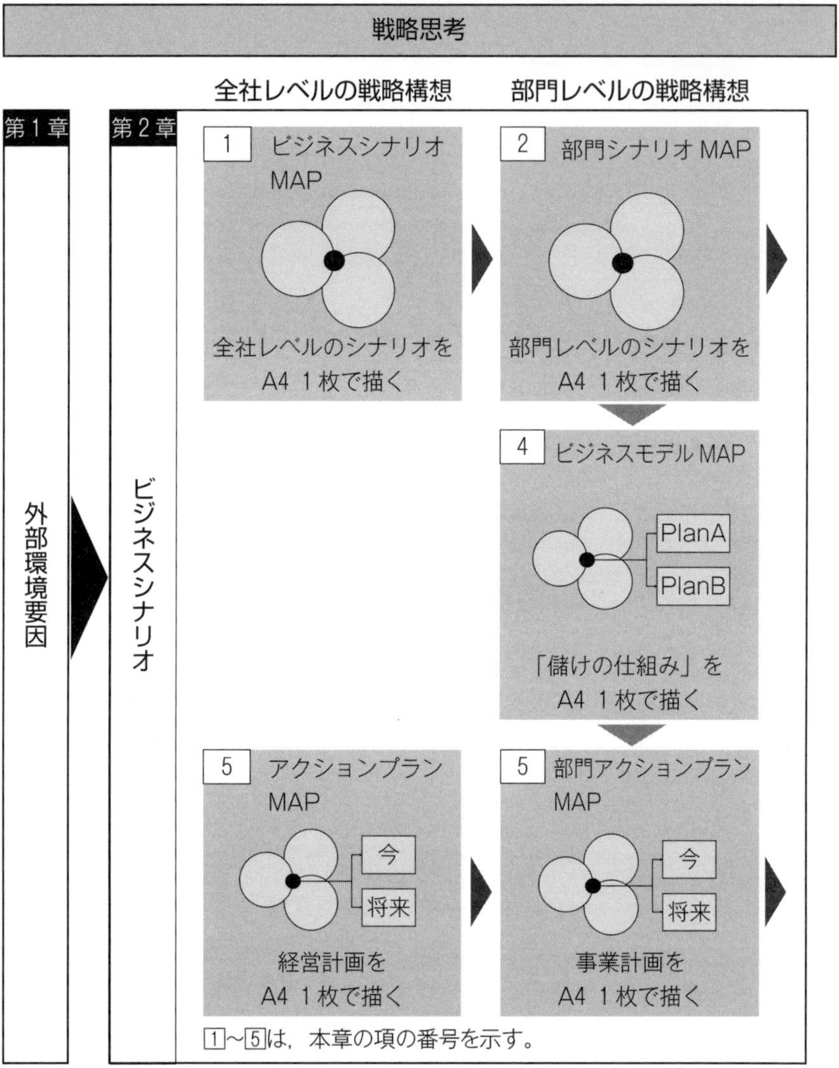

戦略思考
全社レベルの戦略構想
部門レベルの戦略構想
第1章
外部環境要因
第2章
ビジネスシナリオ
1 ビジネスシナリオMAP
全社レベルのシナリオをA4 1枚で描く
2 部門シナリオMAP
部門レベルのシナリオをA4 1枚で描く
4 ビジネスモデルMAP
PlanA
PlanB
「儲けの仕組み」をA4 1枚で描く
5 アクションプランMAP
今
将来
経営計画をA4 1枚で描く
5 部門アクションプランMAP
今
将来
事業計画をA4 1枚で描く
1～5は，本章の項の番号を示す。

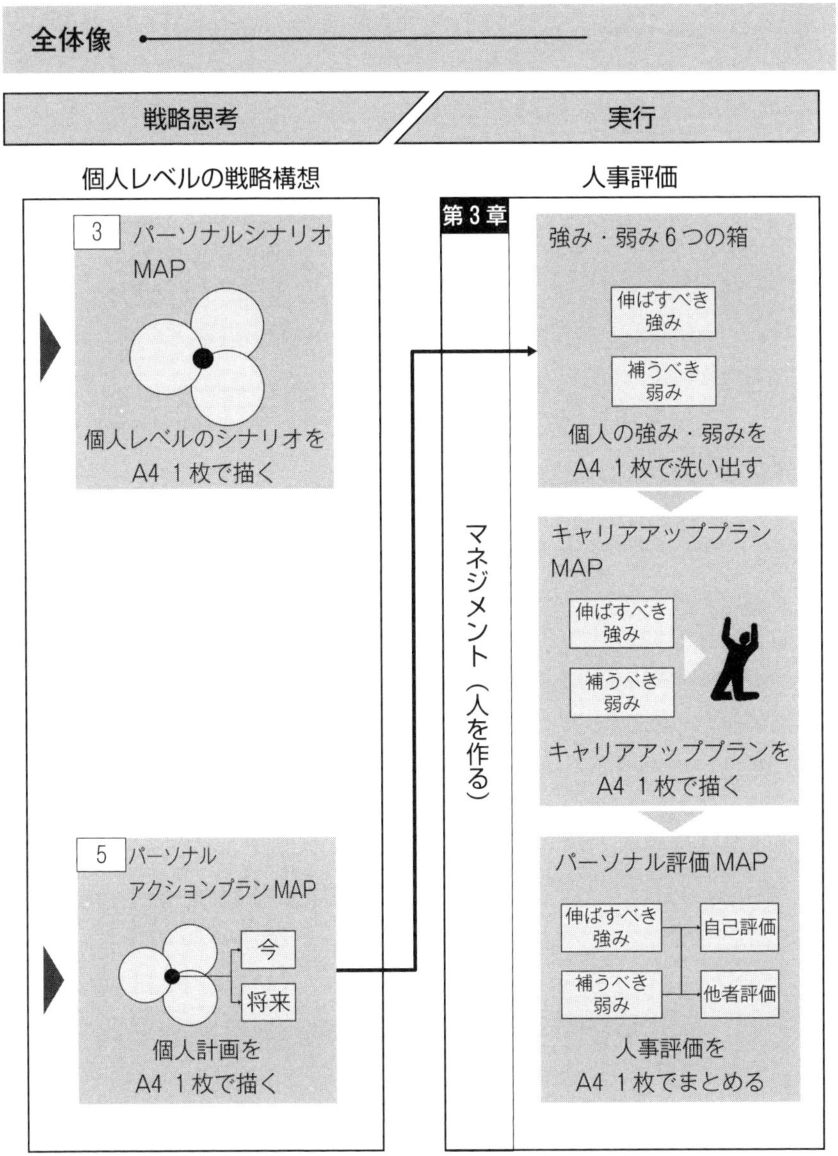
全体像
戦略思考
実行
個人レベルの戦略構想
3
パーソナルシナリオ
MAP
個人レベルのシナリオを
A4 1枚で描く
5
パーソナル
アクションプランMAP
今
将来
個人計画を
A4 1枚で描く
人事評価
第３章
マネジメント（人を作る）
強み・弱み６つの箱
伸ばすべき
強み
補うべき
弱み
個人の強み・弱みを
A4 1枚で洗い出す
キャリアアッププラン
MAP
伸ばすべき
強み
補うべき
弱み
キャリアアッププランを
A4 1枚で描く
パーソナル評価MAP
伸ばすべき
強み
補うべき
弱み
自己評価
他者評価
人事評価を
A4 1枚でまとめる

経営者の最も重要な仕事はドメイン（事業領域）を常に再定義することだ。日本企業は『本業』という言葉が好きだが，市場が縮小するのに既存事業にしがみつく理由は何か。企業理念を軸に次の戦略を描くのが経営者の役割だ。

—ソフトバンクグループ孫正義（日本経済新聞　2012/12/30朝刊，同氏へのインタビュー記事より）

前章で述べたとおり，ビジネス環境は，不透明・不確実・不連続かつ劇的に変化する。１年たりと同じ環境ということはない。経営者は，このビジネス環境の激的な変化に，自ら串を刺しにいかなければならない。そして，新たなイノベーションを生み続けなければならない。

多くの社長は，新たなイノベーションに対するアイデア，気付き，ひらめきはある。しかし，論理的に考える力，頭の中を整理する力，アイデアをカタチにする力，それを伝える力が乏しい。漠然とした思考のまま経営を実行するため，自分自身でも方向性を見失い，社会や顧客や従業員から支持や共感を得られず，会社や事業の成長を実感できず，荒波の中を漂流することになる。

社長の頭の中にあるアイデア，気付き，ひらめきを，漏れなく吐き出し，整理し，繋ぎ，カタチにし，論理的に伝えるためのツールが，本書で紹介する各種の【ビジネステンプレート】である。

本章で紹介するビジネステンプレートは，【図表２-１】のとおりである。

まず，大きく「ビジネスシナリオMAP」，「ビジネスモデルMAP」，「アクションプランMAP」の３種類のテンプレートがある。「ビジネスシナリオMAP」と「アクションプランMAP」は，①全社レベル，②部門レベル，③個人レベルと，それぞれ３パターンある。

本章では，これら合計７枚のシートを（広義の）**「ビジネスシナリオ」**ということにする。

いずれのシートもA4サイズ１枚である。たった３つのMAP（合計７枚の

【図表2－1】第2章で紹介するビジネステンプレート

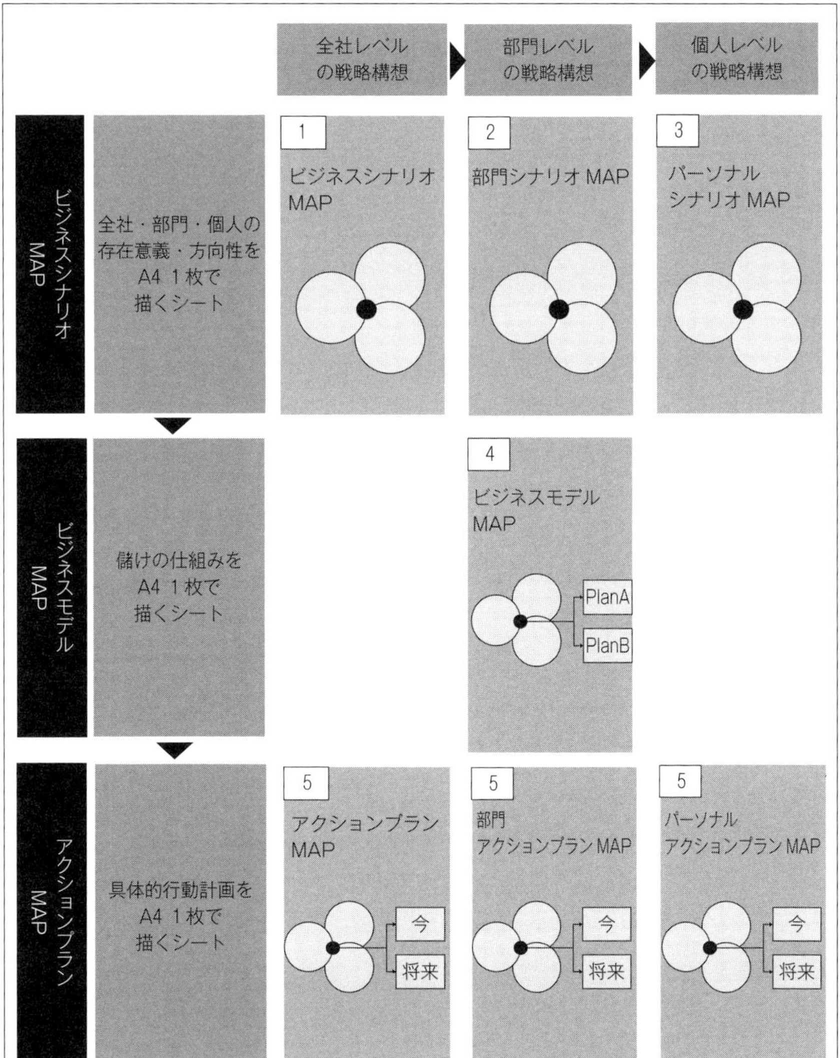

1～5は，本章の項の番号を示す。

シート）が，社長・事業部門長・各従業員の脳内を整理し，全社・部門・個人の方向性や戦略を明確にし，経営の土台となり，地図となる。経営という大航海を始める前に，この【ビジネステンプレート】に向き合って，経営の航海図を作ってほしい。この【ビジネステンプレート】に向き合う時間が，**「戦略思考」**の時間である。この時間を持たずして，全社・部門・個人が大きく成長することはない。

1．ビジネスシナリオ MAP

(1) ビジネスシナリオ MAP を作成する意義

本書に掲載している【ビジネステンプレート】のうち，最も重要であり，経営の土台として欠かすことができないものが，「ビジネスシナリオ MAP」である。「ビジネスシナリオ MAP」は【テンプレート 2】のとおりである。

「ビジネスシナリオ MAP」は，会社の「存在意義」と「方向性」を視覚化するためのシートである。

手掛けるビジネスは，社会からも，顧客からも，従業員からも共感を得られるものでなければならない。そのためには，会社が何のために存在するのか，事業を何のために行うのかという**「存在意義」**を明確にすべきである。いまの時代，倫理的価値観に反するビジネスや，他社（他者）を蹴り落としてでも自分だけが儲かればいいという考えのビジネスや，地球環境を破壊するようなビジネスが世間から共感を得られることはなく，逆に批判の的になる。企業として倫理，社会，環境などへの社会的責任（CSR，Corporate Social Responsibility）を果たすことも考えながら，社会が何を求めているのか，顧客が何を求めているのかといったことに関心を持ち，分析し，その結果を「ビジネスシナリオ MAP」に落とし込んでいく。

「存在意義」の明確化と同じくらい大事なことが**「方向性」**（ドメイン，事業領域）の明確化である。つまり，「何をやるのか」の明確化である。会社がこれからやろうとしていることは，本当にしたいことなのだろうか。経営資源を

【テンプレート2】ビジネスシナリオMAP

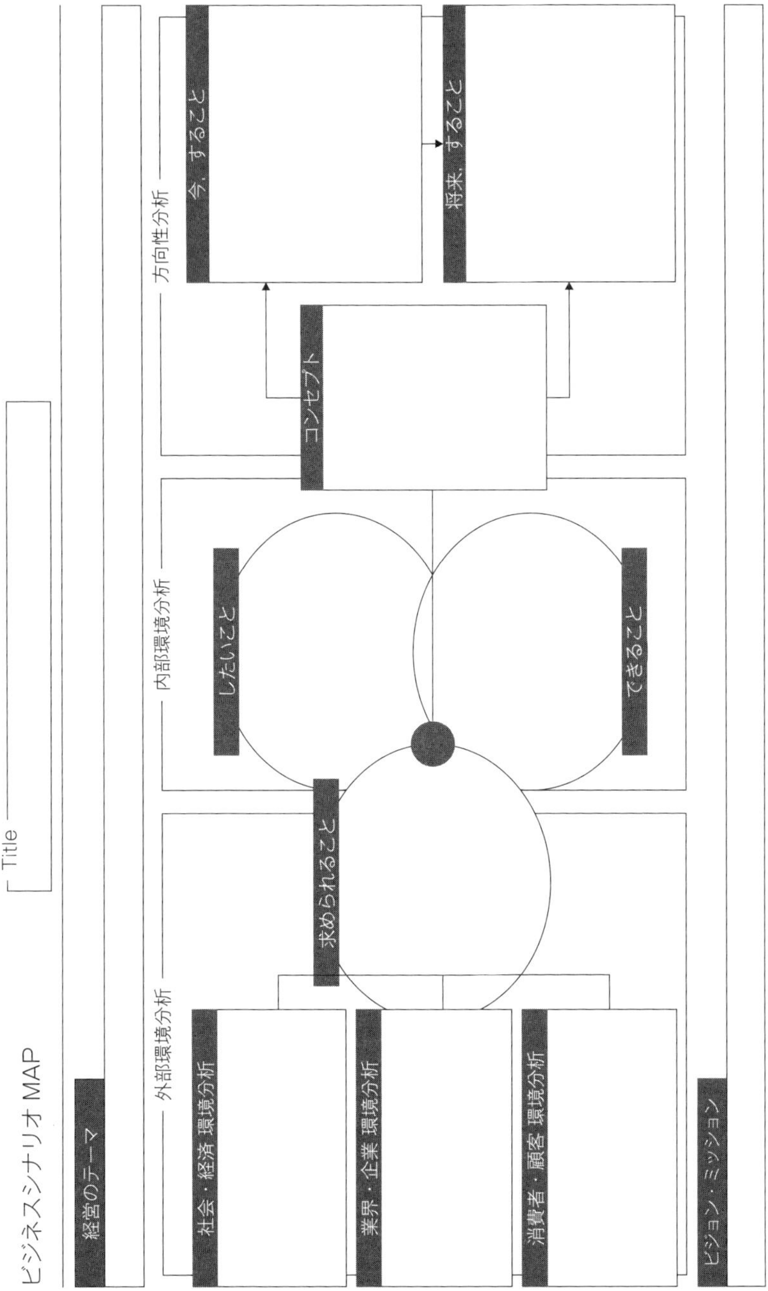

100％活かした自社しかできないことなのだろうか。社会や顧客などから求められていることに応じ切れているものなのだろうか。そして，会社が（今やろうとしていることだけではなく）将来やろうとしていることについても同様に答えることできるだろうか。この「方向性」の明確化なくして，経営戦略も事業戦略もない。経営戦略があって将来像ができるのではなく，**将来像があるから経営戦略を描くことができるのである**。経営戦略の骨子となるのもまた「方向性」の明確化なのである。

「ビジネスシナリオ MAP」には，合計11枚のカード（記入欄）がある。この11枚のカードに思考を落とし込み，それぞれのカード間の文脈のつながりや整合性，カード間に矛盾がなく，MAP が完成した時，社長の**「戦略思考」**が理路整然と整理・体系化され，カタチとなるはずである。そして，ビジネスの「そもそも論」である，会社の「存在意義」と「方向性」が視覚化されるはずである。

「黒字社長塾」のクライアントにも，「ビジネスシナリオ MAP」を作成してもらってきた。脳内を整理し，１枚のシートに理路整然と整理・体系化する作業は，１つのビジネスを作り上げるくらいに時間がかかる。しかし，これが完成した時には，すべての社長が会社の「存在意義」や「方向性」を２～３分でプレゼンテーションできるようになる。「何のためにやるのか」「なぜやるのか」「何をやるのか」が明確になった社会的意義のあるビジネスシナリオは多くのステークホルダーから支持と共感が得られる。A4サイズの用紙，たった１枚のシートだけで，超大手企業との新規取引の契約締結を取り付けたり，投資家や金融機関から数億円もの投資・融資を取り付けたりしたクライアントもいる。何十枚ものパワーポイントを作成するより，「ビジネスシナリオ MAP」に向き合い，これ１枚を完成させるほうがはるかに大きな効果が得られることを多くのクライアントが証明している。

ここから先は，「ビジネスシナリオ MAP」の作り方について述べるが，ここまでの説明と作成事例（P29，P30）を見て作成できそうであれば，先に書

【テンプレート2】ビジネスシナリオ MAP　作成事例①（筆者が2011年に「黒字社長塾」を立ち上げた際に作成したもの）

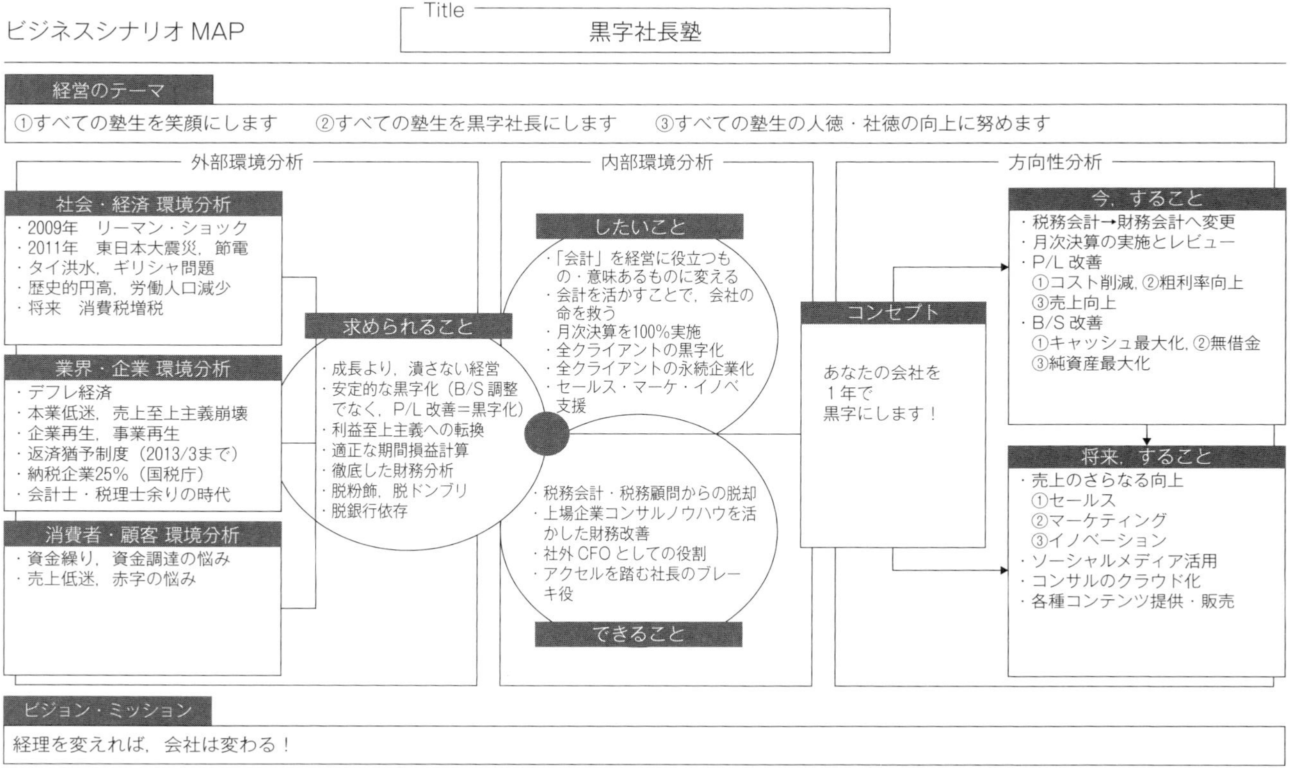

【テンプレート2】ビジネスシナリオ MAP　作成事例②（「黒字社長塾」のクライアントが作成したもの）

ビジネスシナリオMAP

オーガニック&ナチュラル　自然のまんま

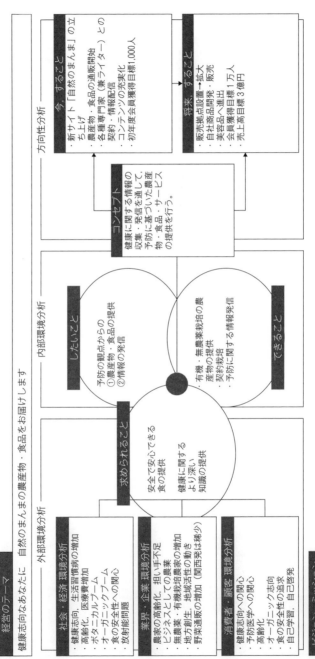

経営のテーマ

健康志向なあなたに　自然のまんまの農産物・食品をお届けします

外部環境分析

社会・経済 環境分析
- 健康志向，生活習慣病の増加
- 高齢化，医療費増加
- ボタニカルブーム
- オーガニックブーム
- 食の安全性への関心
- 放射能問題

業界・企業 環境分析
- 農家の高齢化，担い手不足
- ビジネスとしての農業
- 無農薬・有機栽培農家の増加
- 地方創生，地域活性の動き
- 野菜通販の増加（関西発は稀少）

消費者・顧客 環境分析
- 健康志向への関心
- 予防医学への関心
- 高齢化
- オーガニック志向
- 食の安全性の追求
- 自己学習，自己啓発

求められること

安全で安心できる食の提供

健康に関するより深い知識の提供

内部環境分析

したいこと

予防の観点からの
①農産物・食品の提供
②情報の発信

できること
- 有機・無農薬栽培の農産物の提供
- 契約栽培
- 予防に関する情報発信

方向性分析

コンセプト

健康に関する情報の収集・発信を通して，予防に基づいた農産物・食品・サービスの提供を行う。

今，すること
- 新サイト「自然のまんま」の立ち上げ
- 農産物・食品の通販開始
- 各種専門家（兼ライター）との契約・情報配信
- コンテンツの充実化
- 初年度会員獲得目標1,000人

将来，すること
- 販売拠点設置→拡大
- 自社商品開発・販売
- 美容品へ進出
- 会員獲得目標１万人
- 売上高目標３億円

ビジョン・ミッション

「医食同源」　予防して健康で元気な毎日を！

き始めてほしい。学習することも大事であるが，すぐに行動を起こすことはもっと大事である。

「ビジネスシナリオ MAP」の合計11枚のカードの書く順序は決まっていない。ランダムに気が向くカードから書き始めてほしい。その際に，他のカードを意識する必要はない。例えば,「したいこと」を考えるときに,「できること」を意識して，無難に小さくまとめるなんてことはイメージの自殺行為である。まずは，壮大な夢とイメージを膨らませて，それを落とし込むことを楽しんでほしい。カード間の文脈のつながりや整合性，カード間に矛盾がないかどうかを検証し，イメージをカタチにしていくのは最後の段階の作業である。

(2) ビジネスシナリオ MAP の構成・内容・作り方

「ビジネスシナリオ MAP」には合計11枚のカードがあるが，大きく4つのグループから構成されている（【図表2-2】参照）。

以下，4つのグループの内容・作り方について説明する。

【図表2-2】ビジネスシナリオ MAP の構成

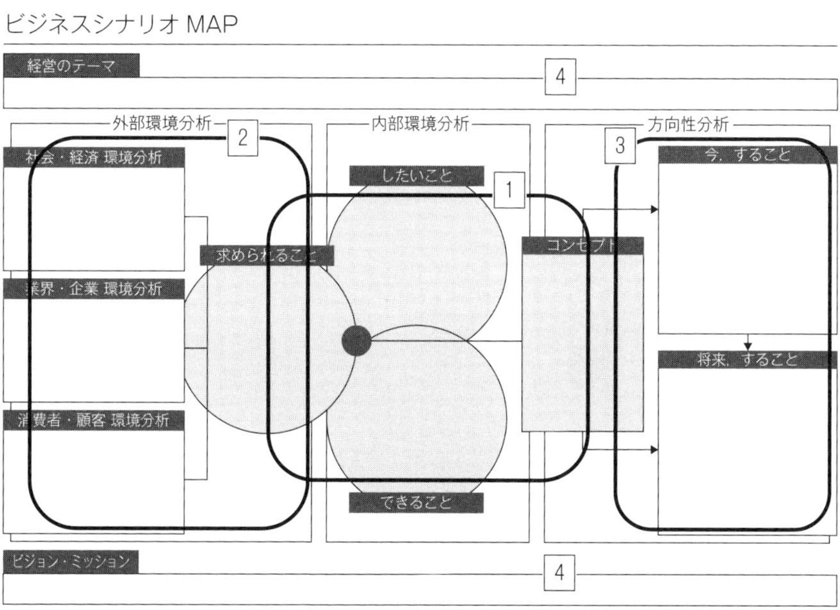

1 「3つのこと」→「コンセプト」

まず1つ目のグループは，「3つのこと」（求められること，したいこと，できること）を書くカードである。**会社や事業の「存在意義」は，この「3つのこと」の重なる部分（合一点）にある。**

「したいこと」だけをやることは楽しいかもしれないが，それは独りよがりというものである。「私は無添加のシャンプーを作って，世の中に広めたいんだ！」と思って日用品の製造販売業を始めても，そのシャンプーが世間から求められていなければ，売れることはないだろうし，売り込まれても迷惑なだけである。独りよがりのビジネスは，世間から嫌われる可能性がある。

「できること」だけをやることはやり甲斐はあるかもしれないが，仮にその分野で日本一といえる技術やノウハウを持っていたとしても，それがビジネス環境の変化に合ったものでなければ，宝の持ち腐れである。イノベーションに乗り遅れるのは，この手のタイプである。

「求められる」ことだけをやることは社会的意義を感じるかもしれないが，あなたが「したいこと」でもなければ，「できること」でもないものを，なぜ顧客は購入しなければならないのか。餅は餅屋である。「子供への虐待が増えているから，子供達を守る養護施設を作りたい！」，「健康ブームだから，オー

【図表2－3】「3つのこと」

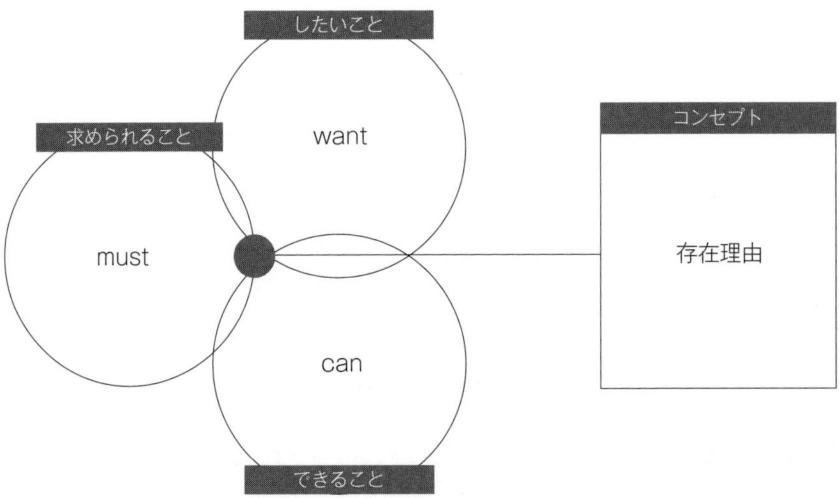

ガニック料理専門のカフェを展開したい！」というように，社会問題やブームに乗ってビジネスをしようと思う起業家や経営者は多い。その発想は素晴らしいことだと思うが，あなたは子供を守る資格があるのか。オーガニック料理を作る資格があるのか。その道の日本一といえるだけの実績や経験があるのか。そうでないならば，誰があなたから商品・サービスを買うのだろうか。

つまり，**ビジネスとは**，「したいこと」(want)，「できること」(can)，「求められること」(must) の3つの輪が重なったド真ん中の**「小さな輪」の部分を指す**のである。この「小さな輪」の部分が，ナンバーワンでもなくオンリーワンでもない「バイタルワン」(Vital ONE＝なくてはならない存在) でなくてはならない。これが強い会社や事業の条件・証となり，これが会社や事業の**「コンセプト」**となる。

「コンセプト」とは，簡単にいえば，「私は○○屋さんである」を一言で言い表すもの，もしくは「この事業は○○という方針である」を一言で言い表すものである。社会にとっても，業界にとっても，顧客にとっても**なくてはならない「存在理由」**が「コンセプト」である。

この「小さな輪」を作り，保ち，拡大していくことが社長の重要な仕事の1つである。この「小さな輪」からズレたことをしていても顧客から振り向いてもらえない。逆にいえば，ビジネスがうまくいかないのは，この「小さな輪」からズレたことをしている可能性がある。

「ビジネスシナリオMAP」に向き合い，いったん，「したいこと」(want)，「できること」(can)，「求められること」(must) を書き出し，その上で，3つの輪が重なったド真ん中の「小さな輪」に串を刺しにいかなければならない。

2 「外部環境分析」→「求められること」

「3つのこと」のうち，「したいこと」「できること」は自分で決めることができる。しかし「求められること」については，自分で決めることはできない。「求められること」は，ビジネス環境の現状・変化を分析し，そこから導かれるものである。

しかし，ビジネス環境の現状・変化を捉えることは非常に難しい。理由は2

つある。まず1つは，ビジネス環境は，絶えず凄まじいスピードで変化するからである。今求められていることが，来月求められるとは限らない。ブームは一瞬で去り，誰も想定していなかった新たなブームが突然やってくる。もう1つは，顧客の属性（年齢，性別，居住地，職業など）によって求められるものが全く異なるからである。バブル世代の経営者は，Z世代（2000年代生まれのスマホやSNSに慣れ親しむ世代）の思考・言動が理解できないことが多いだろうが，彼らとて顧客になる可能性がある。「求められること」は意のままならず，それゆえ外部環境分析が必要となってくるのである。

外部環境分析として3つのカードを用意している。それが**「社会・経済　環境分析」「業界・企業　環境分析」「消費者・顧客　環境分析」**の3つである。それぞれのカードの内容・作り方については第1章（P14〜）のとおりである。ここでも述べたとおり，外部環境分析のゴールは，「求められること」は何なのかを導くことである。

ビジネス環境が絶えず凄まじいスピードで変化する中で，誰もが抗うことができない潮流を読み取り，その中で，真に「求められること」が何なのかを導いてほしい。

3 「コンセプト」→「すること」

「コンセプト」が言語化できれば，次に「何をするのか」を言語化していく。これが，**「方向性」**（ドメイン，事業領域）の明確化である。

「すること」を書くカードは2枚用意している。**「今，すること」**と，**「将来，すること」**の2枚である。「コンセプト」が明確になっても，限られた経営資源の中で，あらゆることを一気に行うことはできない。「優先順位付け」をすることも社長業の重要な仕事の1つである。「今，すること」はおおよそ1年以内にすること，「将来，すること」はそれより先にすることを記入し，「優先順位」を明確にする。

「今，すること」「将来，すること」が明確になって始めて，そこに時間軸が通り，この時間軸が，**事業の道筋**となり，この道筋が**経営戦略**となる。P28で述べたとおり，経営戦略があって将来像ができるのではなく，将来像があって

【図表2-4】2枚の「すること」カードと，事業の道筋・経営戦略のイメージ

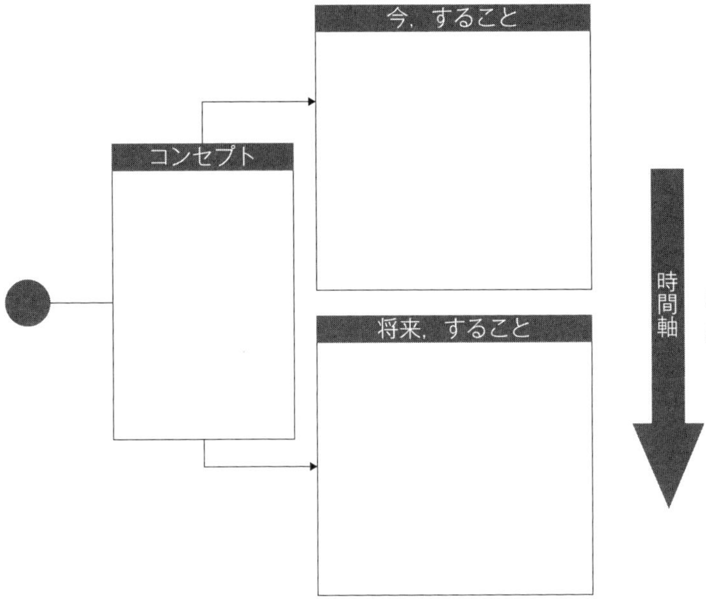

経営戦略が立案できるのである。ビジネスのシナリオ（将来像）を描けない社長に，経営戦略を描くことはできないはずである。多くの企業の経営戦略や事業計画が絵に描いた餅であるのは，将来像も事業の道筋もない中で，雛形を埋めるように経営戦略や経営計画を作るからである。

以上，①，②，③の3つのグループの関係をまとめておく。

ビジネスの真髄（＝社長が訴えたいことの真髄）は，「したいこと」(want)，「できること」(can)，「求められること」(must) の3つの輪が重なったド真ん中の「小さな輪」の部分にある。その中で「求められること」が，会社や事業の「存在理由」の中核になるが，その特殊性ゆえに3枚の外部環境分析のカードで補っている。3つの輪の合一点が「コンセプト」を決定し，「方向性」（ドメイン，事業領域）を明確化することが可能となるのである。

[4] 「経営のテーマ」と「ビジョン・ミッション」

人間は理（ロジック）によって納得し，情（マインド）によって感動する。多くのステークホルダーから支持と共感を得るためには，納得と感動の方法が必要となる。[1]，[2]，[3]で紹介した３つのグループは理のグループであり，[4]が情のグループである。

情のグループでは，２枚のカードを用意している。**「経営のテーマ」**と**「ビジョン・ミッション」**の２枚である。「経営のテーマ」とは，会社や事業を通して社会に伝えたいこと・語りたいこと・メッセージ，問いかけたいこと，訴えかけたいことなどを記載するカードである。「ビジョン・ミッション」とは，私たちはどうありたいか（ビジョン），どうあるべきか（ミッション）を記載するカードであり，会社のフィロソフィー（経営理念，経営哲学）を表明するものでもある（ビジョン・ミッションについては第３章で詳述する）。

「ビジネスシナリオ MAP」の最下部（土台）に「ビジョン・ミッション」を置き，最上部に「経営のテーマ」を置いている。情のグループ（２枚のカード）が，理のグループ（９枚のカード）をサンドイッチするような配置にしている。理のグループを挟み込み，事業活動における軌道の逸脱を防ぐガードレールの役割を果たしている（【図表２－５】参照）。

以上の４つにグループ化された11枚のカードに，思考（思い・考え）を落とし込んでほしい。すべて落とし込んだら，カード間の文脈のつながりや整合性，カード間に矛盾がないかどうかを検証する。検証するには，「ビジネスシナリオ MAP」の横軸（小さな輪→コンセプト→すること）と，縦軸（ビジョン・ミッション→コンセプト→経営のテーマ）に，キチンと軸が通っているか確認する（【図表２－６】参照）。

「コンセプト」や「すること」のカードが事業の道筋であり，経営戦略の基礎となるが，それらは会社や事業の「ビジョン・ミッション」を達成するために遂行するものだろうか。

「経営のテーマ」は，普段社長が語っている夢と整合し，「コンセプト」や「ビジョン・ミッション」と整合しているだろうか。

作成者がここに矛盾を感じるようであれば，再度全体を見直し，軸を通すシ

【図表2-5】情のカードによるガードレールのイメージ

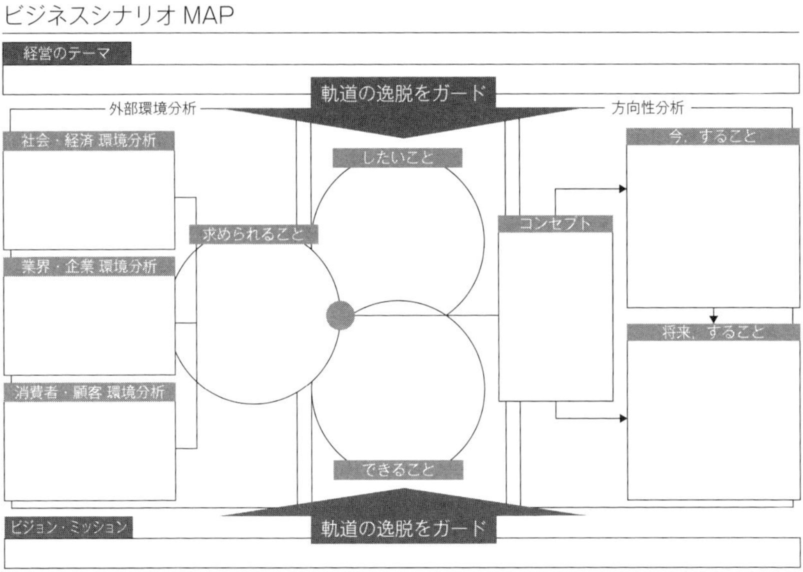

【図表2-6】「ビジネスシナリオMAP」の整合性チェック

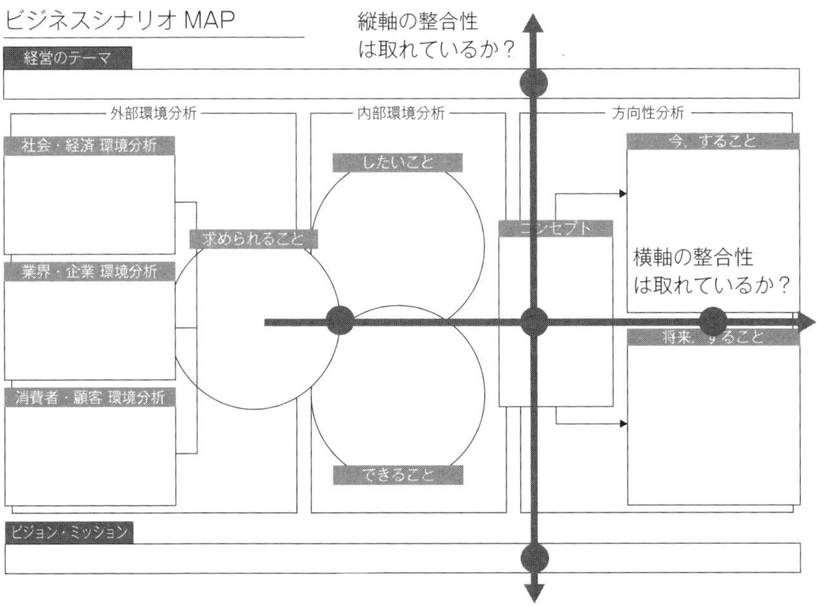

ナリオに修正する必要がある。「ビジネスシナリオMAP」が1回の試作で完成することはない。何度も下書きをし，ブラッシュアップをし，時間をかけてカタチにしてほしい。

そうやってブラッシュアップを繰り返し，「ビジネスシナリオMAP」の全体が文脈の破綻なく整合性を持った時，会社や事業の「存在理由」や「方向性」が明らかになり，「ビジネスシナリオMAP」は完成する。

(3) 内部環境分析

第1章で外部環境分析の方法について述べたが（P14～），内部環境分析の方法についても述べておく。

【テンプレート2】のとおり，内部環境分析とは，**「したいこと」**（want）と**「できること」**（can）の2つを分析する（洗い出す）ことをいう。自社（自分）の「したいこと」は容易に洗い出すことができると思うが，自社（自分）の「できること」が分からないという社長が少なくない。

自社（自分）の「できること」の洗い出しとは，すなわち，**「経営資源」**の洗い出しを意味する。経営資源とは，経営学の教科書では，①「ヒト」，②「モノ」，③「カネ」の3つが挙げられることが多いが，これ以外にも，④「情報（知識，知恵など）」，⑤「ノウハウ（技術，資格など）」，⑥「風土（組織，社風，チームなど）」，⑦「時間（納期，営業時間など）」も含まれる。高度な専門知識を持っていることや，他社が真似できない技術を有していること，多くの人々を惹きつけるような社風があること，ライバルが追随できないスピードで納品することなども立派な経営資源である。

では，皆様の会社の経営資源は何だろうか。

【テンプレート3】の内部環境分析シートは，「経営資源」を洗い出すためのシートである。まずは，真ん中の7つのカードに，自社（自分）の経営資源を洗い出し，埋めてみてほしい。その際に，会社や事業への有用性などは考えなくてもいい。まずは自社（自分）が持っているものを洗い出してほしい。

次に，真ん中の7つのカードに経営資源を洗い出すことができたら，それぞれの要素が自社にとって強み（Strength）なのか，弱み（Weakness）なのか

【テンプレート3】内部環境分析

内部環境分析　　Title

経営資源の洗い出し

強み（Strength）	経営資源	弱み（Weakness）
	ヒト	
	モノ	
	カネ	
	情報（知識，知恵）	
	ノウハウ（技術，資格）	
	風土（組織，社風，チーム）	
	時間（納期，営業時間）	

【テンプレート３】内部環境分析　作成事例（筆者が2011年に「黒字社長塾」を立ち上げた際に作成したもの）

内部環境分析

Title
黒字社長塾

経営資源の洗い出し

強み（Strength）	経営資源	弱み（Weakness）
・武田１人であることによる柔軟・迅速な対応が可能 ・社員を持たないことにより，品質のバラツキを防ぎ，高度なサービス提供が可能 →CS向上 ・固定費がかからない	**ヒト** ・私（公認会計士武田雄治） ・専門家，経営者などとの豊富な人脈	・クライアント数に限界がある ・訪問型コンサルに限界がある。 ・大手コンサル会社と競うことは不可
・なし	**モノ** ・なし	・なし
・なし	**カネ** ・なし	・なし
・中小企業に，上場企業レベルの経営・会計の実務を移植することが可能 ・中小企業に，社外CFO的立場として支援可能	**情報（知識，知恵）** ・会計監査の知識　・上場企業勤務の経験	・なし
・上場企業コンサルのノウハウを生かした財務改善 ・財務分析のノウハウを生かした利益最大化	**ノウハウ（技術，資格）** ・上場企業コンサル（開示支援等）のノウハウ ・IPO支援，SOX支援のノウハウ ・税理士，社労士とのコラボ	・なし
・組織を持たないことによる柔軟な対応が可能	**風土（組織，社風，チーム）** ・なし	・組織を持たないことによる与信上の問題
・武田１人であることによる柔軟・迅速な対応が可能	**時間（納期，営業時間）** ・（私ひとりで事業を行うため）クイックレスポンス，早期納品，24時間対応が可能。	・大手コンサル会社と同等の納品物の提供は困難

についても，左右のカードに記載する。

強み（Strength）の7つのカードに記載した経営資源を活かして，会社や事業を拡大したり，攻めの戦略に出たりすることはできないだろうか（**積極化戦略**）。また，他社と差別化を図るような事業展開などはできないだろうか（**差別化戦略**）。弱み（Weakness）についても，それを補って，強みに変えることはできないだろうか（**弱点補強**）。

このように，経営資源の洗い出し，強み・弱みの認識，伸ばすべき強みの把握，補うべき弱みの把握をすることにより，自社にとっての「バイタルワン」（Vital ONE）を見つけてほしい。これが，「ビジネスシナリオMAP」の「できること」のカードに繋がる。

2．部門シナリオMAP

1.で紹介した「ビジネスシナリオMAP」は，会社全体の「存在意義」と「方向性」を視覚化してくれるシートであった。

次に紹介するのが，これをブレイクダウン（細分化）した「部門シナリオMAP」である。この「部門シナリオMAP」は，会社全体のビジョン・ミッション，経営のテーマ，戦略などを達成するために，各部門の「存在意義」と「方向性」を明確化するシートである。

「部門シナリオ」というタイトルを付けているが，部門別だけでなく，事業別，拠点別（支店，工場，営業所など），プロジェクトチーム別…と，会社組織の実態に合わせて使用してほしい。部門とは別に，組織横断的プロジェクトチームを組成している場合は，「部門シナリオMAP」と「プロジェクトシナリオMAP」の両方を作成する。

この「部門シナリオMAP」は全部門で作成する。会社のビジョン・ミッションを達成させるために各部門が存在するのであるから，各部門においても（会社のビジョン・ミッションを達成させるために）「将来どうありたいのか」「今どうあるべきなのか」といった各部門の「存在意義」と「方向性」を明確にすべきである。それを共有することによって，部員の気持ちをひとつにすること

【テンプレート4】部門シナリオMAP

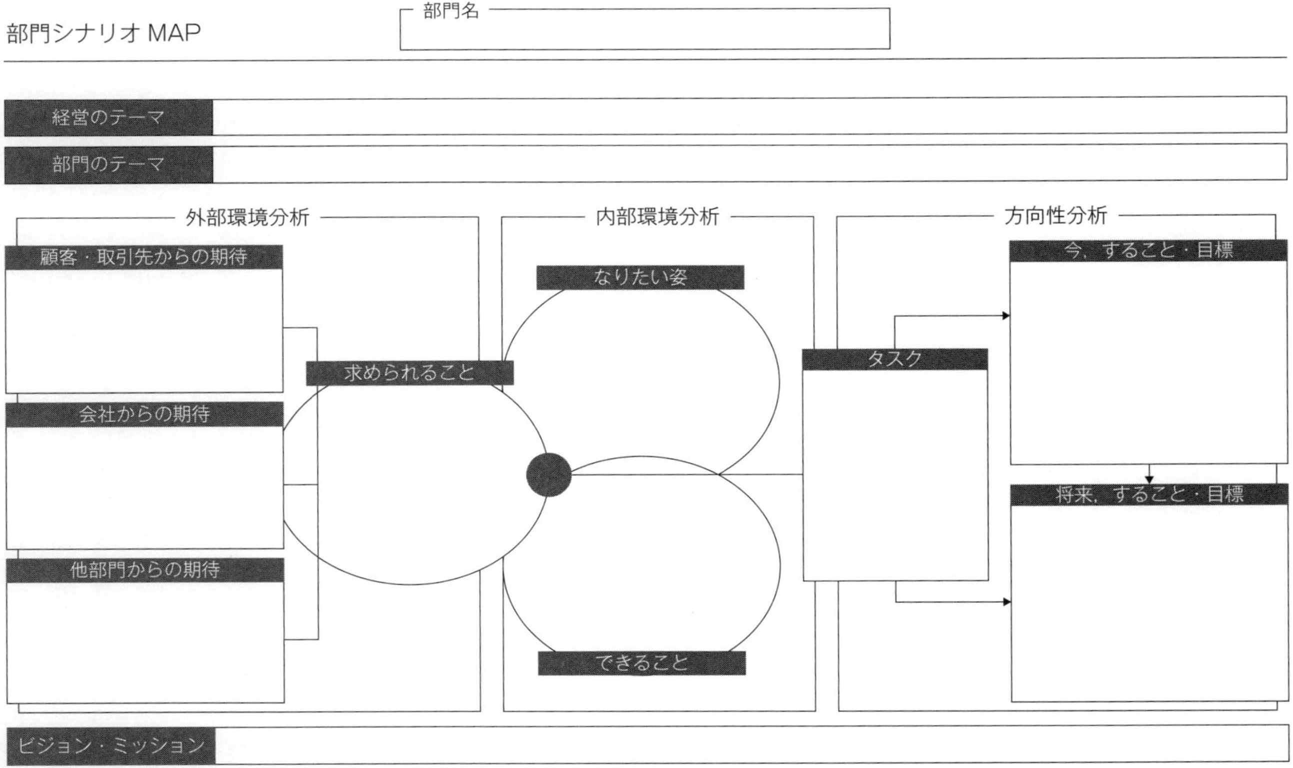

【テンプレート4】部門シナリオMAP　作成事例（「黒字社長塾」のクライアントが作成したもの）

部門シナリオMAP　　営業部

経営のテーマ	健康志向なあなたに　自然のまんまの農産物・食品をお届けします
部門のテーマ	初年度会員獲得1,000人，中長期計画の売上目標3億円達成に向けて，営業部の土台を作る

外部環境分析

顧客・取引先からの期待
- ●健康，食，予防医学に関する情報の整理＆正しい情報の提供
- ●安全で安心できる食の提供
- ●世界中の顧客がアクセスできる新サイト「自然のまんま」の構築
- ●豊富な知識を活かし，独自の付加価値で商品を提供する存在になる

会社からの期待
- ●売上目標の達成
- ●会員数目標の達成
- ●新サイトのユーザビリティ向上
- ●新サイトのアクセス解析と，システム部門へのフィードバック
- ●他部門と連携した付加価値創出
- ●市場ニーズを捉えた商品開発提案

他部門からの期待
- ●セクショナリズムをなくし，他部門とのコミュニケーションを図る
- ●市場ニーズ，顧客ニーズなどの他部門へのフィードバック
- ●サポートチームと共に優良顧客の培養活動を行い，既存顧客からのリピート売上実績を増やす

求められること
- ●売上目標の達成
- ●会員数目標の達成
- ●情報整理＆情報提供
- ●市場ニーズ，顧客ニーズなどのフィードバック
- ●他部門との連携強化
- ●独自の付加価値で商品を提供する
- ●既存顧客の優良顧客化

内部環境分析

なりたい姿
- ●常に，売上目標と会員数目標を意識する
- ●顧客・見込客が買いたいと手を上げてくれるサイトを作る
- ●タイムリーな情報提供の土台を作る
- ●商品開発から販売までのフローを再構築する

できること
- ●健康，食，予防医学に関する情報の体系化
- ●市場ニーズ，顧客ニーズを聞き，整理・体系化する
- ●商品と情報を提供する健康サイトの構築

方向性分析

タスク
- ●サイト構築
- ●フロー再構築
- ●売上目標の達成
- ●会員数目標の達成
- ●既存顧客の優良顧客化
- ●情報の整理・体系化
- ●市場ニーズ，顧客ニーズ分析
- ●他部門とのコミュニケーション

今，すること・目標
- ●サイト構築
- ●フロー再構築
- ●売上目標4,000万円の達成
- ●会員数目標1,000人の達成
- ●既存顧客の優良顧客化
- ●情報の整理・体系化
- ●市場ニーズ，顧客ニーズ分析
- ●他部門とのコミュニケーション

将来，すること・目標
- ●売上目標3億円の達成
- ●会員数目標1万人の達成
- ●販売拠点設置
- ●自社商品開発

ビジョン・ミッション	「医食同源」　予防して健康で元気な毎日を！

が可能となり，卓越した結果を残すことになる。

経理部門のようなバックオフィス部門まで「存在意義」と「方向性」を明確にする必要があるのかと思われるかもしれないが，**会社のビジョン・ミッションを達成するために人がいて，事業が生まれて，組織が形作られ，部門が作られた**のであるから，会社のビジョン・ミッションを達成するために必要のない部門というものは存在しないはずである。仮にそういう部門であれば，アウトソーシングできるのではないだろうか。

「部門シナリオ MAP」のテンプレートは，「ビジネスシナリオ MAP」とほぼ同じであるが，部門別という特性から，各カードの表題（タイトル）を一部変更している。これについては，特に説明では不要であろう。

「部門シナリオ MAP」の「経営のテーマ」「ビジョン・ミッション」の２枚のカードのみ，「ビジネスシナリオ MAP」のそれと同じ文言を記載する。他の10枚のカードは，部門ごとに外部環境分析，内部環境分析，方向性分析を行いながら記載していってほしい。

なお，「ビジネスシナリオ MAP」は社長が作成するが，「部門シナリオ MAP」は部門長へ作成を移譲すべきである。それが部門長の「ビジネスシナリオ MAP」への理解を深めることにもつながるし，部門の主体性を発揮することにもつながる（ただし，各部門長に対して，「ビジネスシナリオ MAP」理解のための研修などは実施すべきである）。

上述のとおり，「ビジネスシナリオ MAP」は定期的に（少なくとも年に一度は）アップデートしなければならないが，同じタイミングで「部門シナリオ MAP」もアップデートすべきである。

３．パーソナルシナリオ MAP

「ビジネスシナリオ MAP」，「部門シナリオ MAP」が完成し，会社や部門の「存在意義」と「方向性」が明確になれば，次に「パーソナルシナリオ MAP」を作成する。従業員は，会社や部門の構成員であり，会社や部門のビジョン・

【テンプレート5】パーソナルシナリオMAP

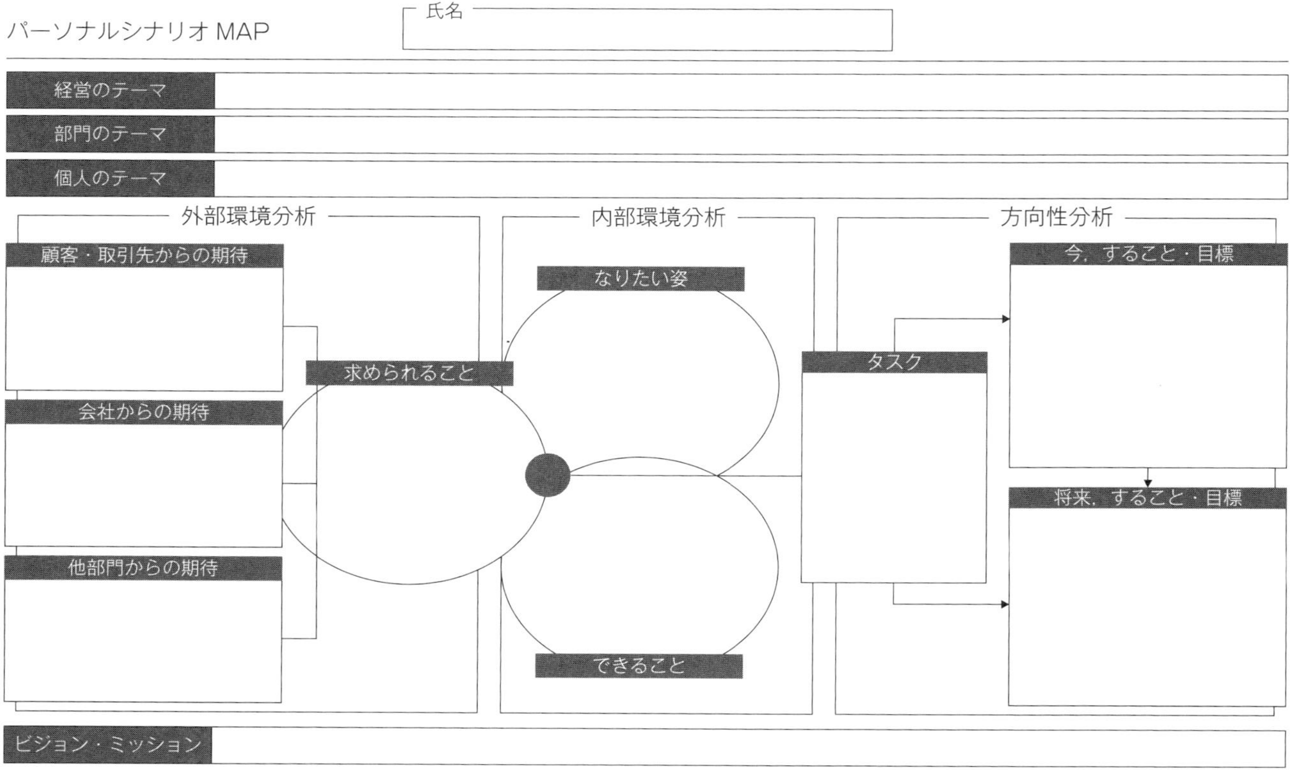

【テンプレート5】パーソナルシナリオMAP　作成事例（「黒字社長塾」のクライアントが作成したもの）

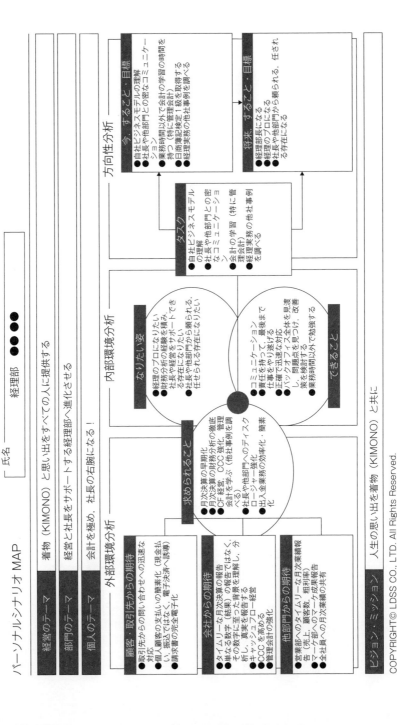

パーソナルシナリオMAP

氏名　経理部　●● ●●

経営のテーマ	着物（KIMONO）と思い出をすべての人に提供する
部門のテーマ	経営と社長をサポートする経理部へ進化させる
個人のテーマ	会計を極め，社長の右腕になる！

外部環境分析

顧客・取引先からの期待
- ●取引先からの問い合わせへの迅速な対応
- ●個人顧客の支払いの簡素化（現金払い，振込ではなく，電子決済へ誘導）
- ●請求書の完全電子化

会社からの期待
- ●タイムリーな月次決算の報告
- ●単なる数字（結果）の報告ではなく，その数字に至った背景を理解し，分析し，真実を報告する
- ●キャッシュフロー経営
- ●CCCを高める
- ●管理会計の強化

他部門からの期待
- ●営業部へのタイムリーな月次業績報告（売上，顧客数，粗利率）
- ●マーケ部へのマーケ成果報告
- ●全社員への月次業績の共有

内部環境分析

求められること
- ●月次決算の早期化
- ●月次決算の財務分析の徹底
- ●CF経営，CCC強化，管理会計を学ぶ（他社事例を調べる）
- ●社長や他部門へのディスクロージャー強化
- ●出入金業務の効率化・簡素化

なりたい姿
- ●経理のプロになりたい
- ●財務分析の経験を積み，社長や経営をサポートできる存在になりたい
- ●社長や他部門から頼られる，任せられる存在になりたい

できること
- ●コミュニケーション
- ●責任を持って，最後まで仕事をやり遂げる
- ●正確で迅速な対応
- ●バックオフィス全体を見渡し，問題点を見つけ，改善策を検討する
- ●業務時間以外で勉強する

方向性分析

タスク
- ●自社ビジネスモデルの理解
- ●社長や他部門との密なコミュニケーション
- ●会計の学習（特に管理会計）
- ●経理実務の他社事例を調べる

今，すること・目標
- ●自社ビジネスモデルの理解
- ●社長や他部門との密なコミュニケーション
- ●業務時間以外で会計の学習の時間を持つ（特に管理会計）
- ●日商簿記検定1級を取得する
- ●経理実務の他社事例を調べる

将来，すること・目標
- ●経理部長になる
- ●経理のプロになる
- ●社長や他部門から頼られる，任される存在になる

ビジョン・ミッション	人生の思い出を着物（KIMONO）と共に

ミッションを達成するために必要不可欠な存在である。全員がチームとなり，「存在意義」を共有し，同じ「方向性」に向かって進まなければ，ビジョン・ミッションを達成することはできない。

「パーソナルシナリオMAP」は，基本的に全従業員が作成する（コアメンバーだけでも構わない）。ただし，従業員に作成してもらう前に，「ビジネスシナリオMAP」，「部門シナリオMAP」の説明・共有をすると共に，「パーソナルシナリオMAP」の作成を指導する社内研修のような場を設けるべきである。会社や部門のビジョン・ミッションへの理解や共感なくして，それを達成するための個人のシナリオ（将来像）を描くことなどできないからである。

「パーソナルシナリオMAP」のテンプレートは，「部門シナリオMAP」とほぼ同じであるため，これについても，特に説明では不要であろう。

「パーソナルシナリオMAP」の「経営のテーマ」「部門のテーマ」「ビジョン・ミッション」の3枚のカードは「部門シナリオMAP」のそれと同じ文言を記載し，他の10枚のカードは，各個人で外部環境分析，内部環境分析，方向性分析を行いながら記載していってほしい。

4．ビジネスモデルMAP

(1) ビジネスモデルとは「儲けの仕組み」

「ビジネスシナリオMAP」「部門シナリオMAP」「パーソナルシナリオMAP」を作成することにより，会社・部門・個人の「存在意義」と「方向性」が明確になれば，事業の道筋も明確になる。しかし，立派なシナリオを描ければ「儲かるビジネス」になるのかといえば，それは別問題である。

描いたシナリオを儲かるビジネスにするためには「ビジネスモデル」を構築しなければならず，そのビジネスモデルをA4サイズ1枚で描くためテンプレートが「ビジネスモデルMAP」である。

ビジネスモデルという言葉は聞いたことがあると思うが，その意味を理解している社長は少ない。ビジネスモデルには様々な定義があるが，筆者は**「儲け**

の仕組み」と定義している。モデルは，模範，手本，型と訳される。ビジネスモデルとは，ビジネスの模範であり，手本であり，型である。ファッションにもモデルがいるように，ビジネスにもモデルがある。

描いたシナリオを「儲かるビジネス」にするためには，成功している会社・事業のビジネスモデルを学び，そのビジネスモデルをパクることである。ビジネスの成功の鍵は**「TTP」（＝徹底的にパクる）**である。著作権や商標権などをパクるのは違法であるが，ビジネスモデルをパクるのは違法ではない。この世に存在するビジネスモデルの大半はパクリなのだから。

パクる方法は無限にある。成功企業のビジネスモデルは，TV，新聞，ビジネス雑誌で必ず取り上げられる。成功企業の社長インタビューも参考になる。このような企業がどのようなビジネスモデル（儲けの仕組み）を構築しているのかを参考にして，パクれるものはパクるのである。最新のビジネスモデルを紹介した書籍も随時刊行されている。このような書籍も参考になる。

成功企業が異業種であっても，関心を持っておくべきである。異業種からビジネスモデルを移植し成功した事例も多い[1]。むしろ，異業種にこそヒントがあるのではないだろうか。

オリジナルのビジネスモデル（オリジナルの儲け方）は必ず失敗する，ということは覚えておくべきである。

「黒字社長塾」のクライアントで，長年赤字から抜け出せず，積もり積もった借入金の返済で資金繰りが窮地に陥った会社があった。この会社の社長は，立派なビジョン・ミッションを掲げ，立派な事業計画書を作成し，それらを見れば優良企業と見誤るほどのものだった。しかし，実態はいつ倒産してもおかしくない財政状態だった。見た目は立派，中身は窮地，こういう会社は非常に多い。この社長が，営業に，銀行回りに，経理処理に，来客対応に，あらゆる

1　山田英夫『異業種に学ぶビジネスモデル』（日経ビジネス人文庫，初版2012年，文庫化2014年）は，タイトルのとおり，異業種からビジネスモデルを移植し成功した事例が多く掲載されており参考になる。古い本なので掲載されている事例も古いが，異業種からビジネスモデルを移植することのエッセンスは掴めるはずである。なお，山田英夫氏は，競争戦略やビジネスモデルを専攻する早稲田大学大学院教授であり，他の著書も大いに参考になる。

【テンプレート6】ビジネスモデルMAP

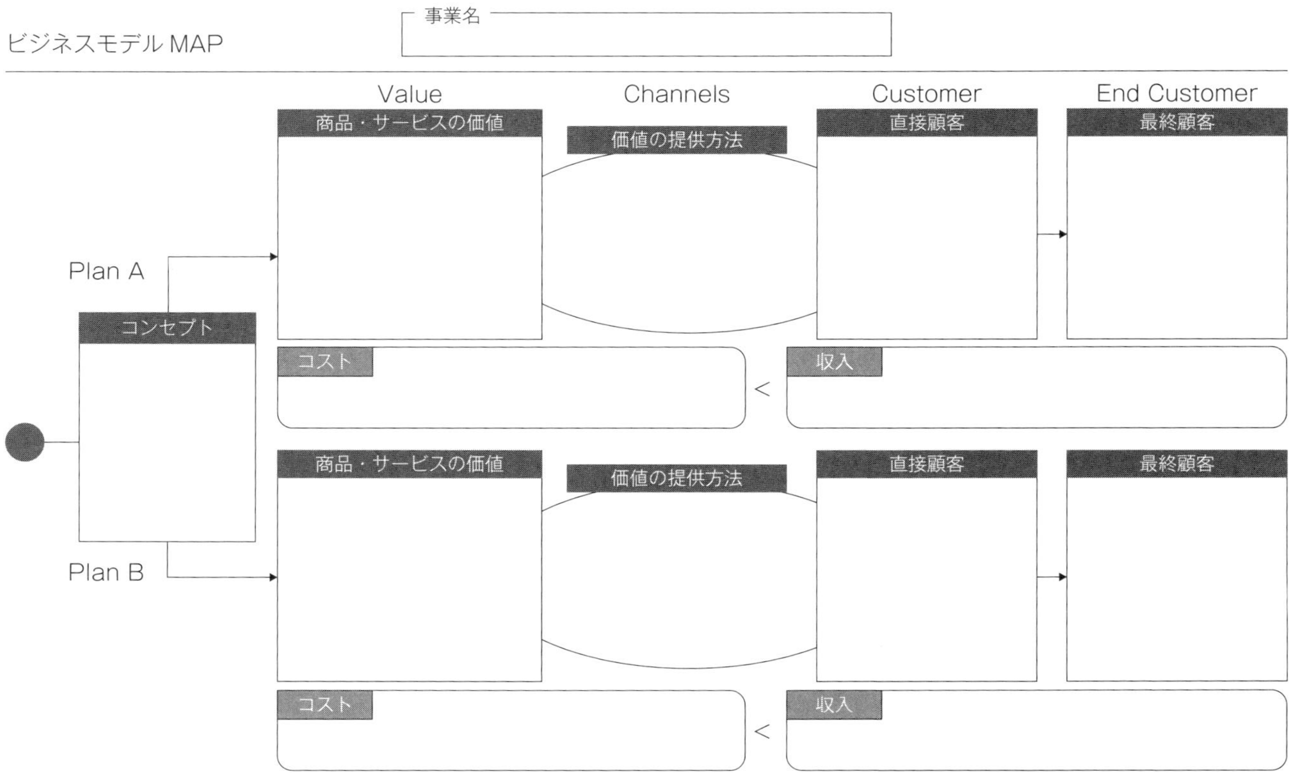

【テンプレート６】ビジネスモデル MAP　作成事例（筆者が2011年に「黒字社長塾」を立ち上げた際に作成したもの）

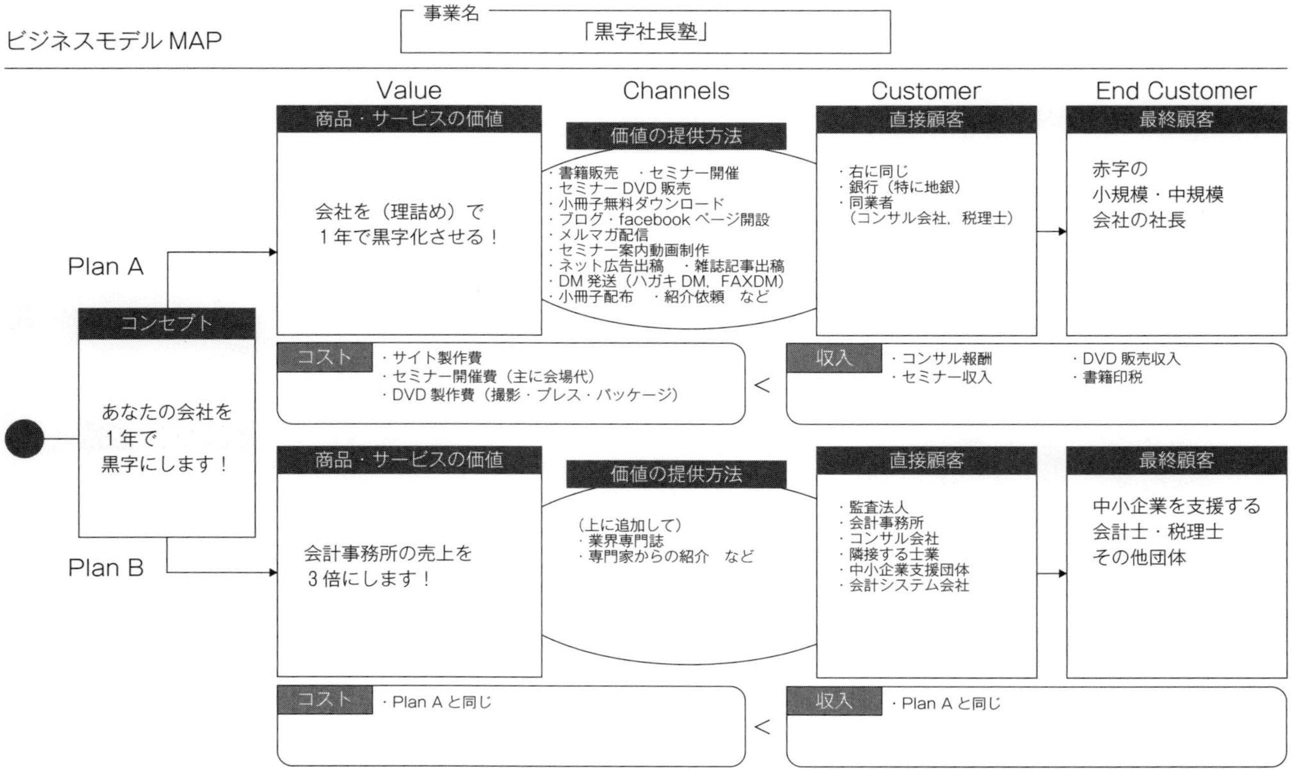
ビジネスモデル MAP
事業名
「黒字社長塾」
Value
Channels
Customer
End Customer
Plan A
Plan B
コンセプト
あなたの会社を
１年で
黒字にします！
商品・サービスの価値
会社を（理詰め）で
１年で黒字化させる！
価値の提供方法
・書籍販売　・セミナー開催
・セミナー DVD 販売
・小冊子無料ダウンロード
・ブログ・facebook ページ開設
・メルマガ配信
・セミナー案内動画制作
・ネット広告出稿　・雑誌記事出稿
・DM 発送（ハガキ DM, FAXDM）
・小冊子配布　・紹介依頼　など
直接顧客
・右に同じ
・銀行（特に地銀）
・同業者
（コンサル会社，税理士）
最終顧客
赤字の
小規模・中規模
会社の社長
コスト
・サイト製作費
・セミナー開催費（主に会場代）
・DVD 製作費（撮影・プレス・パッケージ）
<
収入
・コンサル報酬
・セミナー収入
・DVD 販売収入
・書籍印税
商品・サービスの価値
会計事務所の売上を
３倍にします！
価値の提供方法
（上に追加して）
・業界専門誌
・専門家からの紹介　など
直接顧客
・監査法人
・会計事務所
・コンサル会社
・隣接する士業
・中小企業支援団体
・会計システム会社
最終顧客
中小企業を支援する
会計士・税理士
その他団体
コスト
・Plan A と同じ
<
収入
・Plan A と同じ

業務に駆けずり回り，誰よりも熱心に働いていたが，残念ながら「ビジネスモデル」が存在しなかった。誰に売るか，いくらで売るか，何を売るか，どうやって売るか，といったことがすべてオリジナル（我流）であり，ビジネス環境の変化も，業界や他社の動向も，全く関心を持たずに走り続けていた。こういう社長は，助言に耳を傾けることすらしない。資金繰りが苦しくなれば，より猛烈に働くのだが，赤字のビジネスの回転数を増やせば，資金が底をつくのを早めるだけである。結局，この会社は，報酬も踏み倒し，倒産した。

「シナリオを描く力」と，「儲ける力」は全く別モノなのである。儲けなければ意味がない。

(2)　ビジネスモデル MAP の構成・内容・作り方

ビジネスモデルについて解説した書籍は多くあるが，アレックス・オスターワルダー，イヴ・ピニュール共著『ビジネスモデル・ジェネレーション』（翔泳社）という本が最も有名だろう。この本は，ビジネスモデルの構成要素を９つに分解し，それを「ビジネスモデルキャンバス」という１枚のシートに落とし込み，ビジネスモデルを視覚化・可視化させたものである（【図表２－７】）。画期的な内容であるが，９つの構成要素が複雑，難解であり，一部の専門家の間では活用されていると思われるが，実務において（特に小規模・中規模会社

【図表２－７】ビジネスモデルキャンバスの構成要素

<table>
<tr><td rowspan="2">パートナー
Key Partner</td><td>主な活動
Key Activity</td><td rowspan="2">価値提供
Value Proposition</td><td>顧客との関係
Customer Relation</td><td rowspan="2">顧客セグメント
Customer Segment</td></tr>
<tr><td>主なリソース
Key Resource</td><td>チャネル
Channel</td></tr>
<tr><td colspan="3">コスト構造　Cost Structure</td><td colspan="2">収入の流れ　Revenue Stream</td></tr>
</table>

【図表２－８】ビジネスモデル MAP の構成要素

「ビジネスモデルキャンバス」の構成要素	「ビジネスモデル MAP」の構成要素
① 顧客セグメント（Customer Segment）	① 誰に売るのか？（最終顧客は誰か？）
② 価値提供（Value Proposition）	② 何を売るのか？（商品・サービスの価値は何か？）
③ チャネル（Channel）	③ どうやって売るのか？（価値の提供方法は？）
④ 顧客との関係（Customer Relation） ⑤ 収入の流れ（Revenue Stream） ⑥ 主なリソース（Key Resource） ⑦ 主な活動（Key Activity） ⑧ パートナー（Key Partner） ⑨ コスト構造（Cost Structure）	④ 儲かるのか？（コスト＜収入）

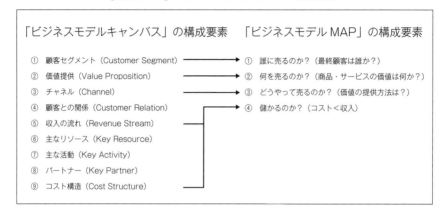

において）はほとんど活用されていないのではないかと思われる。

そこで，本書では，ビジネスモデルの構成要素を４つに絞り込み，シンプルなものにした（【図表２－８】）。

「ビジネスモデル MAP」は，【図表２－９】のように，大きく４つのグループから構成されている。

まず，左に「コンセプト」を記載するカードがある。これは「ビジネスシナリオ MAP」で記載した「コンセプト」を転記する。「ビジネスモデル MAP」は，「ビジネスシナリオ MAP」から繋がっているのである。

そこから「Plan A」と「Plan B」に枝分かれしている。１つの「コンセプト」から，最低２つの Plan（モデル）を構築してほしい。

以下，４つのグループの内容・作り方について説明する。

1 最終顧客，直接顧客は誰か？（顧客は誰か？　誰に売るのか？）

ビジネスモデルを構築するにあたって，最も重要なことであり，最初に決めなければならないことは，**顧客の定義**である。真の顧客は誰なのか，誰に売るのかを定義（再定義）しなければならない。

顧客は誰なのかと問えば，「地球上のすべての人」と答えたくなるかもしれない。しかし，「地球上のすべての人」に買ってほしいと考える商品・サービ

【図表2－9】ビジネスモデルMAPの構成・内容

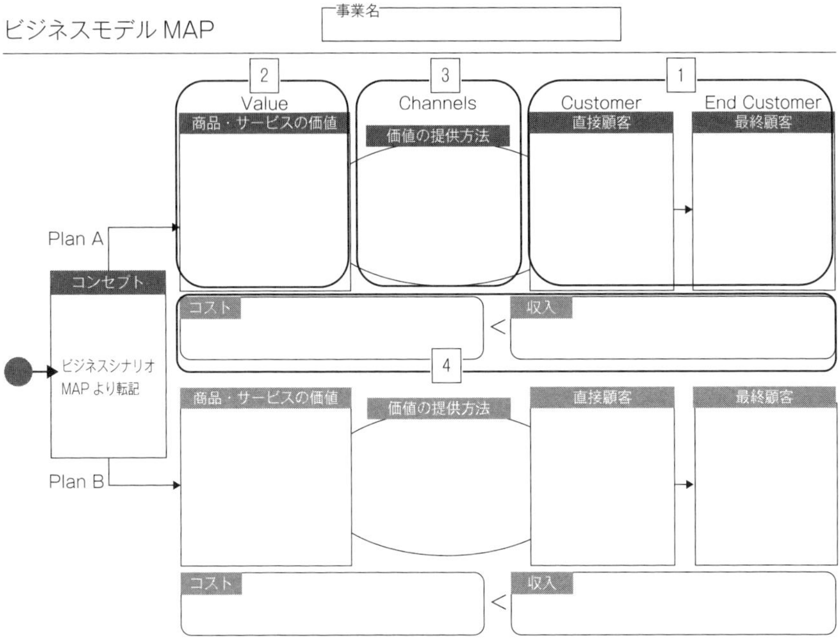

スは，誰からも振り向いてもらえない。商品・サービスの価値を一番感じてくれる真の顧客は誰なのか。自社の商品・サービスを待ってくれている人は誰なのか。**「特定の１人」の顔が思い浮かぶくらいに絞り込むべきである**。ターゲティングをしなければ，マーケティングも失敗する。

「ビジネスモデルMAP」では，顧客を**「最終顧客」**と**「直接顧客」**の２つに分けている。「最終顧客」とは商品・サービスの利用者を指し，「直接顧客」とは商品・サービスの価値を伝える相手を指す。

例えば，七五三の晴れ着のレンタル業を営んでいる場合，「最終顧客」は３歳・５歳の男の子，３歳・７歳の女の子である。しかし，「直接顧客」はお母さんとなる。ランドセルの販売をしている場合，「最終顧客」は新小学１年生であるが，「直接顧客」は祖父母・両親となる。両者が同じ人物である場合もあるが，異なるケースが少なくない。

ビジネスモデルを構築した後に，マーケティングを実践することになるが，マーケティングの対象は「直接顧客」である。よって，「最終顧客」を定義したら，「直接顧客」も定義しておかなければならない。

2 商品・サービスの価値は何か？（何を売るのか）

次に定義しなければならないのは「商品・サービスの価値」である。顧客に選ばれる理由は何なのか，顧客が対価を支払う理由は何かを定義（再定義）しなければならない。

顧客が対価を支払う理由は，（P14でも述べたとおり）大きく2つしかない。**①不の解消**か，**②夢の実現**か，である。人は，何か「不」（不自由，不満，不安，不快など）があるから，それを解消するために対価を支払う。また，人は，何か「夢」（したいこと，楽しいこと，ほしいもの，便利なものなどを含む）があるから，それを実現するために対価を支払う。

つまり，商品・サービスを販売・提供する側としては，**①不の解消策**か，**②夢の実現策**を言語化しなければならない。

ビジネスの本質は，社会が抱える課題を解決すること（不の解消策）であり，社会をより豊かな場所にすること（夢の実現策）である。これが，あなたの会社・事業の価値でもあり，顧客が受け取る価値でもある。

売上が上がらない（商品・サービスが売れない），マーケティングがうまくいかない理由は，あなた自身が「商品・サービスの価値」を言語化できていないからではないだろうか。だから，顧客・見込客にも「商品・サービスの価値」が伝わらない。よって，対価を支払うことができない。セールスやマーケティングを実践する前に，まずは顧客・見込客の潜在的な不・夢に突き刺さるような「商品・サービスの価値」を定義（再定義）しなければならない。

3 価値の提供方法は？（どうやって売るのか？）

「最終顧客」「直接顧客」と「商品・サービスの価値」が決まれば，あとは「商品・サービスの価値」を「直接顧客」に伝えるのみである。

伝える方法はいくらでもある。考え得るものを書き出してほしい。ここに書き出したものを実践することが，マーケティングの実践である（マーケティングについては第6章で詳述する）。

4　コストと収益（儲かるのか？）

1，2，3の3つのカードが書けたら，最後に，この事業を行うにあたり必要となるコスト（初期投資額やランニングコスト）と，この事業から得られるであろう収入を4のカードに記載する。

ここでは，本当に儲かるのかどうか（コストを上回るリターンが得られるのか）を確かめることが目的であり，厳密な予測P/Lを作成する必要はない。

「コスト＜収入」であればGOサインを出していいが，「コスト＞収入」であれば事業開始を再検討したほうがよい。

1～4のカードが埋まったら，ビジネスモデルの完成である。2の「商品・サービスの価値」を，1の「直接顧客」に対して，3の「価値の提出方法」に列挙した方法で実践すれば，4の「コスト＜収入」となり，キャッシュを生み出すことができるという「儲けの仕組み」ができあがったことになる。

あとは実践するのみである。具体的に，誰が，何を，いつまでにやるかを，5．で述べる「アクションプランMAP」に書き込んで，コミットメントしてほしい。

なお，「ビジネスモデルMAP」のPlan Bについては，第6章のイノベーションの説明の中で詳述する。

5．アクションプランMAP

1．～3．で説明した「ビジネスシナリオMAP」「部門シナリオMAP」「パーソナルシナリオMAP」を作成し，会社，部門，個人の「存在意義」と「方向性」が明確になったら，そこで決めた「今，やること」「将来，やること」を計画的にチーム一丸となって遂行するのみである。「計画的に」「チーム一丸となって」実施するためには，あらかじめ，**誰が，何を，いつまでに，どのように**仕事を進めるのかを具体的に視覚化しておく必要がある。

そこで，「ビジネスシナリオMAP」を作成したら，それと連携させるように「アクションプランMAP」のを作成する。「ビジネスシナリオMAP」も会社，部門，個人と3バージョンあったように，「アクションプランMAP」も3バージョン用意している。

大切なことは，「アクションプランMAP」「部門アクションプランMAP」「パーソナルアクションプランMAP」に整合性を持たせることである。会社，部門，個人がバラバラの目的・目標に向かってアクションを起こしたら意味がない。会社の最も大きな目標であるビジョン・ミッションに向かって，チーム一丸となってアクションを起こさなければならない。そのために，各「アクションプランMAP」を部門長や個人がやることを列挙した「To Do List」にするのではなく，**会社のビジョン・ミッションを達成するための具体的な行動計画表**として「アクションプランMAP」を描き，「アクションプランMAP」を遂行するための「部門アクションプランMAP」，「部門アクションプランMAP」を遂行するための「パーソナルアクションプランMAP」という位置づけになるように作成する必要がある。

それぞれのテンプレートは【テンプレート7】～【テンプレート9】のとおりである。各「アクションプランMAP」の左のカードの「今，すること」「将来，すること」は，各シナリオMAPに記載したそれを転記する。

【テンプレート7】アクションプラン MAP

【テンプレート7】アクションプラン MAP　作成事例（筆者が2011年に「黒字社長塾」を立ち上げた際に作成したもの）

アクションプラン MAP

Title　黒字社長塾

経営のテーマ	①すべての塾生を笑顔にします　②すべての塾生を黒字社長にします　③すべての塾生の人徳・社徳の向上に努めます

今，すること	1 誰が？	2 何を？	3 いつまでに？	4 どのように？
・税務会計 →財務会計へ変更 ・月次決算の実施とレビュー ・P/L 改善 ①コスト削減 ②粗利率向上 ③売上向上 ・B/S 改善 ①キャッシュ最大化 ②無借金 ③純資産最大化	私（武田雄治）	クライアントの月次決算の徹底した財務分析	データ入手後直ちに	ー
	私（武田雄治）	クライアントの問題点，改善点を社長へ報告	データ入手後1週間以内	メール or 対面打ち合わせ
	私（武田雄治）	クライアントの問題点，改善点の改善状況のフォロー	翌月以降	データ分析 必要に応じて会社訪問

将来，すること	1 誰が？	2 何を？	3 いつまでに？	4 どのように？
・売上のさらなる向上 ①セールス ②マーケティング ③イノベーション ・ソーシャルメディア活用 ・コンサルのクラウド化 ・各種コンテンツ提供・販売	私（武田雄治）	クライアントの月次決算の徹底した財務分析	データ入手後直ちに	ー
	私（武田雄治）	クライアントの問題点，改善点を社長へ報告	データ入手後1週間以内	メール or 対面打ち合わせ
	私（武田雄治）	クライアントの問題点，改善点の改善状況のフォロー	翌月以降	データ分析 必要に応じて会社訪問
	私（武田雄治）	SNS 開設	●年●月までに	ー
	私（武田雄治）	コンテンツを非対面，非メールで実施するための仕組み作り	●年●月までに	クラウドシステムを使った情報共有と月次報告を完結させる
	私（武田雄治）	コンテンツの作成・充実化		セミナー文字起こし→小冊子化 セミナー動画→動画配信，DVD

部門のテーマ	経理を変えれば，会社は変わる！

【テンプレート8】部門アクションプランMAP

部門アクションプランMAP

部門名

経営のテーマ	
部門のテーマ	

今，すること	1 誰が？	2 何を？	3 いつまでに？	4 どのように？

将来，すること	1 誰が？	2 何を？	3 いつまでに？	4 どのように？

【テンプレート8】部門アクションプランMAP　作成事例（「黒字社長塾」のクライアントが作成したもの）

部門アクションプランMAP

部門名：営業部

経営のテーマ	健康志向なあなたに　自然のまんまの農産物・食品をお届けします
部門のテーマ	初年度会員獲得1,000人，中長期計画の売上目標3億円達成に向けて，営業部の土台を作る

今，すること	1 誰が？	2 何を？	3 いつまでに？	4 どのように？
●サイト構築 ●フロー再構築 ●売上目標4,000万円の達成 ●会員数目標1,000人の達成 ●既存顧客の優良顧客化 ●情報の整理・体系化 ●市場ニーズ，顧客ニーズ分析 ●他部門とのコミュニケーション	全部員	目標・することを共有	毎週の部門会	当MAP確認，週報確認
	営業部C氏，システム部	新サイト構築	●年●月　β版完成 ●年●月　本稼働	システム部主導で定期MTG
	営業部A部長，B課長	業務フロー再構築	●年●月　業務フロー図更新完了 ●年●月　運用開始	既存業務フローの再点検 問題点の洗い出し，改良
	営業部D氏，サポートチーム	既存顧客の行動分析 既存顧客の優良顧客化	毎月実施 経営会議で毎月報告	サポートチームと共に，既存顧客フォロー
	営業部A部長，B課長	市場ニーズ，顧客ニーズ分析	毎月実施 経営会議で毎月報告	社会・経済の動きに関心を持ち，情報収集する
	全部員	他部門との積極的なコミュニケーションの実施	随時	他部門との交流を増やす 他部門と情報を共有する

将来，すること	1 誰が？	2 何を？	3 いつまでに？	4 どのように？
●売上目標3億円の達成 ●会員数目標1万人の達成 ●販売拠点設置 ●自社商品開発	社長，営業部	売上目標，会員数目標達成に向けたマーケティング活動	●年●月　経営会議	今後詰めていく
	社長，営業部A部長	販売拠点設置に向けた検討	●年●月　経営会議	今後詰めていく
	社長，営業部A部長	自社商品開発に向けた検討	●年●月　経営会議	今後詰めていく

【テンプレート９】パーソナルアクションプランMAP

パーソナルアクションプランMAP

氏名

経営のテーマ	
部門のテーマ	
個人のテーマ	

今，すること	1　誰が？	2　何を？	3　いつまでに？	4　どのように？

将来，すること	1　誰が？	2　何を？	3　いつまでに？	4　どのように？

【テンプレート9】パーソナルアクションプランMAP　作成事例（「黒字社長塾」のクライアントが作成したもの）

パーソナルアクションプランMAP

氏名　経理部　●● ●●

経営のテーマ	着物（KIMONO）と思い出をすべての人に提供する
部門のテーマ	経営と社長をサポートする経理部へ進化させる
個人のテーマ	会計を極め，社長の右腕になる！

今，すること

- ●自社ビジネスモデルの理解
- ●社長や他部門との密なコミュニケーション
- ●業務時間以外で会計の学習の時間を持つ（特に管理会計）
- ●日商簿記検定1級を取得する
- ●経理実務の他社事例を調べる

1 誰が？	2 何を？	3 いつまでに？	4 どのように？
私	自社の事業内容，ビジネスモデルの理解に務める	今期中	過去の開示物，経営会議資料の閲覧，現場訪問
私	社長や他部門との密なコミュニケーションを図る	今期以降継続的に	定期的に社員とランチ 積極的に現場訪問
私	会計の学習	今期以降継続的に	業務上の不明点を調べる 専門書，専門誌の購読
私	日商簿記検定1級取得	●年●月受験 →●月合格発表	専門学校入学済み 週2回通学，週末に自習
私	経営実務の他社事例を調べる	今期以降継続的に	上場企業の開示資料，文献などを調べる

将来，すること

- ●経理部長になる
- ●経理のプロになる
- ●社長や他部門から頼られる，任される存在になる

1 誰が？	2 何を？	3 いつまでに？	4 どのように？
私	経理，会計のプロになる	今期以降継続的に	日々の業務を主体的にこなす 決算，開示，税務もチャレンジする
私	経理，会計のプロになる	今期以降継続的に	部長の仕事を理解する 部長の仕事を引き取る

マネジメント

第3章

第3章の全体像

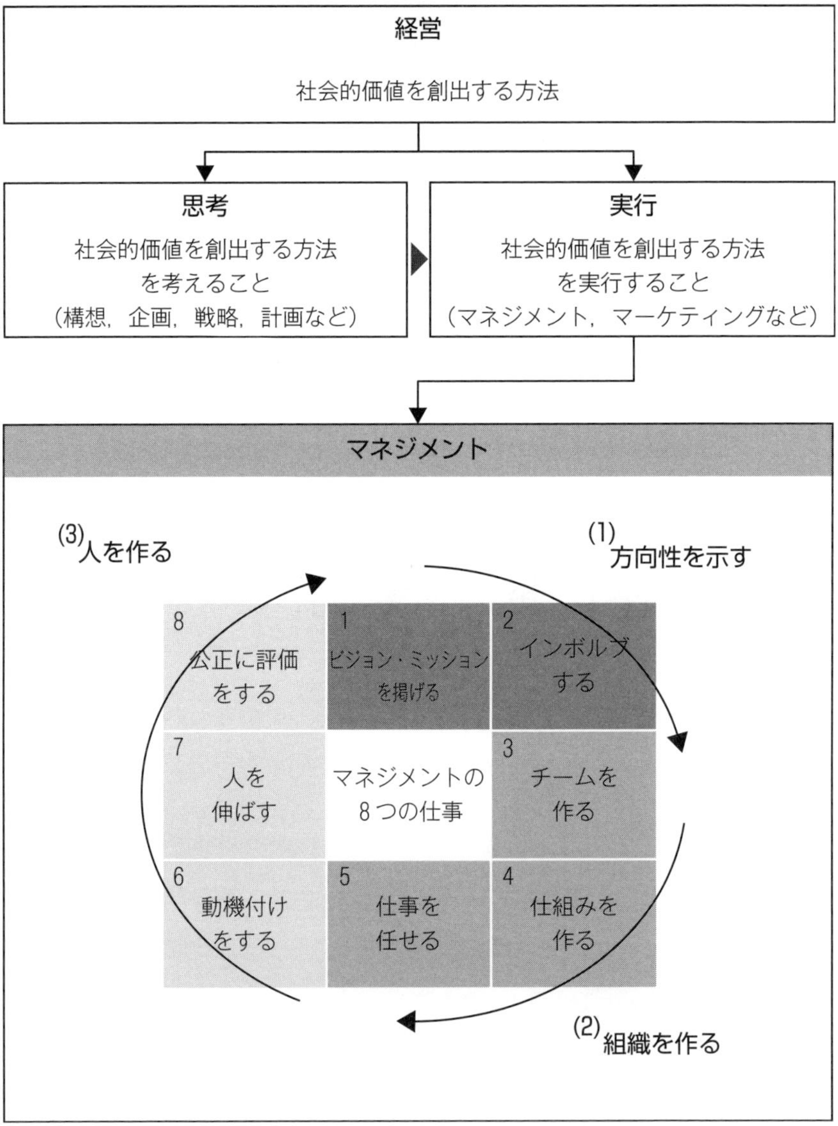
経営
社会的価値を創出する方法
思考
社会的価値を創出する方法
を考えること
（構想，企画，戦略，計画など）
実行
社会的価値を創出する方法
を実行すること
（マネジメント，マーケティングなど）
マネジメント
(3)人を作る
(1)方向性を示す
(2)組織を作る
8
公正に評価
をする
1
ビジョン・ミッション
を掲げる
2
インボルブ
する
7
人を
伸ばす
マネジメントの
8つの仕事
3
チームを
作る
6
動機付け
をする
5
仕事を
任せる
4
仕組みを
作る

1．マネジメントとは何か

「はじめに」でも述べたとおり，筆者は，**経営とは，「社会的価値を創出する方法」**と定義している。

社会的価値を創出するためには，社長の**「思考力」**（社会的価値を創出する方法を考えること）と**「実行力」**（社会的価値を創出する方法を実行すること）の両輪が欠かせない。前者は，構想力，企画力，戦略立案力，計画立案力ともいえる。後者は，マネジメント力，マーケティング力ともいえる。これらの「思考力」「実行力」の土台・支柱となるのが経営理念であり，会計リテラシーであり，リーダーシップ力である（【図表３-１】参照）。

本章は，「実行力」の中の１つ，**「マネジメント」**について説明する。

マネジメントは「管理」と訳され，マネージャーは「管理者」と訳されることがある。「あいつはマネジメント力がないなぁ」といった言い方をすることがあるが，この場合の「マネジメント力」も，仕事や部下などの「管理能力」という意味で用いられる。

しかし，マネジメントとは，従業員の仕事を管理・監視することではない。マネジメントとは，**「社会的価値を創出する方法」を実行すること**の総称であり，マネジメント力とは，**「人を用いて事を為す」ために必要な能力**の総称である。人を用いて事を為し，会社を成長させようと思うのであれば，社長のマネジメント力は欠かせない。

本章では，「マネジメントの全体像」をつかみ，上に立つ者として何よりも身に付けなければならない資質である「マネジメント力」とは何かを学んでほしい。

2．マネジメントの８つの仕事

マネジメントとは，⑴方向性を示す，⑵組織を作る，⑶人を作る，という３つの大きなミッションを果たしながら，社会的価値を創出する方法を実行する

【図表3－1】経営とは何か（再掲）

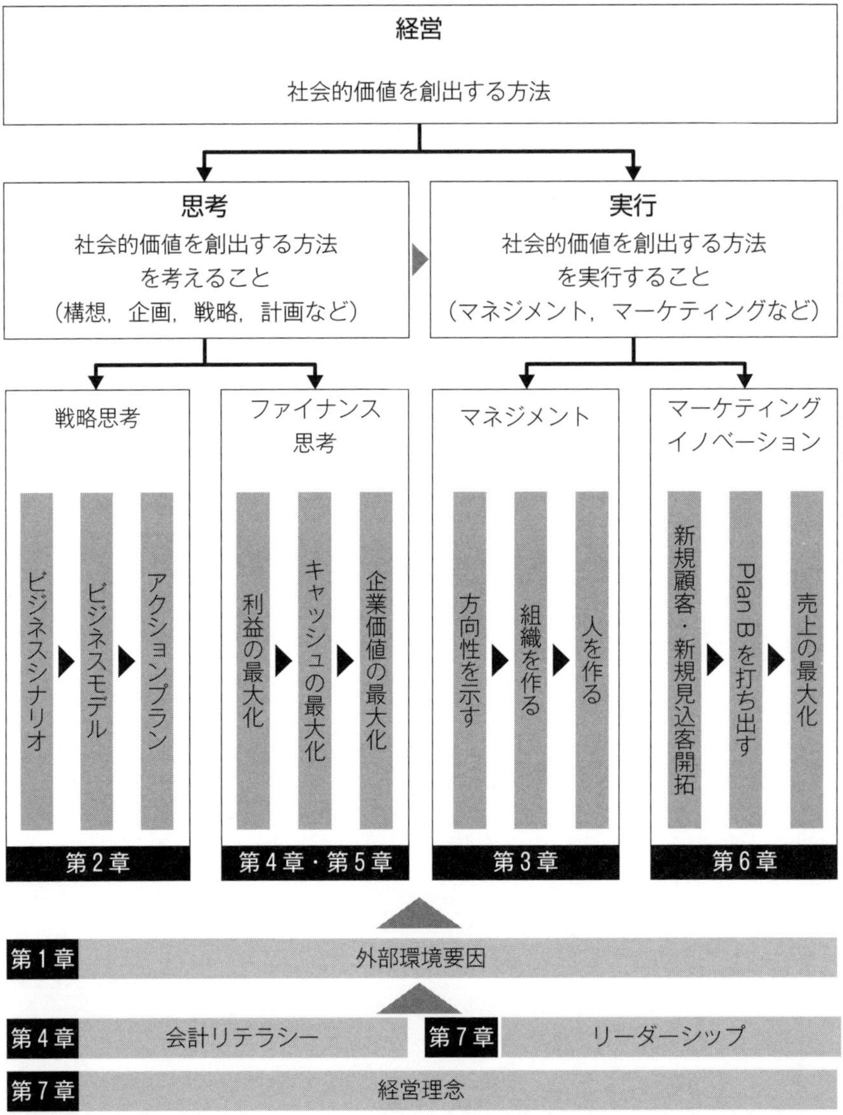

ことである。

■マネジメントの3つのミッション

(1)	方向性を示す	…会社や事業の向かうべき方向性を全員で共有する
(2)	組織を作る	…事業を行うチーム，システムなどの基盤（インフラ）を作る
(3)	人を作る	…事業を行うメンバーの力を最大限に発揮できる仕組みを作る

3つのミッションを果たすためには，具体的に8つの仕事をしなければならない。

■マネジメントの8つの仕事

(1) 方向性を示す
- ① ビジョン・ミッションを掲げる
- ② インボルブする

(2) 組織を作る
- ③ チームを作る
- ④ 仕組みを作る
- ⑤ 仕事を任せる

(3) 人を作る
- ⑥ 動機付けをする
- ⑦ 人を伸ばす
- ⑧ 公正に評価をする

本項では，この8つの仕事を，順に説明していく。

なお，P68の【テンプレート10】の「マネジメント　マンダラチャート」は，

【テンプレート10】マネジメント　マンダラチャート

	公正に評価 をする			ビジョン・ミッ ションを掲げる			インボルブ する	
			公正に評価 をする	ビジョン・ミッ ションを掲げる	インボルブ する			
	人を伸ばす		人を伸ばす	マネジメント 8つの仕事	チーム を作る		チーム を作る	
			動機付け をする	仕事を 任せる	仕組み を作る			
	動機付け をする			仕事を 任せる			仕組み を作る	

【テンプレート10】マネジメント　マンダラチャート　作成事例

未来を創造する会社へ	評価方法の見直し	パーソナル評価MAP導入	自分の夢・願望を洗い出す	長期ビジョンを描く	ビジョンボードを作成する	支店・工場など現場への定期訪問	対話を意識する	指示は口頭で行う
成長を実感できる組織に	公正に評価をする	パーソナル評価MAP説明会実施	ステートメントを冊子にする	ビジョン・ミッションを掲げる	ビジネスシナリオの四半期ごとの見直し	社長室からなるべく出る	インボルブする	感謝も口頭で伝える
セルフ評価	全社で振り返り	人事評価を全社イベント化	役員への浸透に全力を尽くす	部門長への浸透に全力を尽くす	従業員への浸透に全力を尽くす	アクションプランの四半期ごとの見直し	ランチは従業員と	定期的に飲み会
自己啓発自己学習支援制度	強み・弱みの洗い出し	強み・弱みの第三者評価	公正に評価をする	ビジョン・ミッションを掲げる	インボルブする	議論できる従業員を増やす	従業員の能力の洗い出し	従業員の経験・キャリアの洗い出し
コーチ育成	人を伸ばす	研修制度の見直し	人を伸ばす	マネジメント8つの仕事	チームを作る	アクションプラン遂行の意識を浸透させる	チームを作る	チーム再編成
キャリアアッププランMAP全従業員作成	強みをもっと強くする	「日本一」を共有	動機付けをする	仕事を任せる	仕組みを作る	採用予算見直し	採用基準見直し	部門見直し
メンバーとして承認する	クソ仕事をなくす	仕事の魅力を伝える	まずやらせる経験させる	褒める	才能・能力に応じた配置	仕組み化再点検	業務フロー見直し	業務フロー図の作成
仕事を通じた成長の実感	動機付けをする	仕事をする意味・効果を伝える	任せる勇気任せる度量	仕事を任せる	手順・方法をキチンと指導	全業務のマクドナルド化を目指す	仕組みを作る	経営資源の洗い出し
才能を活かせる場	上司と部下のコミュニケーション	労働環境改善	説教禁止	観察とフィードバック	コーチ育成	業務の俗人化を排除していく	必要な資源をそろえる	業務フロー図の浸透

マネジメントの８つの仕事を遂行するために，具体的にどのような行動をしなければならないのかを書き出すためのシートである。本項を読み終えた後に，振り返りながら記入してほしい。

(1) 方向性を示す

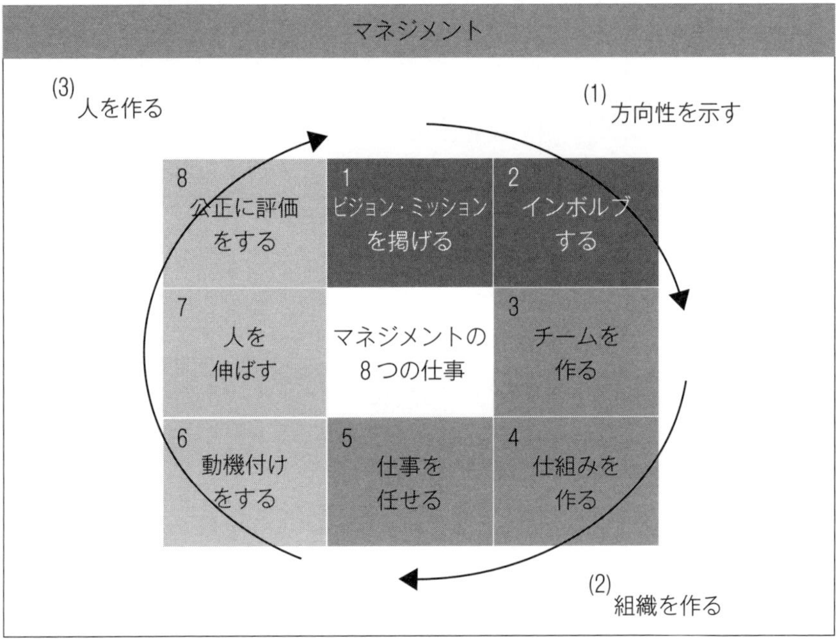

「方向性」とは，第２章の「ビジネスシナリオ MAP」の説明でも述べたとおり，ドメインや事業領域のことである。社長はまず，全従業員（チームメンバー）に，「何をやるのか」「どこに向かうのか」といった方向性を示さなければならない。

部下（チームメンバー）が仕事をしていてストレスが溜まることのひとつが，「上司が何を考えているか分からない」ことではないだろうか。何をしたらいいのか？　いつまでにしたらいいのか？　どのようにしたらいいのか？　誰がやるのか？　なぜやるのか？　なぜ怒っているのか？　なぜ不機嫌なのか？　といったことが分からずに仕事をさせられることほどテンションやモチベーションが下がることはない。人の上に立つ者としては，マネジメントの最初の仕事として，会社や事業が進むべき「方向性を示す」ということをやらなければならない。

「方向性を示す」には，具体的には，以下の２つのことをやらなければならない。

①　ビジョン・ミッションを掲げる
①-(a)　全従業員に浸透させる
②-(b)　全部門に浸透させる
②「インボルブ」する（巻き込む）
②-(a)　チームの一体感（チームワーク）を醸成する
②-(b)　アクションプランを立てる

①　ビジョン・ミッションを掲げる

> ネクスト・ソサエティにおける企業の最大の課題は，社会的な正統性の確立，すなわち価値，使命，ビジョンの確立である。他の機能はすべてアウトソーシングできる。
>
> —P・F・ドラッカー『Managing in the Next Society（邦題「ネクスト・ソサエティ」)』（ダイヤモンド社，2002年）

読者の皆様は，「あなたの会社は30年後にどうなっていると思いますか」と問われたら，即答できるだろうか。

「ビジョン（vison)」とは，見通しや展望と訳されるように，社長の夢を具体化したものであり，**「私たちは将来どうありたいか」**（将来のあるべき姿）を明確にしたものである。「ミッション（mission)」とは，使命と訳されるように，会社の経営理念，存在意義，使命，信条を具体化したものであり，**「私たちは今どうあるべきか」**（私たちの事業は何か，何になるか，何であるべきか）を明確にしたものである。それぞれを言語化・文書化したものを「ビジョン・ス

【図表3－2】ビジョン・ミッションとは

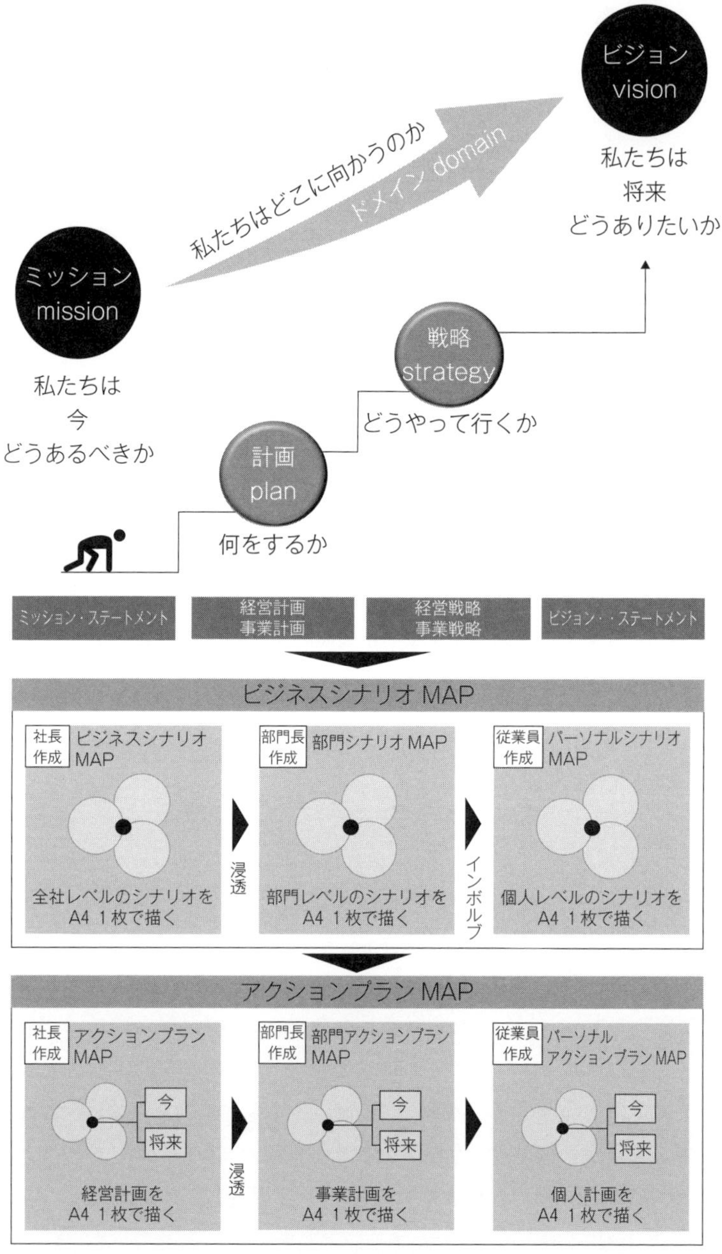

テートメント」,「ミッション・ステートメント」という。

なお,「ビジョン」「ミッション」以外に,「社是」「バリュー（value)」「パーパス（purpuse)」「行動指針（code)」といった言葉を使って経営理念などを掲げる会社も多いが，それぞれの言葉の違いは本書では深掘りしない。

P・F・ドラッカーは，**会社や事業の根底にあるもの，基盤・土台となるものは，ビジョンやミッションであり，それ以外はアウトソーシングできる**といっている。ビジョンやミッションを第三者が代わりに語ることなどできない。社長が語るべきものである。

ビジョンやミッションが，全従業員が共有すべきフィロソフィー（経営理念，経営哲学）となる。そして，**ビジョン・ミッションが，あらゆる意思決定の判断基準となり，あらゆる行動の指針となり，人事評価・人事考課の基準とならなければならない**。

戦略や計画も，ビジョンやミッションを達成するためのものでなければならない。

なお，ビジョン・ミッションを壁に掲げたり，ホームページやパンフレットに記載したりしているだけの会社が多いが，ビジョン・ミッションは道路標識ではない。ここでいう「方向性を示す」とは標識を掲げることではなく，全従業員が会社や事業がどこへ向かうのかを共有・浸透し，理解・共感を得，全員で同じビジョンに向かって突き進むことである。

そのためには，次の２つことをやらなければならない。

①-(a)　全従業員に浸透させる

社長は「夢を語る」人でなければならない。経営トップが夢を語れない悲観的な人であると，会社や事業が成長することはないし，大企業にはなれない。**夢を見て，夢を語り**，チャンスが来たときに直ぐに飛び込めるような**準備**を着々と行い，実際にチャンスが来たときに飛び込む**勇気**と**行動力**がある者のみが成功を手にすることができる。まずは夢を見て，夢を語ることが必要である。

日本を代表するような「プロ経営者」といわれる社長の多くは，これまで壮大な夢を語ってきた。ソフトバンクグループの孫正義社長が，創業当時，従業員が２名しかいないときに，「ウチの会社は，豆腐屋のように，売上が１兆（丁），２兆（丁）と数えられるようになる」と語ったという話は有名である（その２名の従業員は直ぐに辞めていったらしいが)。売上高が兆を超えるという夢を叶えた今でも，同社の株主総会では，毎年孫正義社長が壮大な夢を語り続けている。孫正義氏，柳井正氏，永守重信氏の３名を，投資家などから「ホラ吹き３兄弟」といわれていたことも有名な話である。社長は「ホラ吹き」といわれる程に壮大な夢を語らなければならない。その壮大な夢が，ここでいう「ビジョン」に繋がる。

人々は「ビジョン」に惹かれて，「ビジョン」に吸い寄せられる。報酬や福利厚生が良ければ優秀な人材が組織に集まってくるというものでもないし，良いモノをつくれば顧客が集まってくるというものでもない。筆者も，（約20年前の話だが）就職活動・転職活動を行った際に，就職先・転職先の決め手になったのは，その会社の「ビジョン」に共感したからである。特に監査法人から上場企業へ転職する際は，その上場企業トップの語る壮大な夢に共感し，給与や福利厚生の話を聞く前に，その社長の下で働くことを決めた。入社すると，社内やトイレの壁にその会社のビジョン・ステートメントやミッション・ステートメントがデカデカと書かれており，また，それが書かれた名刺大サイズの冊子を全社員が持ち歩いていた。この会社のビジョンやミッションを知らない社員は，この会社には１人もいなかった。それがこの会社の求心力となっていたことは間違いない。この会社に転職して，監査法人時代より給与は下がったが，この会社で働けたことは今でも誇りに思っている。本当に良い会社だった。なお，以前，ソフトバンクグループで働く方と食事をしたことがあるが，その方が，「ウチの会社で，社長（孫正義氏）のいうことを疑っている人は１人もいないと思いますよ。みんな，社長の夢を叶えるために働いていますし，夢は叶うと信じていますよ」といったことが，とても印象に残っている。**卓越した業績を残し，永続して成長する企業は，経営トップの壮大な夢と人々を引き寄せるビジョンやミッションが強固な土台となっている。**

街を見渡してみても，コンビニに行けば安くコーヒーが購入できるのに，決して安くないスターバックスで多くの人がくつろぐのは，“THIRD PLACE”（家と職場以外の第三の場所）を提供しようとしているこの会社のビジョンに吸い寄せられるのではないだろうか。量販店にいけば安い洋服が購入できるのに，決して安くないパタゴニアのＴシャツを多くの人が着ているのも，地球保全に力を入れるこの会社のビジョンに吸い寄せられるからだろう。

「ビジョン」がないところに，人は集まらない。人が集まらないところで，社会的価値の創出はできない。**マネジメントの最も重要な仕事は，社長自身がビジョン・ミッションを示すこと**であり，ビジョン・ミッションの達成を誰よりも信じることであり，それを社内外に伝え続けることである。ビジョン・ミッションを全従業員（全チームメンバー）に浸透させ，全従業員で共有し，彼らの理解と共感を得なければならない。

その時に使うツールが，第２章で紹介した「ビジネスシナリオMAP」である。「ビジネスシナリオMAP」には，ビジョン・ミッションだけでなく，会社の「存在意義」や「方向性」，「経営のテーマ」が１枚にまとまっている。何十枚という経営計画書を全従業員に提示するより，「ビジネスシナリオMAP」１枚を提示するほうが理解と共感を得やすいはずである。

①-(b)　全部門に浸透させる

社長が会社全体のビジョン・ミッションを全従業員に浸透させたら，次に各部門長が全部門メンバーに対しても会社全体のビジョン・ミッションを浸透させるべきである。仕事は部門ごとに動くからである。

その時に使うツールが，第２章で紹介した「部門シナリオMAP」である。

第２章（P44）でも述べたとおり，**会社のビジョン・ミッションを達成するために人がいて，事業が生まれて，組織が形作られ，部門が作られた**のであるから，会社のビジョン・ミッションを達成するために必要のない部門というものは存在しないはずである。

部門ごとにビジョン・ミッションが共有されたとき，部門という「箱」が，生きた「場」に変わり，部員の気持ちをひとつにすることが可能となるのではないだろうか。

② インボルブする

> 残念ながら，多くの企業経営者はコミュニケーションが不得手だ。コミュニケーションができないのではない。しないのだ。
>
> —ジム・コリンズ，ビル・ラジアー『ビジョナリー・カンパニーZERO』（2021年）

ビジョン・ミッションを掲げ，全従業員に浸透させることは非常に大切なことであり，マネジメントの最初の仕事であるが，そこで終わってはいけない。

ビジョン・ミッションを全従業員に浸透させたら，次に，従業員を**「インボルブ」**（involve，巻き込む）することが必要となる。全チームメンバーを経営や事業に巻き込み，**全チームメンバーが当事者意識をもって主体的に動くように仕向けることを**，ここでは「インボルブ」という。

ビジョン・ミッションは会社や事業の根底にあるもの，基盤・土台となるものであるが，それは総じて抽象的なステートメントとなりがちである。ソフトバンクグループは，「情報革命で人々を幸せに」という経営理念と，「『世界で最も必要とされる会社』を目指して」というビジョンを掲げているが，これを見ただけでは具体的に誰が，何を，どのように，いつまでに仕事を進めたらいいのか分からない。そこで「インボルブ」が必要となる。

経営がうまく回っていない会社は，社長が従業員に対して「インボルブ」することを怠っている。そのため，ビジョン・ミッションが全ての従業員に浸透していたとしても，従業員が経営のことなど考えもせず，社長とは別のことを思っている。退社時間までどうやって仕事をしているフリをしようかとか，与えられた仕事をどうやって無難に乗り越えようかとか，いかに楽をして給与をもらおうかとか，そういうことを考えている従業員もいるだろう。社長は，**利害が反する従業員をうまく巻き込んで，束ねて，社長と同じ方向に目線を向けさせなければならない。**これは至難の業であるが，これこそが社長の仕事であり，社長の力量が試される。

経営をうまく回していくには「インボルブ」が必要であり，「インボルブ」するために，次の2つのことをやらなければならない。

②-(a)　チームの一体感（チームワーク）を醸成する

「インボルブ」する上で最も大切なことは，会社のビジョン・ミッションを達成するために，全チームメンバーの主体性を引き出すと共に，チームの一体感（チームワーク）を醸成することである。全体が部分の総和以上になるかどうかは，上に立つ者のマネジメント力（インボルブ力）にかかっている。

偉大な上司がやるべきことは，従業員の心に火を付けることである。偉ぶることではない。稲盛和夫氏は，これまで様々な著書や講演において「経営者は利他の心が必要である」と訴えている。「オレが社長なんだから儲かった分はオレのものだ」「社員は給料を渡しているんだから黙ってオレに従えばいい」といった「オレが」「オレが」の経営をしている社長は，従業員のみならず，社外の人にも，利己心（エゴ）のカタマリだということが瞬時に見透かされている。利己心のカタマリの社長の下で，従業員がこの会社のビジョン・ミッションを達成するために主体的・献身的に働こうと思うだろうか。私利私欲を捨て，多少の自己犠牲を払ってでも，「従業員の幸せのために会社を経営する」という気持ちを持たないリーダーに従業員は付いてこないだろうし，従業員の心に火を付けることもできないだろう。

社長は，人を用いて事を為すのであれば，自身の夢や，会社や事業のビジョンを従業員と語り，彼らと一緒に幸せになるというコミットをすべきである。**このコミュニケーションを怠ってはいけない。**稲盛氏も，「コンパ」と称して，従業員と飲みながら議論する場を設けていたことは有名な話である。企業が大きくなり，従業員が日本全国，世界各国に散らばっていても，従業員とのコミュニケーションを避けたり，部下に委ねたりするべきではない。

4年連続赤字だったソニー（現 ソニーグループ）を再生させ，黒字に転換させた平井一夫元社長兼CEO（現 同社シニアアドバイザー）は，社長兼CEOに就任していた6年間，世界中の拠点を回ってタウンホールミーティング（経営陣と従業員が直接対話できる集会）を70回以上開催したという。だいたい毎月１度は世界のどこかの町でタウンホールミーティングを開催していた計算になる。ソニーグループのような巨大企業であっても，社長自身が世界中の拠点を訪ね，従業員に語りかけ，従業員から質問を受け（プライベートなことも含め），彼らの心に火を付けていったのだ。平井氏は，こうやって従業員とコミュニケーション（対話）をすることによって，社長は「雲の上の存在」ではなく，他の従業員と同じく家族のために働くひとりの社員であること示し，チームの一体感を醸成し，従業員をインボルブしていった[1]。

チームの一体感（チームワーク）を醸成することができれば，１＋１が10にも100にもなることは言うまでもない。そのようなチームの力を引き出すには，従業員との「対話」が必要になる。

なお，「⑤仕事を任せる」（P94）でも詳述するが，従業員と「対話」をするには，**「口頭でのコミュニケーション」**を怠ってはならない。最近は，社内のコミュニケーションをLINE，Messenger，チャットなどに依存している会社が増えてきた。社内では誰も喋っていないのに，笑い声だけが聞こえてくるという異様な雰囲気の会社もある。メールやLINEでのコミュニケーションも大切かもしれないが，それらのコミュニケーションだけでは感情までは伝わりづらい。しかも，LINEなどのコミュニケーションは，どうしても薄っぺらい言葉のやり取りとなり，コミュニケーションが短縮化，スタンプ化，機械化，形骸化していく。コミュニケーションの短縮化は薄っぺらい言葉の量産化へ繋がる。さらに，「既読スルー」を批判する者が表れると，タイムリーな受送信に時間を奪わる。そうやって，仕事のためのコミュニケーションが，仕事に集中できない環境を作っている（だから，筆者はLINEなどのコミュニケーションは極力やらないし，事務連絡以外で送信することもない）。かといって，メールで１度に数百文字，数千文字の文章を送ることも異常行為である。

従業員を「インボルブ」するには，「口頭でのコミュニケーション」「face to faceのコミュニケーション」「heart to heartのコミュニケーション」を面倒くさがらずに，想いや感情を伝え，彼らの想いや感情を引き出し，彼らの心に

1　平井一夫『ソニー再生―変革を成し遂げた「異端のリーダーシップ」』（日本経済新聞出版，2021年）より。同書は，企業再生の参考になるだけではなく，マネジメントの教科書としても有益である。

火を灯す必要がある。

なお，近年はオンライン会議システムなどのデジタルツールが進化し，テレワークも進んでいるため，従業員と会わなくても仕事が進められる環境になってきた。このようなデジタルツールの活用や，テレワークの推進は，どんどんと進めるべきである。しかし，こういう時代だからこそ「口頭でのコミュニケーション」「face to face のコミュニケーション」「heart to heart のコミュニケーション」が大切になる。上述したソニーの平井一夫元社長兼CEO のように，大切なことはできる限り直接顔を合わせて対話するように心掛けるべきであろう。コミュニケーションをオンラインで済ましている人に，従業員を「インボルブ」をすることはできない。

なお，第2章で紹介した「パーソナルシナリオ MAP」は，従業員への「インボルブ」ができたら後に作成する（もしくは，アップデートする）ことが望まれる。従業員は，会社や部門の構成員であり，会社や部門のビジョン・ミッションを達成するために必要不可欠な存在である。その従業員が，会社や部門の構成員としての「存在意義」と「方向性」が明確になったとき，会社はとんでもない馬力のエンジンを搭載したロケットとなり，大気圏を突き抜けるのではないだろうか。

②-(b)　アクションプランを立てる

チームの一体感（チームワーク）を醸成したら，具体的に**誰が，何を，いつまでに，どのように**仕事を進めるのかを示した「アクションプラン」を作成し，明示しなければならない。

何かに取り組む際は，現状を把握して，現状を起点とした**縦軸（目標軸）**と**横軸（時間軸）**の2つの軸を決めなければならない。ダイエットがしたいなら，現状の体重（起点）を知り，目標の体重（縦軸）を定め，いつまでに達成するか（横軸）を決めるように，縦軸（目標軸）と横軸（時間軸）の2つの軸があるから，ゴールから逆算した戦略・戦術を立てることができる。現状把握もせず，何 kg ダイエットするのか，いつまでに痩せるのかを決めずに，ただ「痩せたい」と言っているだけの人がダイエットに成功することはないだろう。

ビジネスも同様に，ただ目の前の業務を処理するだけでは，会社のビジョン・ミッションを達成することなどできない。目標軸と時間軸の2つの軸を決め，そこから逆算して具体的な仕事の方法・手段を組み立てていかなければならない。

その時に使うツールが，第2章で紹介した「アクションプラン MAP」「部門アクションプラン MAP」「パーソナルアクションプラン MAP」である。

まず，会社レベルで，ビジョン・ミッションや経営戦略・事業計画を達成するために具体的に誰が，何を，いつまでに，どのように仕事を進めるのかを決める。次に，各部門レベルでは，その経営戦略や事業計画を実現させるために，各部門の目的・目標を明確にし，具体的に誰が，何を，いつまでに，どのように仕事を進めるのか決める。それを元に，個人レベルでも何を，いつまでに，どのように仕事を進めるのか決めなければならない。

第2章でも述べたとおり，この3つのアクションプラン MAP は，やることを列挙した「To Do List」にするのではなく，会社のビジョン・ミッションを達成するための具体的な行動計画表にしなければならない。この3つのアクションプラン MAP の進捗を毎日，毎週，毎月，毎四半期管理をすることにより，「インボルブ」したチームメンバーが一丸となって，同じビジョン・ミッション，同じ目的・目標に向かって着実に進むことができるはずである。

(2) 組織を作る

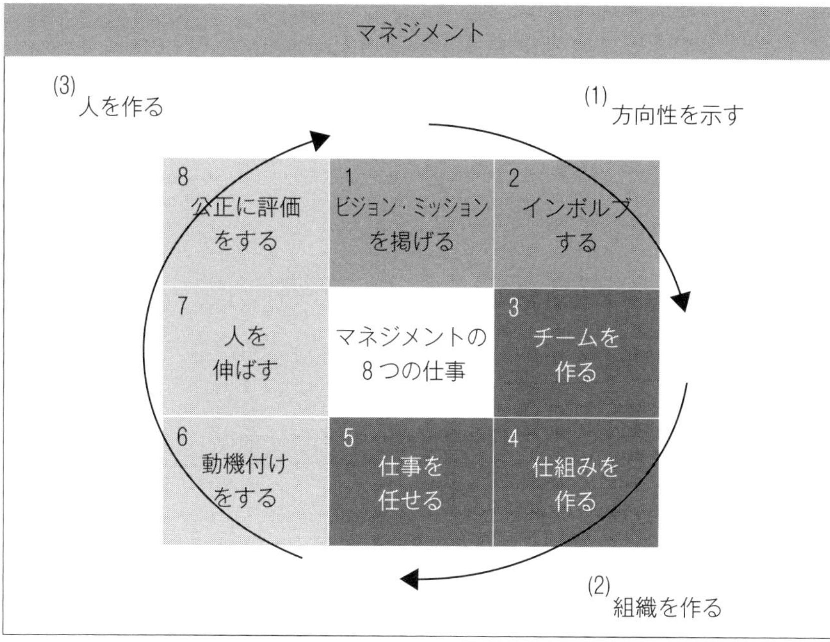

「組織を作る」とは，単に会社を作る，事業部門を作るといった「ハコ」を作ることではない。上図のとおり，③チームを作り，④仕組みを作り，⑤仕事を任せることをいう。

具体的には，以下のことをやらなければならない。

③　チームを作る
　③-(a)　必要なチームメンバーを選出する
　③-(b)　会社，部門，プロジェクトチームなどの「チーム」を作る
④　仕組みを作る
　④-(c)　インプット→スループット→アウトプットという「フロー」を作る
　④-(d)　そのために必要な工場，ITシステムなどの「ストック」へ投資

する[※]

⑤　仕事を任せる

⑤-(e)　チームメンバーに仕事の手順・方法を実務を通じて教える

⑤-(f)　承認，観察，フィードバックを行う

※　ここでは，工場，IT システムなど資産を（フローに対する用語として）「ストック」ということにする。

「組織を作る」とは，**社会的価値を生み出す「基盤」（インフラ）を作ること**ともいえる。

大きなビルを建てようと思えば，強固な基盤が必要となる。より大きなビルを建てようと思えば，より強固な基盤が必要となる。基盤がしっかりしていない場所に，大きなビルを建てることはできない。小さな会社が小さいまま伸び悩むのは，ほとんどの場合，この基盤を作ること（投資すること）を怠るためである。基盤を作らずに，会社を大きくしようとする。それが可能だと信じている。しかし，いい商品やサービスでヒットを生み出したとしても，「チームメンバー」（③-(a)），「フロー」（④-(c)），「ストック」（④-(d)）がそろっていなければ会社が大きくなることはできない。仮に大きくなったとしても，品質管理に失敗したり，不祥事が起きたりという会社の屋台骨が揺らぐようなリスクが高まることになる。

会社や事業を大きくするならば，「方向性を示す」だけでなく，「組織を作る」ということもしなければならない。どちらも同じくらい重要なマネジメントの仕事である。

③　「チーム」を作る

ビジョナリー・カンパニーの創業者にとって，最も大切なことは組織を作ることであり，着実に前進することである。

—ジム・コリンズ，ジェリー・ポラス『ビジョナリー・カンパニー』（日経BP 社，1995年）

1人で事業を行う場合を除き，会社や事業を遂行するためには，必要な人材（ここでは「チームメンバー」という）を選び出し，部門やプロジェクトチームなどを作ることが必要となる（ここでは，大きな事業部や，小さなプロジェクトチームまでを含め「チーム」ということにする）。経営の中心は人であり，経営は人を用いて事を為すものであるため，「チームメンバー」を選び，「チーム」を作ることは重要である。

③-(a)　必要な「チームメンバー」を選出する

必要な「チームメンバー」を選び出す際に，留意すべきは，以下の3点である。

- 単にイエスマンを選ぶのではなく，経営者やチームリーダーの知らないことを知っており，**議論や意思決定に参加できる人物**を選ぶ
- 単に才能・知識・技術・資格・学歴がある人物を選ぶのではなく，経営者やチームリーダーを成功に導いてくれるような**豊かな経験を持った人物**を選ぶ
- 単に実行力がある人物を選ぶのではなく，ビジョン・ミッションに共感し，**アクションプランの遂行に相応しい人物**を選ぶ

社長やマネージャーは，上述したような，「イエスマン」「才能・知識・技術・資格・学歴がある人物」「実行力がある人物」を選びがちである。そのような人物をチームメンバーに迎え入れたほうが一時的に会社や事業全体としての成果は上がるだろうし，社長やマネージャーは楽ができる。しかし，それで会社や事業のビジョン・ミッションが達成できるだろうか。長期的に会社や事業を反映させるためには，単に「仕事ができる人物」などを迎え入れるのではなく，異なる意見や異なる経験を持つ人物や，時には自分を引っ張ってくれたり，時にはブレーキをかけてくれたりする人物を自分の周りに置くほうがよいこともある。

小規模・中規模会社にとっては，このようなチームメンバーを採用することは困難かもしれない。しかし，人も経営の重要な基盤（インフラ）である。有

形固定資産などのストックに投資するだけではなく，無形資産たる人材にも投資をしなければ，いつまでも小規模・中規模の会社にとどまることになる。

既存の従業員からチームメンバーを選び出す場合は，各従業員が持っている特別な才能を洗い出し，適材適所に人を配置すべきである。従業員の持っている才能を洗い出す方法については，「⑦人を伸ばす」（P106～）で詳述する。

人を採用する際も，前頁の３点に留意して採用するべきであるが，その中でも特に，**豊かな経験を持った人物を採用することが大切**である。一流大学を卒業した人は，多少の教養を持っているかもしれないが，仕事ができるかどうかは別である。公認会計士や税理士の有資格者を経理部門で採用する上場企業・上場準備企業が増えてきたが，資格を持っている（知識がある）ことと実務経験はまったく別である。採用したものの実務で使いものにならず，採用の予算も尽きてしまい，本当に必要な人材が確保できなかった，という会社は非常に多い。採用する際は，**才より徳，徳より経験を優先すべき**である。経験豊富な人材を探すのは非常に難しいことであるが，見つかるまで探し続けるべきである。妥協せずに求め続ければ，必要な経験を持った人材が必ず見つかる。

採用した人物が，会社のビジョン・ミッションに合わないというケースもある。会社のビジョン・ミッションや社長の考えに反発・反論する人物が現れることもあるだろう。そういう人物は（冷たい言い方かもしれないが）バスから降ろさなければならない。

『ビジョナリー・カンパニー』シリーズの『ビジョナリー・カンパニーZERO』において，**あらゆる事業活動において正しい人材をバスに乗せること以上に重要なものはなく，「正しい人をバスに乗せ，誤った人をバスから降ろし，正しい人々を重要な座席に座らせなければならない」**と述べている[2]。

稲盛和夫氏も，社長の考えを何度も繰り返して説明することが大事であるとした上で，それでも理解が得られないのであれば，「俺は今後も同じことを言い続けるから，理解できないなら明日にでも辞めた方がいい」とはっきり言う，

2　ジム・コリンズ，ビル・ラジアー『ビジョナリー・カンパニーZERO』（2021年）P30，P63

と述べている[3]。

会社のビジョン・ミッション，社長の考えに同調できない人物は，チームメンバーに相応しくないし，そういう人物が会社に残ることは本人にとっても幸せなことではない。まずは，ビジョン・ミッションを浸透させ，インボルブすることに全力を傾けるべきだが，それでも理解が得られなければ，チームメンバーから外さなければならない。

③-(b) 「チーム」を作る

事業に必要なチームメンバーを確保できたら，次に「チーム」を作る。ここでいう「チーム」は，上述のとおり，大きな事業部から小さなプロジェクトチームまでを含む。

「チーム」を作るには，会社や事業のビジョン・ミッションを達成し，アクションプランを確実に遂行し，成果を出せる人材を選ばなければならない。ここは，社長やマネージャーの力量と見識が求められる。

ここで注意すべきことは，**「いきなりチームを作らない」**ということである。「チーム」を作ることを目的にしてはならない。「チーム」はビジョン・ミッション達成の手段であり，目的ではない。ビジョン・ミッションの達成に必要ないチームは存在する意義もない。

多くの会社が，必要な「人材」を採用することや，④で述べる「仕組み」を作ることの前に，先に「チーム」を作っている。事業や人の前に組織を作っているが，順序が逆である。**先にビジョンやミッションがあり，それを達成するために人がいて，事業が生まれ，そこから組織や部門が徐々に形作られていく**のである。

そもそも，なぜ「チーム」を作るのかといえば，社長の夢や会社のビジョンの達成を社長１人で遂行することができないからである。１人で遂行することができるのであれば，「チーム」を作る必要はない。会社の真ん中に社長がいて，社長がすべての業務を遂行していくことになる（【図表３-３】参照）。

3　稲盛和夫・述『稲盛和夫，かく語りき』（日経BP，2021年）P136

【図表３－３】会社組織の変遷

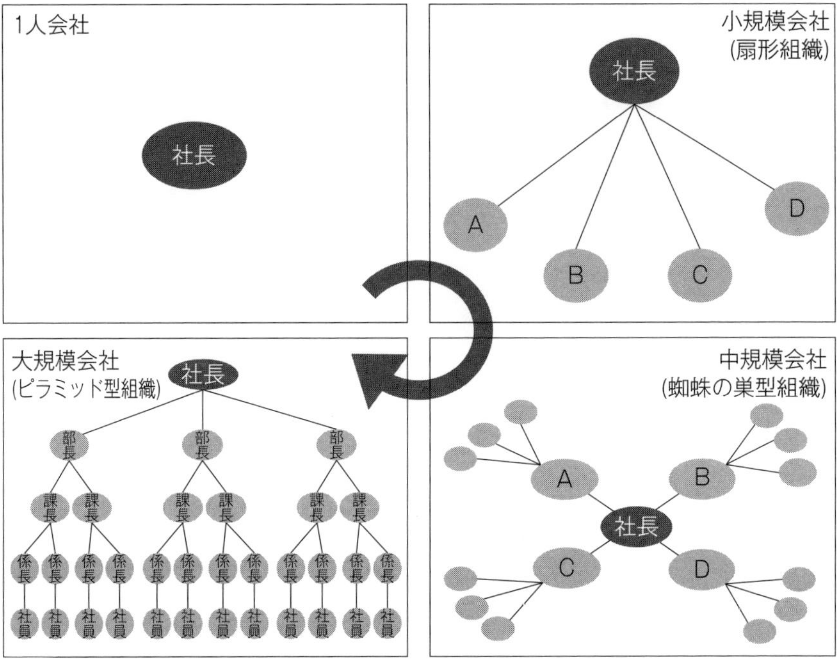

しかし，社長１人で遂行することができなければ，必要な「人材」を採用し，仕事を割り当てることになる。従業員数が数名の小規模会社の場合も，会社の真ん中に社長がいて，社長をサポートしてくれる従業員をその周りに配置することが望ましい（これを筆者は「扇形組織」といっている）。

さらに会社が拡大し，従業員が数十人の中規模会社になると，社長１人がすべての業務を引き受けることができないため，権限移譲をしていかなければならない（この規模で権限移譲を渋る社長は，会社を大きくすることはできない）。この規模の場合，会社や事業のビジョンやミッションを理解し，事業の経験が豊富であり，アクションプランの遂行に相応しいマネージャーを選任し，そのマネージャーに権限移譲し，そのマネージャーの下に従業員を配置することが望ましい（これを筆者は「蜘蛛の巣型組織」といっている）。中規模会社の場合でも，会社の真ん中にいるのは社長であり，あらゆる指示は社長から発信され，あらゆる意思決定は社長が独断で決めるべきである（会議体での意思決定を否定するものではないが，社長はリーダーとして迅速な決断力が求められる。詳細は第7章（P242～）で述べる。)。

さらに会社が拡大し，従業員が数百人の大規模組織になると，もはや会社の真ん中に社長がいることはできない。この規模で中央集権的な組織だと，あらゆる意思決定，行動，変革を遅らせることになり，大規模組織でありながら小規模・中規模会社から抜け出せなくなる。会社の規模が拡大してきたら，**社長がいなくても会社がうまく回るような組織**にすべきである。この規模になってようやく「○○部」という部門を組成し，「部長」「課長」…を専任し，それぞれに権限と職務を割り当てていくことになる（これを筆者は「ピラミッド型組織」をいっている)。

上述のとおり，注意すべきことは，**「いきなりチームを作らない」**ということであるが，別の言い方をすれば，「いきなりピラミッド型組織を作らない」ということである。小規模・中規模会社であるにも関わらず，「○○部」という部門をたくさん作り，「部長」「課長」といった肩書の付いた社員をたくさん抱えている会社が少なくないが，正直いって，身の丈に合っていない。

「黒字社長塾」のクライアントは，社員数十名の中規模会社が多いが，その規模の会社でも「○○部」という部門をたくさん作り，すべての役職員に肩書が付いていることが多い。単一製品を製造する小さな工場を持つ会社が「購買部」「製造部」「営業部」という部署を持っていたり，管理部門に数名しかいないのに「経理部」「総務部」「人事部」という部署を持っていたり，ということは珍しくない。部門があれば，そこに部長を割り当てなければならない。しかし，小規模・中規模会社はそれほど多くの人数の部長を割り当てることができないため，「経理部長兼人事部長」という大企業では考えられないような肩書が付いているマネージャーが現れる。2人しかいない会社で「CEO」「CFO」という肩書が付いている会社もある。とにかく，日本人は肩書が好きであり，事業や人より先に組織や肩書を作りたがるが，これが会社（特に小規模・中規模会社）に以下のような様々な弊害を生むことになる。

■ピラミッド型組織の弊害

- 高コスト体質から抜け出せない（人と人件費が増えるため）
- セクショナリズムが生じる（縦割り行政の弊害が生じるため）
- 意思決定が遅れる（会議が増えるため，社内のコンセンサスが必要となるため）
- 指示待ち社員が増える（過度の上下関係が生まれるため）

「黒字社長塾」のクライアントで，社員数30名弱でありながら「ピラミッド型組織」を採用していた会社があった。高コスト体質とセクショナリズムの弊害が大きすぎたことから，「部門」を全廃し，「蜘蛛の巣型組織」に移行することを提案したことがある。移行後は，毎週数回開催されていた「部門長会議」「部門会議」も廃止し，会議は週１回の「全体会議」（議長は社長）のみとし，各人に役職を定めない「全員経営」をすることにした。全員で接客・営業・マーケティングを行い，全員で伝票処理・債権回収を行い，全員で顧客へのアフターフォローを行い，縦割り行政の弊害が出ないようにした。結果として，人件費は大幅に削減され（社員は一切解雇していないが，採用を止めたことによる人員自然減により人件費は１年で10%以上削減できた），さらに，業務の生産性・効率性が劇的に向上し，１年で過去最高益を出すことができた。「全員経営」を行ったため，顧客満足度も大幅に高まったと思われる。

このように，身の丈に合わない「ピラミッド型組織」を見直すだけでも，会社経営が再起動を起こすことがある。

コロナショックにより，テレワークを導入する会社が増えただけでなく，オフィスを持たない会社も現れた（上場企業でもシェアオフィスに本社を移転した企業が現れた）。会社組織の在り方も，ビジネス環境の変化に応じて変えていくべきだろう。

④　「仕組み」を作る

> 企業が倒産したり伸び悩むのは，ほとんどの場合，必要な人材，システム，手順への投資を怠るためである。ほとんどの経営者は，この投資に必要な金額を過小評価してしまう。
>
> ―ハワード・シュルツ，ドリー・ジョーンズ・ヤング『スターバックス成功物語』（日経BP社，1998年）

P82で述べたとおり，**組織を作る**とは，（③-(a)）必要な「チームメンバー」を選出し，（③-(b)）会社，部門，プロジェクトチームなどの「チーム」を作ることであり，（④-(c)）インプット→スループット→アウトプットという**「フロー」を作る**ことであり，（④-(d)）工場，ITシステムなどの**「ストック」へ投資する**ことである。

「チーム」については，③で述べたとおりである。社会的価値を創出するためには，さらに「フロー」を作り，「ストック」へ投資しなければならない。これが社会的価値を生み出す「基盤」（インフラ）となり，この「基盤」の大きさ・強固さが，会社の大きさ・強固さにつながる。

この「基盤」（インフラ）を作ることを，ここでは**「仕組み」を作る**ということにする。

④-(c)　フローを作る（仕事の手順・順序を決める）

経営とは「社会的価値を創出すること」であるから，経営活動とは「社会的価値の創出活動」である。一般的に事業サイクルは，インプット（何らかの材料を取り込み）→スループット（取り組んだ材料を加工して付加価値を作る）→アウトプット（作った付加価値を販売する）の３つから構成されており，それを図で説明したもの（図解したもの）が**「業務フロー図」**といわれるものである（【テンプレート11】参照）。

この**「業務フロー図」**が，家を建てる際の建築設計図に該当するものであり，料理を作る際のレシピに該当するものである。設計図があるから，従業員も下請業者も，無駄がなく，効率的に，タイムリーに，求められた品質の価値を創出することが可能となる。レシピがあるから，すべての料理人が，材料や時間を無駄にすることなく，同じ味のものを作ることができる。設計図がないのに家を建てるとどうなるだろうか。レシピがないのに料理をするとどうなるだろうか。

会社で事業を行うにも設計図（業務フロー図）は必要になるが，それを作成している会社は少ない。筆者は，上場企業が内部統制監査のために作成するような複雑な業務フロー図やフローチャートを作成する必要はないと思っている。複雑な業務フロー図を作成しても，誰も理解できないし，誰も見ることはない。マネジメントの仕事を遂行するにあたり必要なのは，内部統制監査対策としての業務フロー図の作成ではなく，**社長がいなくても勝手に会社や事業が回るようにするための業務の説明書**を１枚に図解することである。簡単にいえば，**「レシピ」を作る**ことである。「レシピ」があれば，どのチームが，どのような材料を調達し（インプット），どのように料理をし（スループット），それをどのように販売し（アウトプット）といったことが「見える化」できるし，どのような調理器具が必要で，完成までに何分かかるかといったことも「見える化」できるだろう。そして，それまで頭の中で組み立てられていた調理方法などが，「視覚化」され，チームで共有することができ，業務の「脱属人化」「誰でも化」を実現することもできる。１枚の「レシピ」が，事業の**「仕組み」を作る**ことにつながる。

「業務フロー図」に決まった様式はない。料理の「レシピ」に様式がないことと同様に，様式を気にする必要はない。【テンプレート11】と同じ様式でなくてもよい。全社員が理解できるようなシンプルなものが望まれる。

④-(d)　ストックに投資する（必要な経営資源を見定める）

「業務フロー図」には，**「何を」→「どうやったら」→「どうなるの？」**の３つフローの情報の他，その３つの業務に必要なストックの情報（**「何が必要なの？」**）も記載しておく。ストック情報も「視覚化」することにより，必要な経営資源を見定め，何に投資しなければならないか，どれだけの資金調達（ファイナンス）が必要かも見えてくる（ファイナンスについては第５章で詳述する）。

【テンプレート11】業務フロー図

業務フロー図

部門名

事業名

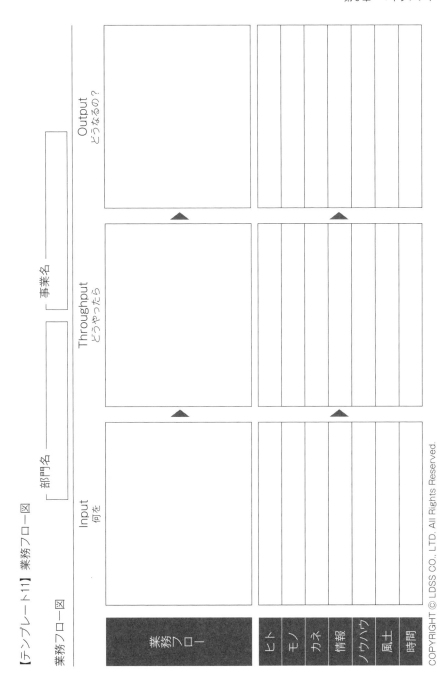

	Input 何を	Throughput どうやったら	Output どうなるの？
業務フロー			
ヒト			
モノ			
カネ			
情報			
ノウハウ			
風土			
時間			

【テンプレート11】業務フロー図　作成事例

業務フロー図

部門名：経理アウトソーシング部門

事業名：記帳代行サービス

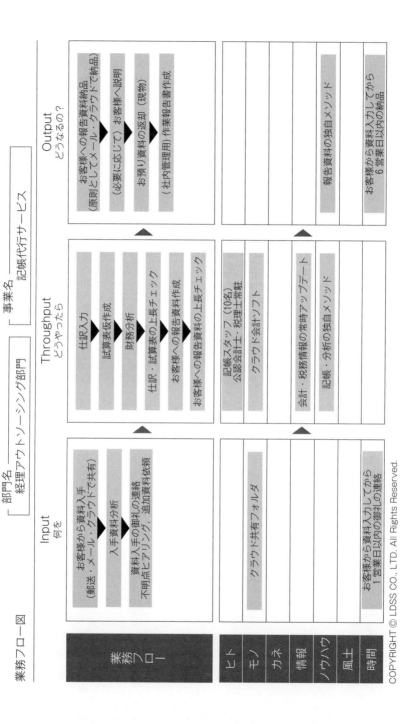

	Input 何を	Throughput どうやったら	Output どうなるの？
業務フロー	お客様から資料入手 （郵送・メール・クラウドで共有） ▼ 入手資料分析 ▼ 資料入手の御礼の連絡 不明点ヒアリング，追加資料依頼	仕訳入力 ▼ 試算表仮作成 ▼ 財務分析 ▼ 仕訳・試算表の上長チェック ▼ お客様への報告資料作成 ▼ お客様への報告資料の上長チェック	お客様への報告資料納品 （原則としてメール・クラウドで納品） ▼ （必要に応じて）お客様へ説明 ▼ お預り資料の返却（現物） ▼ （社内管理用）作業報告書作成
ヒト		記帳スタッフ（10名） 公認会計士・税理士常駐	
モノ	クラウド共有フォルダ	クラウド会計ソフト	
カネ			
情報		会計・税務情報の常時アップデート	
ノウハウ		記帳・分析の独自メソッド	報告資料の独自メソッド
風土			
時間	お客様から資料入力してから 1営業日以内の御礼の連絡		お客様から資料入力してから 6営業日以内の納品

第2章でも述べたとおり，経営資源とは，経営学の教科書では，①「ヒト」，②「モノ」，③「カネ」の3つが挙げられることが多いが，これ以外にも，④「情報（知識，知恵など）」，⑤「ノウハウ（技術，資格など）」，⑥「風土（組織，社風，チームなど）」，⑦「時間（納期，営業時間など）」も含まれる。

では，皆様の会社で事業を行うために必要なストック（経営資源）とは何だろうか。製造工場が必要だろうか。ITシステム，ソフトウェアが必要だろうか。情報・ノウハウが必要だろうか。外注先・業務委託先が必要だろうか。特殊な技術が必要だろうか。

これらのストック情報を洗い出し，「業務フロー図」に記載すれば，事業活動を行うための「レシピ」は完成する。

この「業務フロー図」が，事業や人を動かし，社会的価値を創出する**「仕組み」**となり「基盤（インフラ）」となる。

会社や事業は，社長がすべてを引き受けることができるならば社長1人で動かせばいいが，**チームでやるならば「仕組み」を作り，「仕組み」で動かす必要がある**。この「仕組み」を作り，「仕組み」で動かすということも，社長やマネージャーの重要な仕事である。理想は，（マクドナルドのオペレーションのように）業務が極限まで標準化，効率化，単純化されており，社長やマネージャーがいなくても勝手に会社や事業が回り，キャッシュを生み出しているという自動操縦システム（**オートパイロットシステム**）を作ることである（そのためには，彼らのやることに干渉しない自制力を備えることも必要になる）。

ここまで進化したオペレーションシステムを，筆者は「**マクドナルド化**」と呼んでいる。「仕組み」を作る上での理想形は「マクドナルド化」である。

多くの会社で，社長やマネージャーが忙殺され，業務が属人化し，従業員が育たないのは，ビジョン・ミッションを全従業員に浸透させる努力を怠り，この「仕組み」を作る努力を怠っているからである。社長やマネージャーがいなくても，チームメンバー全員が1つの目標に向かって走っているような**自走する組織**を作らなければならない。

⑤　仕事を任せる

> やってみせ，言って聞かせて，させてみせ，褒めてやらねば，人は動かじ
> 　　―日本海軍の名将・山本五十六

④で述べたとおり，チームで仕事をするならば「仕組み」を作り，「仕組み」で動かす必要がある。「仕組み」で動かすとは，各チームメンバーの能力が最も伸ばせるように適材適所に仕事を割り当て，チームメンバーに仕事の手順・方法を実務を通じて教え，実際に仕事を任せてみて，その結果をフィードバックし，最終的に「自分でできる」ように導いてあげ，**「マクドナルド化」**を実現させることである。日本海軍の名将・山本五十六が残した名言，「やってみせ，言って聞かせて，させてみせ，褒めてやらねば，人は動かじ」のとおりである。

⑤-(e)　チームメンバーに仕事の手順・方法を実務を通じて教える

上に立つ者は，実務を通してすべての部下に仕事の手順・方法を教えるということを面倒くさがってはならない。まずは，上司がやってみせる。次に，部下に仕事の手順・方法を教えながらやらせてみる。これを繰り返すことが大切である。このプロセスを行わなければ，部下に仕事を任せられる日は永遠に来ることはない。

上司は**「任せる勇気」「任せる度量」**を持たなければならない。任せるところは任せなければ，いつまでも上司が忙殺され，業務が属人化していき，従業員が育たない，という負の連鎖に陥ることになるだろう。

社長といえども，すべての業務を自分でやろうと思っても，できるわけがないし，細かい部分まですべて分かろうと思っても，分かるわけがない。自動車

メーカーの社長が１人でクルマを作れるわけがないし，航空会社の社長が１人で飛行機を飛ばせるわけがない。リーダーとは，多くの事を成し遂げる人ではなく，自分を遥かに超えるような人材を育てる人をいう。リーダーは，全知全能の神ではない。「分からないことは分からないという勇気」「弱さを認める強さ」「助けを求める人間力」なども伏せ持つ必要がある。

ある著名な実業家が，「寿司職人になるのに何年も修行する必要があるのか」という発言をして話題になったことがある。「飯炊き３年，握り８年」の長い修行に身を投じなければ寿司職人として独り立ちできないのかという議論であり，賛否両論があった。筆者はこの世界のことは無知なので賛否を述べることは避けるが，一般の会社で行われる仕事の大半は修行に10年も必要ないはずである。皿を洗ったり，飯炊きをさせたりというレベルの仕事を何年もさせるのではなく，**「まず包丁を持たせる」**ということが大切ではないだろうか。

調理の仕事であれば，まずは上司が料理を作ってみて，次に部下に同じようにやらせてみる。製造の仕事であれば，まず上司がモノを作ってみて，次に部下に同じようにやらせてみる。営業の仕事であれば，まずは上司が商談するところへ部下を同行させ，次に部下に同じようにやらせてみる。経理の仕事であれば，まずは上司が日常の経理処理や決算業務を行った資料などを部下へ見せて教えてみて，次に部下に同じようにやらせてみる。このように，**「まず包丁を持たせる」**こと，つまり，**いち早く実務を経験させることが**大切である。

こういった指導をせず，「お前にはまだ早い」「周りを見て学べ」「自分の頭で考えろ」という上司・先輩がいる。これは部下に対するもっともらしい愛情表現のつもりで発しているのかもしれないが，「マネジメントの放棄」ともいえる。特に若い人や，転職してきて間もない人は，自分の頭で考えても分からないことのほうが多い。「何で分からないのだ！」「何で結果が出せないんだ！」「今まで何やってきたんだ！」というコトバも言ってはならない。これは，マネジメントの放棄を通り越し，パワハラ（パワーハラスメント），モラハラ（モラルハラスメント）といわれかねない。

例えば，こんなシーンを思い浮かべてほしい。多くの方が運転免許証を持っていると思うが，運転免許証を取得する前までは誰もが自動車の運転経験がなかったはず。自動車教習所で技能講習を受けることになった時に，初めて運転席に座り，初めてハンドルを握り，初めてブレーキに足をかけ，初めてエンジンをかけるという経験をすることになる。助手席の教官からキーを渡されるが，どうやってエンジンをかけたらいいのか分からない。そんな極度の緊張の中，隣の鬼教官から「何やってんだ！」と怒鳴られたとしよう。あなたはどんな気分になるだろうか。「すみません。エンジンのかけ方を教えてください。」と聞くと，「自分の頭で考えろ！」と一蹴されたら，あなたはどんな気分になるだろうか。ようやくエンジンをかけることができ，アクセルを踏み込んだらエンストしてしまった。この時，隣から教官のため息と舌打ちが聞こえてきたら，あなたはどんな気分になるだろうか。さらに，「おい，お前，やる気あるのか！」と睨みつけられたらどうだろうか。「なんで教えてくれないんだ！」とキレたくなるはずだ。反撃できる人はまだ強い。泣き出す人もいるだろうし，精神的に病んでしまう人もいるだろう。

このようなシーンは，あなたの会社でも日常的に行われていないだろうか。上司はハラスメントをしているつもりは毛頭ないかもしれないが，何気ない一言や仕草が部下を傷つけ，場合によっては精神的に追い込んでしまうこともある。「そんなことじゃ社会人としてやっていけないよ」とか，「昔はそんなことで泣くヤツはいなかったぞ」とか，「俺が若いときはもっとひどいことをされたよ」といった「説教」「昔話」「自慢話」も絶対にしてはいけない。これも一種のハラスメントである。この3つを話題にするようになったら老害の証拠であり，老兵去るのみである。

仕事の手順・方法を教える際に，多くの会社がマニュアルや手順書を作ろうとする。マニュアルや手順書を作ることが，仕事の手順・方法を教えることだと思っている人もいる。しかし，マニュアルや手順書では人は動かないし，動けない。スターバックスには接客マニュアルがないことは有名である。マニュアルがあれば，顧客に笑顔で接することができるだろうか。顧客の期待を上回るサービスや感動を提供できるだろうか。できるはずがない。【テンプレート

11】の「業務フロー図」を作成し，事業を「仕組み」で動かす基盤（インフラ）は作るべきである。しかし，仕事の手順・方法を細かくマニュアル化し，指導する側も指導される側もマニュアルに依存・準拠しすぎると，画一的な作業に終始してしまい，想像力を奪うのではないだろうか。

⑤-(f)　承認，観察，フィードバックを行う

部下に仕事をやらせてみたら，細かい部分にまで顔を出し，口を出し，手を出すのではなく，じっくりと「観察」することが大切である。部下はいち早く仕事を経験したいと思っているし，チームメンバーとして受け入れてほしいと思っているし，認めてほしいと思っているし，自分の価値（value）を高めたいと思っているはずである。指導する者は，部下のやることに手出し口出しする前に，部下のやっていること，言っていること，言葉遣い，口調，態度，動作，エネルギーなどをじっくりと観察し，部下を理解することに努めるべきである。

じっくりと観察をしたら，「フィードバック」を行う。**フィードバックとは，部下が自分自身では見えていない客観的な姿を本人に伝え，新たな気付きを与えること**である。単に問題点を指摘たり，批判したり，叱ったりすることがフィードバックではない。仕事が「分からない」「できない」という状況の部下に対して，「気付きを与える」ことがフィードバックである。

部下は，上司や先輩からの適切なフィードバックによって成長するものである。仕事をやらせてみて，観察し，フィードバックをすることを繰り返し，最終的に部下が「自分でできる！」と自信を持てるようになれば，もう仕事を任せることはできる。そうやって，「マクドナルド化」が実現すれば，会社や事業がオートパイロットシステムで動くようになるはずである。

⑶　人を作る

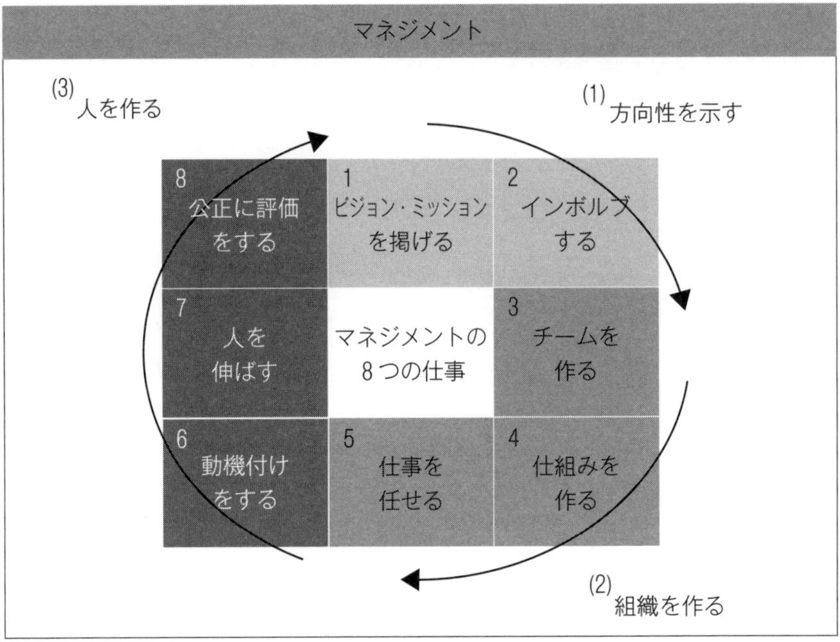

方向性を示し，組織を作れば，事業は回る。しかし，マネジメントの仕事はそれだけではない。企業はゴーイングコンサーン（Going Concern，継続事業）の前提があるため，**永続的に会社や事業を回すためには，永続的に「人を作る」ということをやらなければならない。**なぜなら，経営の中心は人であり，会社の重要な基盤（インフラ）は人だからである。

ここでいう「人を作る」とは，従業員を社内外の研修に参加させたり，資格を取得させたり，課題を与えたりといった教育をすることではない。様々な利害を持った従業員を束ね，彼らの固定観念や思い込みを取り除き，彼らの強み引き出し（そして弱みを補い），彼らの潜在的な能力を最大限に発揮させ，**会社と事業のビジョン・ミッションの達成に向かわせること**をいう。

多くの会社や社長が，この「人を作る」ということを怠り，従業員を放置している。従業員に無関心の社長も多い。ノルマを達成すれば金銭的インセンティブを与え，達成しなければ給与や報酬を下げるという紋切り型の人事評価による人事マネジメントでは「人を作る」ことはできない。福利厚生制度も同じである。金銭的インセンティブや充実した福利厚生制度により，一時的に優秀な人材が集まり，成果が出るかもしれないが，それだけでは永続的な成果は表れないだろう。金銭的インセンティブなどがなければ成果が上げられない人は，会社のビジョン・ミッションへの共感力や，チームワーク，内的意欲に欠けていることが多い。そういう人は，自社よりも良い条件の会社があれば，さっと消えていくのではないだろうか。金で釣った魚は，金に食われる。

社長やマネージャーは，従業員の動機付けをし，従業員の強みを引き出し（弱みを補い），その結果を公平に測定・評価し，その結果を本人にフィードバックし，従業員を競争力の源泉たる「人財」に変え，会社の基盤（インフラ）をより強固なものにしていかなければならない。

つまり，**「人を作る」**ためには，具体的には，以下の３つのことをやらなければならない。

⑥　動機付けをする
⑦　人を伸ばす（従業員の強みを引き出し，弱みを補うこと）
⑧　公正に評価をする

⑥　動機付けをする

> リーダーは，１人の上司として部下に関わる時には，部下に対して，その個人が納得するまで100パーセント全力で関与する。これ以外にありません。
> どこまで関わるというのではないのです。100パーセント全力で関わる。それ以外に人が変わる，本当に心が動かされるということはないのです。
> 表面上だけで付き合ってその人が変わるきっかけになるということは，人間関係においてありえないことです。
> 　　—柳井正『経営者になるためのノート』（PHP 研究所，2015年）

動機付け（Motivation）とは，従業員のやる気，才能を最大限引き出し，彼らのやりがい，働きがい，生きがいを最大限引き出すことである[4]。従業員に対して継続的な動機付けをすることにより，組織と個人のパフォーマンスを最大化しなければならない。

「②インボルブする」において，ビジョン・ミッションが決まったら，従業員の心に火を付けることが必要だと述べた（P77）。これも動機付けの１つである。ビジョン・ミッションが決まったら，「やるぞ！」と従業員の心に火を付ける動機付けも重要であるが，「ずっとこの会社で働きたい！」「この仕事を通して成長したい！」という**未来志向の動機付け**はもっと重要である。上述のとおり，永続的に会社や事業を回すためには，永続的に「人を作る」ということをやらなければならないからである。

しかし，動機付けをすることは非常に難しい。動機付け（モチベーション）については，A・マズロー（米・心理学者）の「５段階欲求説」や，D・マグレガー（米・心理学者）の「XY 理論」，F・ハーズバーグ（米・心理学者）の二要因理論（動機付け・衛生理論）など，多くの学者が多くの理論を発表している。これらの理論については詳述しないが，動機付けというのは心理学者の研究対象となるほどに奥深いテーマなのである。金銭的インセンティブのように「物で釣る」だけでは限界があるため，動機付けをするには**心理的な手法**が必要となる。

動機付けは心理学であるため，普通の社長やマネージャーが，そう簡単に従業員を「動機付ける」ことなどできるわけがない。考えてもみれば，自分の子供でさえも勉強机に向かわせるのに苦労している方が多いのに，血の繋がって

4　動機付け（Motivation）は，「やる気→行動」といったシンプルなものではなく，複雑な心理メカニズムが入り交じるものであるが，ここでは分かりやすく説明するために，シンプルに定義している。動機付けの複雑な心理メカニズムが知りたい方は，入山章栄著『世界標準の経営理論』（ダイヤモンド社，2019年）第19章「モチベーションの理論」が役に立つ。

いない従業員をやる気にさせることは簡単なことではない。

従業員をやる気にさせることは難しい経営課題のひとつであるが，逆に，どうすれば仕事に対するやる気が失せるのか（モチベーションが下がるのか）を考えると，ヒントが得られるのではないだろうか。

例えば，従業員のやる気が失せるのは，以下のような状況ではないだろうか。

- 給与が低い
- 上司が尊敬できない
- 上司からの指示があいまい
- 社内外の人間関係が悪い
- 能力以下の仕事を果てしなくやらされる
- 無駄・無意味・無益で空虚な仕事が多い
- 自分の意見が通らない
- 信頼されない
- 期待されない
- 感謝されない
- 仕事を通じて成長できない
- 先が見えない
- 公平に評価されない
- 不本意な配属・異動がある

つまり，会社や上司に魅力がなく，社長や上司が信頼できず，仕事にやりがいも感じず，自分の存在が承認されず，自分の能力を活かすこともできないといった状況におかれることは，人を惨めにし，精神的な苦痛を与え，働く気力を失わせる。ベストセラーになったデヴィッド・グレーバー著『ブルシット・ジョブ―クソどうでもいい仕事の理論』（岩波書店，2020年）は，仕事の中身が空虚で，仕事をする本人も意義や意味を感じられない**「クソ仕事」**（ブルシット・ジョブ，Bullshit Jobs）が世の中に溢れており，このような「クソ仕事」の際限のない増殖が社会に深刻な「精神的暴力」を加えて，働く人々から喜びを取り上げ，時には脳に損傷を起こすほどのダメージを与えると述べている。社長は，従業員が「この仕事をやりたい！」「この会社で働きたい！」と思わせるために，**会社からこういった「精神的暴力」を取り除かなければならない**。

年配の社長やマネージャーの方は，若い間に「クソ仕事」といわれるような仕事もこなし，今を犠牲にしてでも働き続ければ，成功（昇進など）は後からついてくるという考えを持っている人が多いだろう。高度経済成長時代（昭和時代）は，終身雇用制度と年功序列制度と退職金制度の下，歳を重ねるごとに年収もポジションも上がっていくという「出世の階段」が用意されており，定年退職後に老後を謳歌できるだけの退職金を手にすることができた。制度上，リターンが得られることが保障されているようなものなので，多少の我慢をしてでもその会社で働き続けることが「有利」だったのだ。人員整理（リストラ）をされることはほとんどなく，転職することは悪とみなされた時代に，わざわざ転職するというリスクを取るよりも，その会社に定年まで勤め上げることのほうが，色んな意味で安心・安全だったのだ。会社としても，その制度的な保障を盾に，従業員に対して労働への強制力を持たせることができた。

しかし，現在，そのような前提は崩壊していることはいうまでもない。定年まで働けるという保障はない。年収が上がり続けるという保障もない。退職金や年金がもらえるかどうかも分からない。そもそも，会社が存続するのかどうかも分からない。実際に，滅私奉公で仕事に人生を注いできたにもかかわらず，不幸な人生を送っている人が周りにどれだけいることか。ひとつの会社で定年まで勤め上げることが安心・安全とは決していえない状況で，若い人が，今を犠牲にして働き続けるはずがない。彼らが求めているのは，将来の成功や保障ではなく，今の**「充足感（fulfillment）」**である[5]。今を犠牲にして働くことの見返りが，将来の成功に繋がるとは思っていない。今の「充足感」の追求が，自分を成功に導くと考えている。

そのため，動機付けをするにあたり，「古いルール」の上に従業員を囲い込み，

5　トッド・ローズ，オギ・オーガス『Dark Horse―「好きなことだけで生きる人」が成功する時代』（三笠書房，2021年）において，従来の成功の考え方（成功法則）が賞味期限切れをしており，今の時代の成功法則（型破りな成功をしたDark Horseに共通する点）は「充足感（fulfillment）」を何よりも大切にしていることだと述べている。

彼らを他のチームメンバーと平等に働かせるという「組織中心主義」の考えはもう通用しない。それぞれの従業員が持つ個性，才能，能力，価値観などを尊重し，従業員の「充足感」を充たしていくという**「個人中心主義」**の時代に変わったのである（このあたりの話は第１章で述べたとおりである）。

ここまでの話を総括すると，**動機付けをするにあたって，最も大切なことは従業員の「個性」に合わせ，従業員の「充足感」＝「仕事から得られる喜び」を会社から提供することである。**人は根源的に仕事から喜びを得たいという欲求がある。自分の才能を活かしたいという欲求がある。何かを与える人（ギバー，Giver）になりたいという欲求がある。この「仕事から得られる喜び」が，従業員のやる気とパフォーマンスを最大限引き出すことになり，結果として，会社や事業のパフォーマンスが最大限に発揮されることになる。

よって，これからの「個性の時代」における社長やマネージャーは，部下（従業員）に仕事を与えるだけではなく，**「仕事から得られる喜び」**を与えなければならない。

では「仕事から得られる喜び」とは何だろうか。それは，以下の４つの要素に集約されるのではないだろうか。

■「仕事から得られる喜び」の４要素

- 魅力度：その仕事に魅力があるか
- 納得度：その仕事を引き受けることに納得できるか
- 満足度：その仕事をすることに満足できるか
- 幸福度：その仕事をすることで幸福度があがるか

会社や仕事などに対する「魅力度」「納得度」があれば「やる気」が高まり，「満足度」「幸福度」があれば「やりがい」が高まるはずである。それぞれの詳細は【図表３-４】に記載のとおりである。

人は，この「仕事から得られる喜び」の４要素が充たされた環境に置かれた時に，「この仕事をやりたい！」「この会社で働きたい！」というスイッチが入り，主体的な行動が促され，潜在的な能力が発揮される。そこで自信を付ければ，さらに高い目標を設定し，より優れた成果を出していく。

社長やマネージャーは，部下（従業員）に仕事を与える前に，この「仕事から得られる喜び」の4要素を充たすような環境を提供できなければならない。この提供が最大のモチベーションとなる。

さらに，この「動機付け4つの要素」をどのように部下（従業員）に訴えるかも考えなければならない。動機付けを訴えるには，「論理的」「直感的」「情動的」の3つの切り口がある。

■動機付けの3つの切り口

- 論理的動機付け：左脳に訴えかける動機付け。仕事をする意味・効果を認識してもらう。
- 直感的動機付け：右脳に訴えかける動機付け。仕事をする面白さ・喜びを感じてもらう。
- 情動的動機付け：感情に訴えかける動機付け。チームメンバーとして承認してあげる。

この「動機付けの3つの切り口」の詳細についても【図表3-4】に記載のとおりである。様々な切り口で従業員の「充実感」=「仕事から得られる喜び」を会社から提供していくべきである。

とはいえ，人を変えることは難しい。まずは自分（上司）が変わる必要がある。特に「古いルール」を踏襲している年配の社長やマネージャーの方は，コペルニクス的発想の転換が必要である。そして，自分が仕事を通して「充実感」

【図表3－4】動機付けの「4つの要素」「3つの切り口」

動機付けの4つの要素

魅力度

その仕事に魅力があるか。

- ●仕事内容の魅力度
  - ―面白そう！
  - ―楽しそう！
  - ―この仕事，好き！
- ●労働環境の魅力度
- ●処遇の魅力度
- ●報酬の魅力度

満足度

その仕事をすることに満足できるか。

- ●感謝される
- ●認められる
- ●褒められる
- ●自分で考えられる
- ●意見が通る
- ●工夫ができる
- ●任される
- ●他者に貢献できる
- ●リーダーシップを発揮

やる気 → やりがい

納得度

その仕事を引き受けることに納得できるか。

- ●ビジョン・ミッションへの納得度
- ●会社や上司への信頼度・信用力
- ●労働環境への納得度

幸福度

その仕事を通して，幸福度が上がるか。

- ●経験が積める
- ●キャリアが積める
- ●能力が上がる
- ●才能を活かせる
- ●成長ができる
- ●目標達成ができる
- ●自己実現ができる
- ●願望が叶う

動機付けの3つの切り口

左脳に訴える

論理的に動機付ける

（例）
・この仕事に投資する意味は○○！
・そのリターンは○○！

感情に訴える

情緒的に動機付ける

（例）
・存在を認めた！
・仕事で褒められた！
・成功・成長できる！

右脳に訴える

直感的に動機付ける

（例）
・楽しい！
・居心地がいい！
・この仕事，好き！

=「仕事から得られる喜び」が得られているか，そういう職場環境になっているかを見つめ直すべきである。ビジネス環境の激変に伴い，職場環境を変えなければ，従業員から見捨てられることになりかねない。

⑦　人を伸ばす

> メンバー１人ひとりの成長の総和が，組織の成長の基盤になる
> 　　―井上礼之『人を知り，心を動かす』（プレジデント社，2021年）

⑥動機付けにおいて，従業員の「充足感」=「仕事から得られる喜び」を提供することが必要であると述べた。それが，従業員のやる気とパフォーマンスを最大限引き出すことになり，結果として，会社や事業のパフォーマンスが最大限に発揮されることになる。

しかし，「人を作る」には，動機付けというスイッチを入れること以外にもしなければならないことがある。それは，継続的に従業員の才能・能力を向上させることである。

一般的に人材育成の手法は以下の３つに分類される。

■人材育成の３つの手法

- OJT（*On the Job Training*）：実務を通しての指導・訓練
- Off-JT（*Off the Job Training*）：実務を離れた場での指導・訓練（研修など）
- 自己啓発：会社を離れた場での自主的な学習（MBA 取得，海外留学など）

OJT に関しては，⑤仕事を任せるで述べたとおり，**「まず包丁を持たせる」**（実務を経験させる）ということが大切である。実務を通して仕事の手順・方法を教えることが，最大の人材育成となる。

Off-JTや自己啓発に関しては，様々な研修を行ったり，課題を与えたり，社外のセミナー受講，資格取得，MBA取得，海外留学などの支援制度を用意したりしている会社は多い。このような社内外での継続的学習により従業員の才能や能力は向上するだろう。

しかし，P98で述べたとおり，「人を作る」とは，従業員を社内外の研修に参加させたり，資格を取得させたり，課題を与えたりといった教育をすることではないと思っている。「人を作る」とは，**従業員の強みを引き出し（そして弱みを補い）**，会社と事業のビジョン・ミッションの達成に向かわせることをいう。そのためには，いわゆる「教育」（座学）を行ったり，支援したりすることよりも，**従業員の強みと弱みを見出し，強みを伸ばし，弱みを補うことのほうが重要**である（そのため，マネジメントの仕事の７つ目は「⑦人を育てる」ではなく，「⑦人を伸ばす」にしている）。

もちろん，研修制度などを否定するものではない。実施することに意味はある。しかし，**「個性の時代」**である今，動機付けにおいても「組織中心主義」の考えがもう通用しないように（P103参照），人材育成においても組織の論理は通用しないのではないだろうか。あらかじめ用意された人材育成プログラムを与え，会社固有でしか使えないスキルを植え付け，社内業務知識，忠誠心，協調性を評価するという会社主導による人材育成法は，それぞれの従業員が持つ強みや弱み，個性，才能，能力，価値観などを尊重したものでもなければ，個性を伸ばすものではない。むしろ従業員の個性をつぶして，同質の人間を作っている。このような人材育成法では，人と同じことをそつなくこなす従業員を育成することはできるかもしれないが，従業員の才能・能力，無限の可能性を最大限引き伸ばすことはできないだろう。そのため，画一的な人材育成プログラムは，ある従業員にとっては有益でも，ある従業員にとっては無駄・無意味・無益なものと映り，彼らのやる気・やりがいを失わせる。そればかりか，従業員の才能・能力，無限の可能性を伸ばし発揮する機会を奪い取ることにもなりかねない。そもそも，今の若い従業員の多くは，自己の個性の発揮と，今の仕事の「充足感」=「仕事から得られる喜び」を求めているのであり，組織に従属するつもりはない。そのような従業員に普遍的・画一的・標準的・平均的なスキルや知識を与えるような研修を受けさせても仕方ない。若い従業員を教育しようとがんばると，まじめな従業員は無力感に苛まれて，みずからバスを降りていく。人材育成においても，動機付けと同様に，「古いルール」を踏襲している年配の社長やマネージャーの方は，コペルニクス的発想の転換が必要となる。

⑦-(a) 強みを伸ばす

会社においても経営資源の棚卸しが必要であるように，個人においても経営資源の棚卸しは必要である。個人の経営資源とは，資格，特技，知識，経験，ノウハウ，技術，人脈などが挙げられるが，それを一言でいえば**「強み」**である。上述のとおり，会社として，全従業員の強みと弱みを見出し，強みを伸ばし，弱みを補うことが重要である。人事考課において，強みを評価し，弱みを罰するだけでは，人を伸ばすことはできない。また，優秀な者を評価し，そうでない者を切り捨てることも，人を伸ばすことにはならない。会社は，才能を「選別」するのではなく，才能を「開発」しなければならない。

「個性学」を研究するハーバード教育大学院のトッド・ローズ氏によると，才能には（体と同じように）バラツキがあるが，誰しも**特別な才能**を持っているという[6]。上に立つ者は，個人が持っている特別な才能を見出し，潜在能力を余すところなく伸ばすことができるように手助けすべきである。従業員も，自分がユニークな才能の持ち主だと認識できれば，自分の潜在能力を理解し，大きな力を発揮できる可能性がある。

従業員が自分の特別な才能に気付くためには，まず，全従業員が，自分自身を観察し，自分自身の強みと弱みを分析し，認識し，発見することから始めなければならない。**人材育成のスタートは，自己分析である。**

自己分析の際に使うビジネステンプレートとして，【テンプレート12】の「強み・弱み　6つの箱」というシートを用意している。

「強み・弱み　6つの箱」は，各従業員に自己が認識している「強み」「弱み」

6　トッド・ローズ『ハーバードの個性学入門　平均思考は捨てなさい』（ハヤカワ・ノンフィクション文庫，2019年）

を真ん中のカードに記載してもらう。「強み」に関しては，「現状維持でよい強み」と「伸ばすべき強み」に区分し，それぞれを左右に転記する。「弱み」に関しては「諦める弱み」と「補うべき弱み」に区分し，それぞれを左右に転記する。

誰しも強み・弱みを持っているが，すべての強みを伸ばす必要はないし，すべての弱みを補う必要はない。そんなことできるはずがない。どこを伸ばし，どこを補うのかについても，自己分析してもらい，「気付き」を与えることも大切なことである。

ここまでできたら，「強み・弱み　6つの箱」の末尾に，「私は『◯◯◯』で日本一！」の『◯◯◯』を埋める。上述のトッド・ローズ氏がいうように，人は誰しも特別な才能を持っている。日本一といえる才能を持っている。それは，いまの仕事に直接的に関係ないことであってもいい。その才能を自分で認識し，それをとことん伸ばしていくことが人材の育成であり，才能の開発である。

なお，「強み・弱み　6つの箱」を記載したら，「伸ばすべき強み」や「補うべき弱み」が視覚化されるが，「人を伸ばす」ためにフォーカスすべきは，「補うべき弱み」ではなく「伸ばすべき強み」である。どんな分野であれ，大きな成果を出す人は「伸ばすべき強み」をさらに伸ばした人である。弱みを補って，大きな成果を出す人はいない。リーダーは，各従業員が持っている顕在能力，潜在能力を引き出し，さらに伸ばし，相乗効果を出していかなければならない。

最後に，各人が「強み・弱み　6つの箱」を記載したら，面談などを通して，本人が気付いていない強みを教えてあげ，目につく弱みも教えてあげてほしい。上司や同僚は気付いているが，自分は気付いていない「強み」「弱み」というものもあるかもしれないからである。また，伸ばすべきなのに現状維持しようとしている強みはないか，矯正すべきなのに放置している弱みはないかもレビューしてあげてほしい。ここは，上の者が手取り足取り指導するのではなく，本人に「気付き」を与え，やる気・やりがいをアップさせ，主体的な行動へと導くコーチ役に徹することが重要である。

【テンプレート12】強み・弱み　６つの箱

強み・弱み 6つの箱

氏名

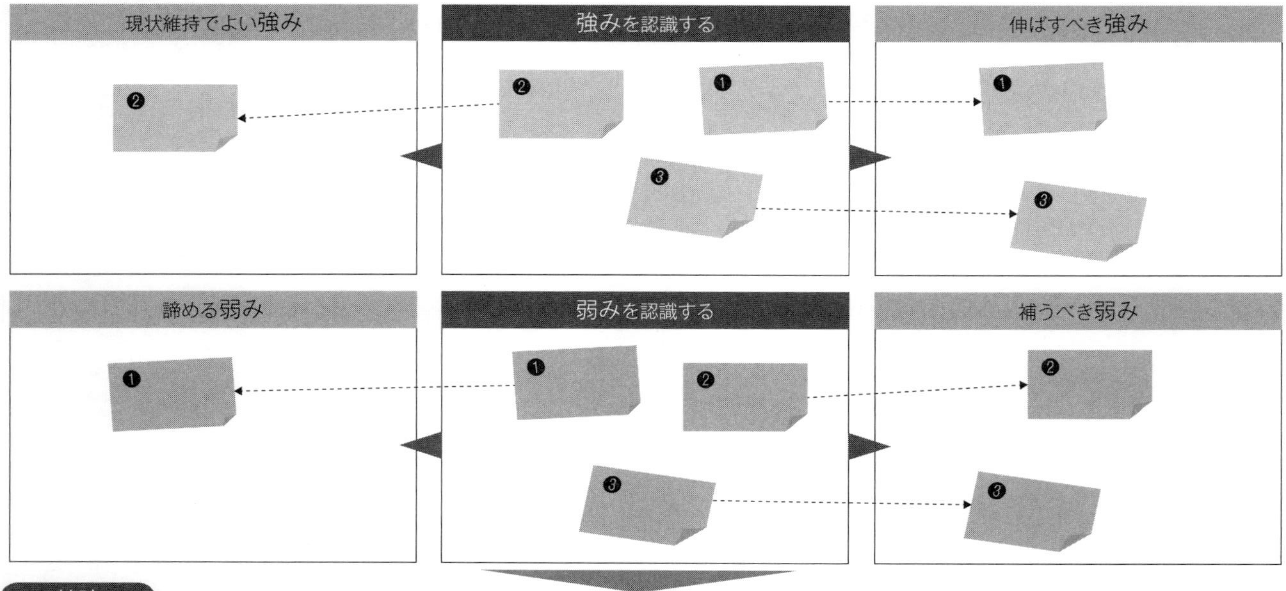

結論

私は，『　　　　　　　　　　』で日本一！！

【テンプレート12】強み・弱み　6つの箱　作成事例（「黒字社長塾」のクライアントが作成したもの）

強み・弱み 6つの箱

氏名　経理部　●● ●●

現状維持でよい強み
- ●勉強，読書が好き
- ●正義感が強い
- ●行動力
- ●マジメ

強みを認識する
- ●誰とでも話せるコミュニケーション力
- ●責任をもって最後まで仕事をやり遂げる力
- ●目標を決めたら諦めずにやり遂げる力
- ●没頭するといつまでもやり続ける力
- ●人を喜ばせる力
- ●勉強，読書が好き
- ●全体を見渡す俯瞰力
- ●正義感が強い
- ●行動力
- ●マジメ

伸ばすべき強み
- ●社内コミュニケーションを積極的に行う
- ●与えられた仕事を効率的にやり遂げる
- ●日商簿記検定1級に合格する
- ●経理全体を見渡し，問題点を見つけ，改善策を考える
- ●他の部員から感謝されることをやる

諦める弱み
- ●緊張する
- ●運動音痴
- ●家事が苦手

弱みを認識する
- ●人前に立つと極度に緊張する
- ●大勢の人の中にいることが耐えられない
- ●没頭すると周りが見えなくなる
- ●記憶力（物覚え）が悪すぎる
- ●興味がないものに無関心すぎる
- ●運動部出身なのに運動音痴
- ●飲食店の娘なのに家事が苦手

補うべき弱み
- ●人前でも積極的に会話する
- ●経理部の中での役割を意識する
- ●常に周りの人への気配りをする
- ●メモ，ノートを取る
- ●仕事の関心領域を広げる

結論
私は，『　目標を決めたら最後までコツコツ諦めずにやり続けること　』で日本一！！

⑦-(b)　キャリアアッププラン

「伸ばすべき強み」と「補うべき弱み」が明確になれば，それを伸ばし，補うための具体的な目標（キャリアアップモデル），具体的なアクション，スケジュール（時間軸）を決める。

P79の「アクションプランを立てる」でも述べたとおり，何かに取り組む際は，現状を把握して，現状を起点とした**縦軸（目標）**と**横軸（時間）**の２つの軸を決めなければ，目標を達成することは難しい。

このキャリアアップに使うビジネステンプレートとして，【テンプレート13】の「キャリアアッププランMAP」というシートを用意している。このシートも，「強み・弱み　６つの箱」とセットにして，各従業員に記入してもらう。

従業員としては，会社や部門のビジョンなどを達成するために個人として何をすべきかを視覚化した「パーソナルアクションプランMAP」（P61）と，自身のキャリアアップのために何をすべきかを視覚化した「キャリアアッププランMAP」の２つの地図を手にしたことになる。この２枚のMAPを作成することにより，様々な利害をもった従業員が，会社のWell-beingを実現させながら，個人のWell-beingを実現させることにつながるだろう。

⑧　公正に評価をする

> 管理する者は，絶対に結果論で部下を叱ってはいけない。
> （略）
> 見逃しの三振をしたら許さないという監督もいるが，そういう叱り方をするから，打者は見逃し三振をしたくないとマイナス思考になり，“勝負”できなくなる。戦いにおいてマイナス思考は一概に悪いことではないが，勝負＝賭けに出ることのない戦い方では，それこそ戦力の差がそのまま結果となり，弱者はいつまでたっても勝つことはできない。
> 　　―野村克也『野村ノート』（小学館文庫，初出2005年，文庫化2009年）

「人を作る」ためには，⑥動機付けを行い，⑦人を伸ばし，最後に，⑧公正

【テンプレート13】キャリアアッププランMAP

キャリアアッププランMAP

氏名

	1月～3月	4月～6月	7月～9月	10月～12月
具体的な目標 キャリアアップモデル				
伸ばすべき強み 強み強化の具体的なアクション				
補うべき弱み 弱み補完の具体的なアクション				

【テンプレート13】キャリアアッププランMAP　作成事例（「黒字社長塾」のクライアントが作成したもの）

キャリアアッププランMAP

氏名　経理部　●● ●●

	1月～3月	4月～6月	7月～9月	10月～12月
具体的な目標 ●尊敬される経理部長になる ●経理のプロになる ●自社の経理実務を極める ●自社のビジネスモデルを理解する ●日商簿記検定１級合格	●経理部の仕事を覚える ●自社のビジネスモデルを理解する ●日商簿記検定１級合格（●年11月受験予定）	●経理部の仕事を覚える ●自社のビジネスモデルを理解する ●日商簿記検定１級合格（●年11月受験予定）	●経理部の仕事を覚える ●自社のビジネスモデルを理解する ●日商簿記検定１級合格（●年11月受験予定） ●経理実務の他社事例を調べる	●経理部の仕事を覚える ●自社のビジネスモデルを理解する ●日商簿記検定１級合格（●年11月受験予定） ●経理実務の他社事例を調べる
伸ばすべき強み ●社内コミュニケーションを積極的に行う ●与えられた仕事を効率的にやり遂げる ●日商簿記検定１級に合格する ●経理全体を見渡し，問題点を見つけ，改善策を考える ●他の部員から感謝されることをやる	●定期的に社員とランチをする ●積極的に現場を訪問する ●与えられた仕事を時間内にやり遂げる。常に効率化を考える。 ●与えられていない仕事も積極的に行う ●日商簿記検定１級合格に向けて，週２回専門学校に通学する。週末は専門学校で自習する。	●定期的に社員とランチをする ●積極的に現場を訪問する ●与えられた仕事を時間内にやり遂げる。常に効率化を考える。 ●与えられていない仕事も積極的に行う ●日商簿記検定１級合格に向けて，週２回専門学校に通学する。週末は専門学校で自習する。	●定期的に社員とランチをする ●積極的に現場を訪問する ●与えられた仕事を時間内にやり遂げる。常に効率化を考える。 ●与えられていない仕事も積極的に行う ●日商簿記検定１級合格に向けて，週２回専門学校に通学する。週末は専門学校で自習する。 ●社長や他部門に月次業績や他社動向などを伝える。	●定期的に社員とランチをする ●積極的に現場を訪問する ●与えられた仕事を時間内にやり遂げる。常に効率化を考える。 ●与えられていない仕事も積極的に行う ●日商簿記検定１級合格に向けて，週２回専門学校に通学する。週末は専門学校で自習する。 ●社長や他部門に月次業績や他社動向などを伝える。
補うべき弱み ●人前でも積極的に会話する ●経理部の中での役割を意識する ●常に周りの人への気配りをする ●メモ，ノートを取る ●仕事の関心領域を広げる	●人前でも積極的に会話する ●経理部の中での役割を意識する ●常に周りの人への気配りをする ●話を聞く時は必ずメモ，ノートを取る ●与えられていない仕事も積極的に行い，仕事の関心領域を広げる	●人前でも積極的に会話する ●経理部の中での役割を意識する ●常に周りの人への気配りをする ●話を聞く時は必ずメモ，ノートを取る ●与えられていない仕事も積極的に行い，仕事の関心領域を広げる	●人前でも積極的に会話する ●経理部の中での役割を意識する ●常に周りの人への気配りをする ●話を聞く時は必ずメモ，ノートを取る ●自社の仕事だけでなく，他社の経理実務の事例や，開示の事例なども調べ，経理の知識を高める	●人前でも積極的に会話する ●経理部の中での役割を意識する ●常に周りの人への気配りをする ●話を聞く時は必ずメモ，ノートを取る ●自社の仕事だけでなく，他社の経理実務の事例や，開示の事例なども調べ，経理の知識を高める

に評価しなければならない。ここまで述べてきたマネジメントの仕事をどれだけ熱心に取り組んできたとしても，最後に公正な評価をしなければ，従業員のやる気もやりがいも，テンションもモチベーションも「一気に」崩れ去る。これが転職の理由となることもある。

黒字社長塾のクライアントにいたある幹部候補の従業員は，会社に愛着があったにもかかわらず，人事考課の翌日に辞表を提出してきた。公正な評価がなされなかったことに納得がいかなかったのだ。周りは慰留したが，この従業員のモチベーションは「一気に」崩れ去り，捨てゼリフを吐いて去っていった。愛は一瞬で憎しみに変わる。実は，筆者も上場企業を退職した理由は，人事考課の結果に納得がいかなかったからだった。筆者の場合は，会社から高く評価されていたが，それが給与に一切反映されなかった。上長に文句をいったが，会社の事情を説明されるだけで納得することはできなかった。この会社で生涯働いてもいいと思うほどの会社であったが，一瞬で熱が冷めていき，退職することを決めた。

「人を作る」ためには，人事考課は極めて重要な業務であるが，それがうまくいっている会社は少ない。特に，中規模・小規模会社では人事考課制度そのものが存在していない会社が多い。社長や部門長の主観（好き嫌い）で評価が決まっていることも多い。大規模会社では多くの会社が人事考課制度を設けているが，測定方法や評価基準が複雑怪奇であるがゆえに公正さを欠いているケースもある。人事の方針が明確でない中で，人事関連書籍に載っている人事考課表をコピーしたり，他社の人事制度を移植したりするから，カタチだけの複雑な制度ができあがる。複雑であればあるほど必ず抜け穴が見つかる。それが，高められたモチベーションを遥かに上回るほどの失望感を与えることもある。人事考課制度は，**「公正」**であり，かつ，**「シンプル」**でなければならない。

では，「公正」，「シンプル」とは，具体的にどういうことをいうのか。

まず，**「公正」**とは，以下のとおり，「時間軸」「組織内」「他者間」で公正でなければならない。これらの公正さがひとつでも欠けると，公正ではない，平等ではない，フェアではない，差別だ，と映る。全社的な人事の方針を決め，そこから人事考課制度や測定・評価方法を決めなければ，公正さが欠けた人事がどこかに残ることになる。

■公正な評価

- 時間軸での公正さ：過年度と当年度は同じ評価軸で評価をしているか
- 組織内での公正さ：所属部署が異なっても同じ評価軸で評価をしているか
- 他者間との公正さ：他者と同じ評価軸で評価をしているか

そして，**「シンプル」**とは，会社のビジョン・ミッションと人事評価に軸が通っていることをいう。人事考課は，協調性や積極性や規律性などをランク付けすることではないし，コミュニケーション能力や指導力や判断力などに点数を付けることでもない。いくつものチェック項目を作り，チェックリストに○×△を付けることでもない。かつての「組織中心主義」の時代はそのような人事考課が主流だったかもしれないが，「個人中心主義」の時代には通用しない。個人の才能や能力にバラツキがあり，「強み」も「弱み」もあることを認めつつ，**会社のビジョン・ミッションの達成にどれだけ貢献したのかという１点に絞って測定と評価をすべき**である。それが，究極の「シンプル」かつ「公正」な評価ではないだろうか。

人事考課の際に使うビジネステンプレートとして，【テンプレート14】の「パーソナル評価MAP」というシートを用意している。

「パーソナル評価MAP」の構成は【図表３－５】のとおり，大きく５つのグループから構成されている。人事考課期間の期首（もしくは前期末）に①～③のグループを各従業員に記入してもらい，期末に④～⑤のグループを各従業員の自己評価と，上司による他者評価を追記することにより完成する。

①と③は「パーソナルシナリオMAP」（P45）から転記し，②は「強み・弱み　６つの箱」から転記するだけである。なお，②に記載する「伸ばすべき強み」「補うべき弱み」は，①に記載している「経営のテーマ」「部門のテーマ」「個人のテーマ」に関連するものを５つピックアップして記載する。

つまり，人事評価は，「経営のテーマ」（さらにそれをブレイクダウンした「部門のテーマ」「個人のテーマ」）からの軸で実施し，その項目は自身のキャリアアップにおけるコミットメントと，自身のドメインへのコミットメントに絞り込み，そのコミットメントへの達成度のみにおいて測定する。

4は，2に記載した「伸ばすべき強み」「補うべき弱み」に対して，その達成度をシンプルに○×△で評価するし，末尾に「キャリアアッププラン達成度」が何%かを自己評価する。同様に，部門長が他者評価をする（小規模会社であれば社長が評価する。以下同様。）。

5は，3に記載した「タスク」「今期，すること・目標」に対して，その働き方への取組み，結果・理由を自己評価しながら記載してもらう。同様に，部門長が他者評価をする。

【図表3－5】パーソナル評価MAPの構成

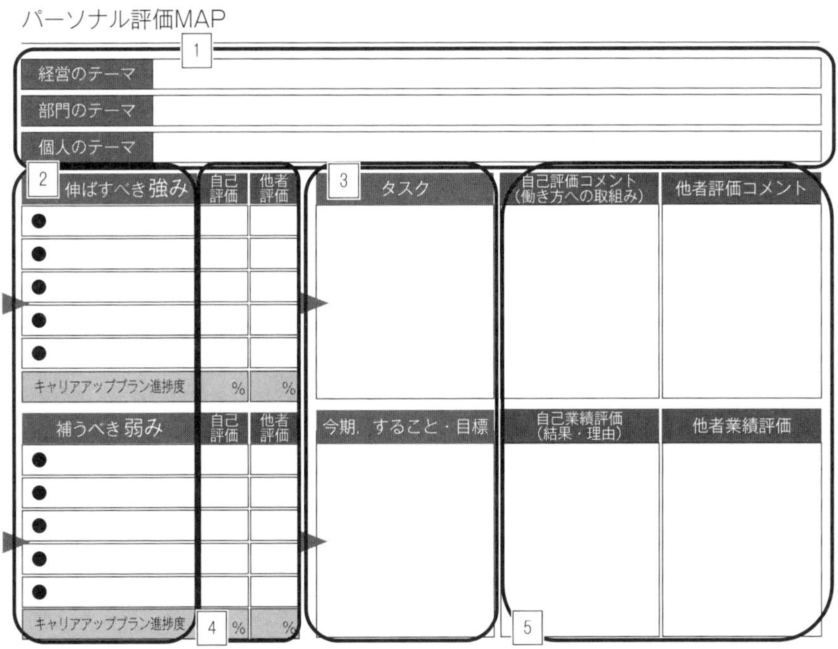

【テンプレート14】パーソナル評価 MAP

パーソナル評価 MAP

氏名

経営のテーマ	
部門のテーマ	
個人のテーマ	

伸ばすべき強み	自己評価	他者評価
キャリアアッププラン進捗度	%	%

タスク	自己評価コメント（働き方への取組み）	他者評価コメント

補うべき弱み	自己評価	他者評価
キャリアアッププラン進捗度	%	%

今期、すること・目標	自己業績評価（結果・理由）	他者業績評価

【テンプレート14】パーソナル評価MAP　作成事例（「黒字社長塾」のクライアントが作成したもの）

パーソナル評価MAP

氏名　経理部　●● ●●

経営のテーマ	着物（KIMONO）と思い出をすべての人に提供する
部門のテーマ	経営と社長をサポートする経理部へ進化させる
個人のテーマ	会計を極め，社長の右腕になる！

伸ばすべき強み	自己評価	他者評価
●社内コミュニケーションを積極的に行う	○	○
●与えられた仕事を効率的にやり遂げる	○	○
●日商簿記検定1級に合格する	×	×
●経理全体を見渡し，問題点を見つけ，改善策を考える	△	○
●他の部門から感謝されることをやる	×	△
キャリアアッププラン進捗度	60%	80%

タスク

- ●自社ビジネスモデルの理解
- ●社長や他部門との密なコミュニケーション
- ●会計の学習（特に管理会計）
- ●経理実務の他社事例を調べる

自己評価コメント（働き方への取組み）

- ●社長や他部門，同部門のメンバーとの積極的なコミュニケーションを行うことはできた。
- ●できるだけ現場にも訪問して，業務やビジネスモデルの理解に努めたが，未知のことが多すぎて十分な理解には至っていないので，来期以降も現場訪問は継続していきたい。
- ●他部門とのコミュニケーションは行ったが，感謝されるには至っていない。引き続き努力したい。
- ●日商簿記検定受験，他社事例分析は下記のとおり。

他者評価コメント

- ●与えられた業務以外にも，積極的に業務をこなしていました。
- ●ダラダラすることなく，やるべきことを効率的にやり，空いた時間で上司他の部員をサポートする姿勢は高く評価します。
- ●積極的にコミュニケーションを取る姿勢も高く評価しています。
- ●仕事の経験を積んでいけば，社長や他部門から感謝されることも増えると思います。いまの姿勢で，これからも仕事を続けて欲しいと思います。

補うべき弱み	自己評価	他者評価
●人前でも積極的に会話する	△	△
●経理部の中での役割を意識する	○	△
●常に周りの人への気配りをする	△	△
●メモ，ノートを取る	○	○
●仕事の関心領域を広げる	×	△
キャリアアッププラン進捗度	60%	70%

今期，すること・目標

- ●自社ビジネスモデルの理解
- ●社長や他部門との密なコミュニケーション
- ●業務時間以外で会計の学習の時間を持つ（特に管理会計）
- ●日商簿記検定1級を取得する
- ●経理実務の他社事例を調べる

自己業績評価（結果・理由）

- ●ビジネスモデルの理解，コミュニケーションについては，上記のとおり。
- ●日商簿記検定1級の勉強をしたが，今年は努力不足により，不合格だった。来期再受験したい。
- ●業務時間以外も会計の勉強を持つようにした。会計に関する文献は1年で12冊読んだ。
- ●他社事例分析は不十分だった。他社の開示資料の読解が難しかった。来期継続して実施したい。

他者業績評価

- ●日商簿記検定不合格は残念な結果でしたが，合格率の低い難関試験なので，諦めずにこれからも頑張ってください。
- ●業務時間以外にも会計の勉強をする姿勢は高く評価しています。
- ●仕事に没頭すると，周りが見えなくなることがあるようです。来期は，他のメンバー（部下やアルバイト）のフォローをしながら業務を進めるように意識してください。

「パーソナル評価 MAP」こそが，公正な軸をもって，シンプルに評価するためのテンプレートである。

人事考課が終われば，研修や面談などを通して，また翌年度の「パーソナルシナリオ MAP」「パーソナルアクションプラン MAP」「強み・弱み　6つの箱」「キャリアアッププラン MAP」をアップデートしていく。これを毎年繰り返すことにより，会社のビジョンの達成に近づき，個人のビジョンにも近づくだろう。そして，会社の Well-being を達成しつつ，個人の Well-being も達成するだろう。

ここまで，マネジメントについて述べてきた。

マネジメントとは，全体で考え，全体を動かすことである。単なる断片を寄せ集めても全体にはならない。ただし，マネジメントを適切に行えば，全体は部分の寄せ集め以上のものになる。上に立つ者として，何よりも身に付けなければならない資質である。

本章を振り返りながら，P68の【テンプレート10】の「マネジメント　マンダラチャート」に，マネジメントの8つの仕事を遂行するために，具体的にどのような行動をしなければならないのかを書き出してほしい。

財務分析と利益最大化

第4章

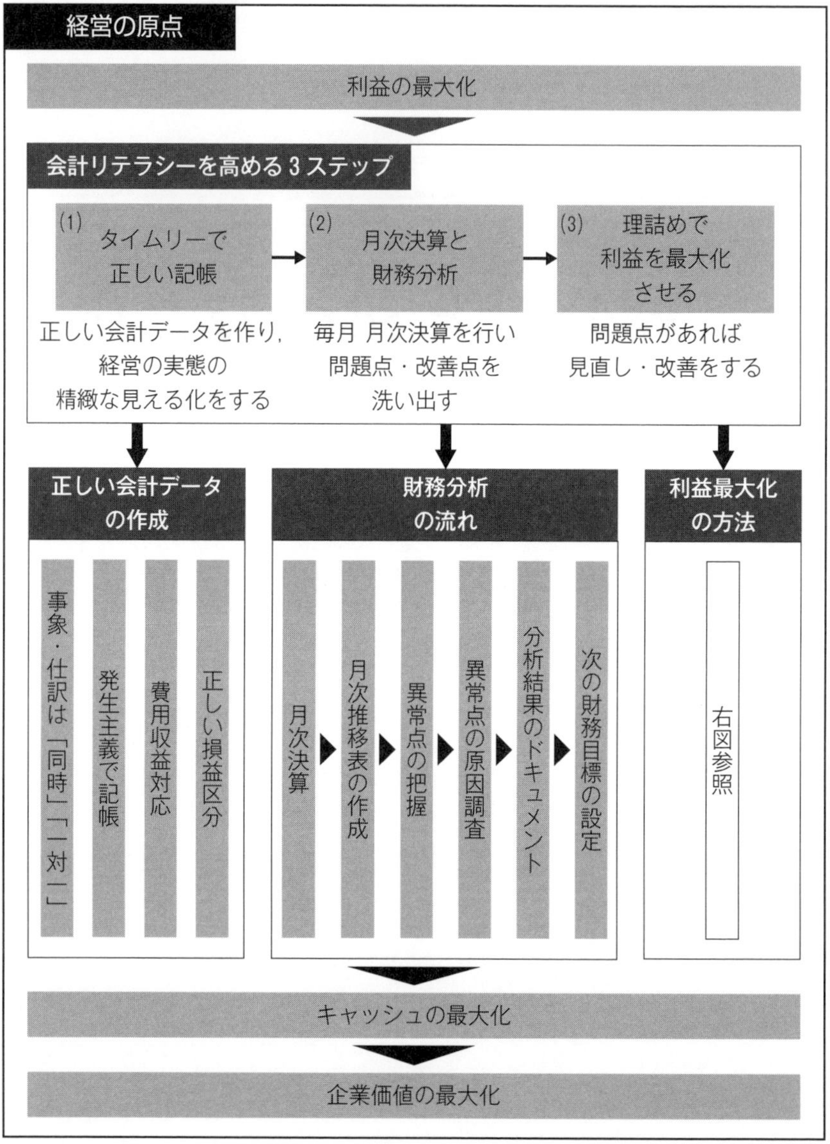
経営の原点
利益の最大化
会計リテラシーを高める3ステップ
(1) タイムリーで正しい記帳
(2) 月次決算と財務分析
(3) 理詰めで利益を最大化させる
正しい会計データを作り，経営の実態の精緻な見える化をする
毎月 月次決算を行い問題点・改善点を洗い出す
問題点があれば見直し・改善をする
正しい会計データの作成
事象・仕訳は「同時」「一対一」
発生主義で記帳
費用収益対応
正しい損益区分
財務分析の流れ
月次決算
月次推移表の作成
異常点の把握
異常点の原因調査
分析結果のドキュメント
次の財務目標の設定
利益最大化の方法
右図参照
キャッシュの最大化
企業価値の最大化

全体像

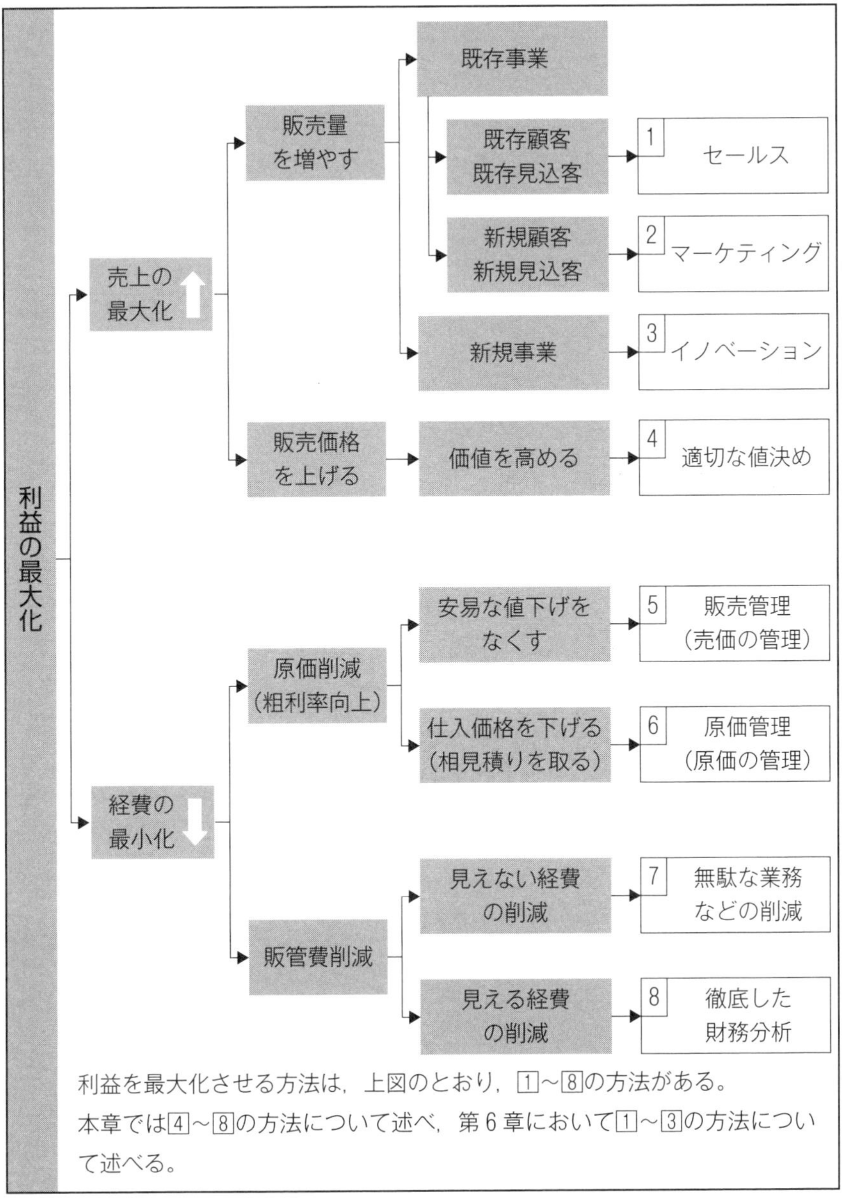

利益を最大化させる方法は，上図のとおり，1～8の方法がある。
本章では4～8の方法について述べ，第6章において1～3の方法について述べる。

1. 経営になぜ会計が必要なのか

(1) 社長に必要な会計リテラシー

> 会計がわからんで経営ができるか！
> ―稲盛和夫『稲盛和夫の実学　経営と会計』（日経ビジネス人文庫，2000年）

「はじめに」で述べたとおり，筆者は，監査法人，東証上場企業で勤務した後に独立し，独立後は，主に上場企業の決算・開示支援コンサルティングを行っていた。クライアントの大半は売上高数兆円から数百億円の大規模会社であった。

しかし，2011年に発生した東日本大震災の直後，多くの中小企業の資金繰りが逼迫しているのを目の当たりにし，「日本の会社の99％以上を占める中小企業こそ救わなければならない」と痛感し，同年，中小企業に特化した経営コンサルティング事業「黒字社長塾」を立ち上げた。クライアントの大半は，売上高数千万円から数億円の小規模・中規模会社であった。創業・起業支援も行っていたため，売上高ゼロというクライアントも少なくなかった。

主に大規模会社を見ていた私が，小規模・中規模会社を見るようになって最も驚いたのは，小規模・中規模会社の社長や経理担当者，さらには，会社全体における**「会計リテラシー」**の低さであった。

ここでいう「会計リテラシー」とは，簿記や会計の知識の有無を指しているわけではない。簿記や会計の勉強をした経験がある社長はごくごく一部であろうし，人材の限られた小規模・中規模会社の経理部門に会計のエキスパートが在籍している会社もごくごく一部であるため，簿記や会計の知識が乏しいのは当然といえば当然である。ここでいう「会計リテラシー」とは，経営者や経理担当者であれば最低限持っておくべき**数字の読解力**，さらに拡大解釈をすると，**数字を読み取ろうとする意思**を意味する。

もちろん，すべての小規模・中規模会社の社長や経理担当者の「会計リテラシー」が低いというわけではないが，一部の小規模・中規模会社においては，企業経営するにあたって「あるまじきこと」が平然と行われている実態がある。それは，以下のような会計軽視の実態である。

■小規模・中規模会社に見られる会計軽視の実態

- 財務諸表が都合のいいように操作されている（粉飾決算を行っている）
- 収益・費用のみならず，資産・負債残高が正しくない
- 裏帳簿・裏財務諸表が存在する
- 会計原則に準拠した会計処理や表示が行われていない
- 月次決算を行っていない
- 社長が会社の数字をまったく見ていない
- 決算を顧問税理士に丸投げしており，社内の誰もが決算内容を把握していない

まず，筆者が「黒字社長塾」を立ち上げてすぐに驚いたのは，金融機関から融資を受けるために財務諸表を黒字になるように「操作」する会社があまりにも多いこと，さらに，節税するために利益を圧縮するように「操作」する会社があまりにも多いことであった。売上の一部前倒し（後ろ倒し）計上を行ったり，契約前や引渡前の未実現の売上高を計上したり，原価の一部を棚卸資産に振り替えたり，その手法は単純であるが，これらはれっきとした粉飾決算であり，不正会計であり，虚偽表示である。会計監査を義務付けられている上場企業の財務諸表ではありえないことが，未上場企業では平然と行われていた。「金融機関提出用」「自社用」といった具合に，裏帳簿・裏財務諸表を作成している会社もある。裏帳簿・裏財務諸表と確定申告書との辻褄をあわせるために，金融機関提出用の裏確定申告書まで作成している会社もある。

損益計算書（P/L）の数字を操作すると，一般的にその膿は貸借対照表（B/S）に溜まる。特に，上述したような売上の一部前倒しなどの「操作」をした場合，営業債権や棚卸資産が水ぶくれし（過大計上），売上高に対する営業債権残高・棚卸資産残高（売上高回転率）が異常に大きくなる。そういう「操作」を毎年毎年繰り返すと，B/Sの資産・負債残高が実態を表さなくなる。当然，総資産

も純資産も実態を示していない。P/L も B/S もお化粧を施され，金融機関から優良企業と評価され多額の融資を受けていた会社が，実態は債務超過の瀕死状態というクライアントもあった。

また，期末での数字の操作だけでなく，日常の会計処理（仕訳）が会計原則に準拠していない会社も多い。現金主義で記帳したり，収益と費用が同一会計期間で対応していなかったりすると，P/L も B/S も実態を表さなくなる（これについては詳細を後述する）。公認会計士が見ても理解ができない P/L，B/S を，創業以来作成し続けているという会社が少なくない。当然，そのような実態を表していない財務諸表は経営の役に立つはずがないため，社内の誰も見ていない。

つまり，多くの会社が，融資と納税のために年に一度の決算をしているだけで，実態把握や業績管理のための月次決算はやっていない。経理部門は何をしているのかといえば，お金の出し入れをしたり，通帳を記帳したり，伝票を付けたり，といった事務作業に終始している。決算は顧問税理士に丸投げし，社長も経理担当者も数字に関心がない。当然，財務分析もやっていない。

言ってみれば，生まれてこの方，健康診断を受けたこともなければ，体重計に乗ったこともないのと同じである。いまの自分の体重が分からない。だから，「ちょっと太ってるかもしれない」というレベルの「感覚」で何年も生きている。だから，高脂血症であっても，尿酸値が高くても，腫瘍があっても，身体に異変が起こるまで気がつかない。気づいた時には「時既に遅し」であり，病院の先生から「なんでこれほど症状が悪化するまで放置してたんだ！」と怒られることになる。

「黒字社長塾」を訪ねてくる社長にも，「なんでこれほど症状が悪化するまで放置してたんだ！」と怒鳴りたくなった人が何人もいた。月末近くになって「今月末の支払いができなくて困っています」と訪ねて来た社長は何人もいたし，決算日近くになって「黒字にしてください」と頭を下げてくる社長も何人もいた（「黒字社長塾」は駆け込み寺ではないし，粉飾決算代行屋でもないので，そういう社長は追い返した）。普段から正しい会計処理で記帳し，毎月正しい決算を行い，毎月正しく財務分析し，正しく会社の実態を把握していれば，こんな戯言を月末や年度末に言う必要もないはずであるが，**多くの経営者が，会計を軽視し，会社の実態を正しく数字で読み取ろうとしていない**。小さい会社がいつまで小さい会社である理由は，この会計軽視の姿勢にあるといっても過言ではない。

実は，同じようなことを稲盛和夫氏も自身の書籍で述べている。

筆者は，公認会計士という職業柄，会計に関する書籍をこれまで数百冊は読んできた。その中で，最も有益であり，最も繰り返し読み返している書籍が，稲盛和夫氏が20年以上前に上梓した『稲盛和夫の実学　経営と会計』（日経ビジネス人文庫，初版1998年，文庫化2000年）である。技術者だった稲盛氏が27歳の時に京セラを創業し，ゼロから経営を学んでいく過程で，**会計は「現代経営の中枢」をなすもの**だと考えるようになり，自ら会計を学び，自ら「会計の原則」を確立していく。本書は，その実践から編み出された７つの「会計の原則」を『実践的基本原則』[1]として紹介したものである。ここで紹介されている『実践的基本原則』は，経営をするにあたり絶対に遵守すべき永遠不変の原理原則であるが，これらを実践できている小規模・中規模会社はほとんどない。７つの原則のうち，１つも実践できていないという会社も多いだろう。稲盛氏は，多くの経営者が原理原則を守っていない理由として，以下の３つを挙げている（『稲盛和夫の実学　経営と会計』の「まえがき」より。太字は筆者が付した）。

> 日本では，それほど重要な会計というものが，経営者や経営幹部の方々から軽視されている。会計と言えば，事業をしていく過程で発生したお金やモノにまつわる伝票処理を行い，集計をする，**後追いの仕事**でしかないと考えているのである。

1　『実践的基本原則』とは，以下の７つをいう。１つひとつの説明は省略するが，『稲盛和夫の実学　経営と会計』（第一部）を参照して頂きたい。『稲盛和夫 OFFICIAL SITE』（https://www.kyocera.co.jp/inamori/）にも解説が掲載されている。
１．キャッシュベース経営の原則／２．一対一対応の原則／３．筋肉質経営の原則／４．完璧主義の原則／５．ダブルチェックの原則／６．採算向上の原則／７．ガラス張り経営の原則

中小，零細企業の経営者の中には，税理士や会計士に毎日の伝票を渡せば，必要な財務諸表はつくってもらえるのだから会計は知らなくてもいい，と思っている者もいる。経営者にとって必要なのは，結果として「いくら利益が出たか」，「いくら税金を払わなければならないのか」ということであり，会計の処理方法は**専門家がわかっていればいい**と思っているのである。

会計の数字は自分の都合のいいように**操作できる**，と考えている経営者さえいる。

つまり，多くの経営者が，会計を「後追いの仕事」であり，「専門家のもの」であり，「操作可能なもの」であると考えているため，本来「現代経営の中枢」をなすべき会計を骨抜きにしてしまっている。本来，経営者は，会計を**「リアルタイムの仕事」**であり，**「経営者のもの」**であり，**「(操作不能な) 実態と数値が完全に一致したもの」**にしていかなければならない。

稲盛氏は，「会計データは経営のコクピットにあたる計器盤にあらわれる数字に相当する」[2]ものであり，「会計というものは，経営の結果をあとから追いかけるためだけのものであってはならない」[3]と述べている。会計データは，**現在の経営状態をリアルタイムで伝えるもの**でなければならず，そのためには，事象（取引）が発生したら，同時に（タイムリーに）仕訳を入力しなければならない。多くの会社でこれらが守られていないため，社内の誰もが経営状態をリアルタイムで把握できない。

また，会計は，融資（金融機関）と納税（税務署）のためのものではなく，**「経営者のもの」**である。納税申告用に作成したB/S，P/Lの雛形が分かりづらいのであれば，経営者が分かりやすいように業績管理用（社内用）のB/S，P/Lを作成すればよい。稲盛氏も「必要な会計資料を経営に役立つようなものにしなければならない」[4]と述べているが，そのためには社長自身が会計をよく理

2　稲盛和夫著『稲盛和夫の実学　経営と会計』（日経ビジネス人文庫，2000年）P40

3　前掲書 P41

4　前掲書 P42

解し，社長自身が経理部からどのような情報をリアルタイムでほしいのかを明確にし，社長自身が経理部に対して経営に必要な会計データの作成を指示・指導しなければならない。稲盛氏は「経営者が会計を十分理解し，日頃から経理を指導するくらい努力して初めて，経営者は真の経営を行うことができる」[5]とも述べている。大会社も含め，ほとんどの会社で社長と経理部の対話がなさすぎる。これも，会計軽視の証左である。

そして，会計は，いかなる操作も加えず，**「実態と数値が完全に一致したもの」**でなければならない。そのためには，事象（取引）が発生したら，会計原則に準拠した正しい仕訳を入力しなければならない。

このように，B/S，P/Lをコクピットの「計器盤」のようにタイムリーに正しい情報を伝えるものに変えていくことにより，会計が経営に活きるものに変わる。事象（取引）が発生したら，会計原則に準拠した正しい仕訳をタイムリーに入力し，「正しい会計データ」を作っていくことが，経理部門の日常業務である（詳細は２.⑴で詳述する）。

そして，月に一度は健康診断（月次決算）を受ける。月次決算書を分析し，経営成績を把握する。あるべき数字（計画値など）と決算書の数字（実態）との差が問題点であり課題であることが多い。問題・課題を抽出したら，どのように見直し・改善をしていくべきかを考え抜く。これが経理部門の決算業務である（詳細は２.⑵⑶で詳述する）。

毎月毎月，月次決算，財務分析，見直し・改善を繰り返していくことにより生活習慣を改めることができる。この日々の積み重ね以外に，会社が強くなることはない。

人間の身体はある日突然健康になることがなければ，ある日突然病気になることもない。健康も病気も長い年月の積み重ねの結果であり，生活習慣の結果である。会社も同様に，ある日突然成長することもなければ，ある日突然破綻することもない。リアルタイムに数字と対話をしていれば，健康状態も問題点

5　前掲書 P43

も課題もリスクも教えてくれる。

決算書の数字から会社の健康状態を読み取る力，これが**「会計リテラシー」**である。世の優良企業といわる会社の社長は，すべからく「会計リテラシー」の持ち主である。これを避けて社長は務まらない。「会計がわからんで経営ができるか！」である。

(2) 社長が押さえておくべき「経営の原点」

> 「売上を最大に，経費を最小に」ということが経営の原点である。
> ―稲盛和夫『稲盛和夫の実学　経営と会計』（日経ビジネス人文庫，2000年）

「会計リテラシー」と共に，知っておくべきことは**「経営の原点」**である。「経営の原点」とは，稲盛和夫氏が述べているとおり，「売上を最大に，経費を最小に」することである[6]。つまり，経営の原点とは，**利益を最大化すること**である。

会社には，それぞれのビジョン・ミッションがあり，社会的価値を創出しながら，様々なステークホルダーに価値を提供している。それが利潤を追求するものでなくても，会社である限り会社を維持・存続させなければならない。もし会社を破綻させるようなことがあれば，投資家・金融機関・取引先・地域社会・社員・社員の家族など，あらゆるステークホルダーに多大な影響を与えることになる。**社長の最大の責務は，会社を維持・存続させること**であり，そのためには**利益を最大化**させ，**キャッシュを最大化**させなければならない（手元にキャッシュがある限り，会社が破綻することはない)。キャッシュを最大化させることが，**企業価値の最大化**につながる。

とはいえ，倫理に反する方法で売上・利益を獲得したり，投資家への還元や金融機関や仕入先への返済を止めたりしてまでキャッシュを増やせといっているわけではない。

社長は，**「会計リテラシー」**をもって決算書の数字から会社の健康状態を読

6　前掲書 P35

【図表４－１】社長に必要な「会計リテラシー」と，社長が抑えておくべき「経営の原点」

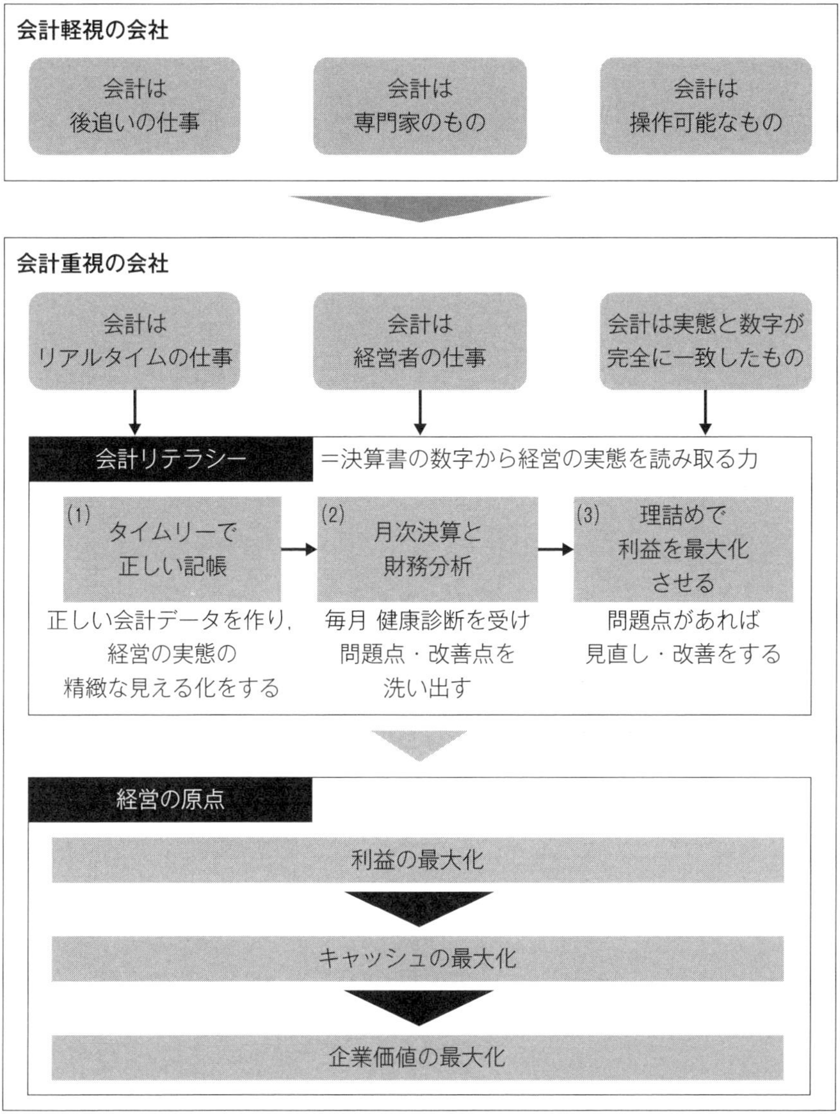

み取った上で，**「経営の原点」**に戻って，「売上を最大に，経費を最小に」する方法を理詰めで考え抜かなければならないということである。**売上を1％上げるためにはどうすればいいか，経費を1％削減するためにはどうすればいいか，知恵を絞る**のである。毎月毎月の見直し・改善の繰り返しが，数ヶ月，数年単位で利益率を大幅に押し上げることになる可能性がある。売上高10億円の会社が利益率を3％上げたら，税引前利益は3,000万円上昇する。売上高1億円の会社なら，300万円上昇する。とんでもない利益を叩き出すことができるのである。しかし，会計を軽視している会社の多くが，売上高の3％以上の経費を「浪費」している。社長が「経営の原点」を忘れてしまったら，あっという間に3％相当の利益が吹っ飛ぶのである。

ほんの少しの「会計リテラシー」を持ち，毎月数字と対話する習慣を持てば，必ず利益は上がる。社長は常に，この**「経営の原点」**（売上の最大化，経費の最小化）に立ち返ってほしい。

2．から会計に詳しくない社長のために，「会計リテラシー」を高める方法と，利益を最大化する方法について述べる。簿記の初級レベルの話から説明しているため，既に会計に詳しい方は次章に読み飛ばして頂いて構わないが，これまで会計を軽視してきた社長は熟読してほしい。

2．経営の実態をリアルタイムで正しく把握し，利益を最大化させるための会計実務

上述のとおり，会計データは，現在の経営状態をリアルタイムで伝えるものでなければならず，実態と数値が完全に一致したものでなければならない。**実態と数字が完全に一致した月次決算の財務分析を通して**「売上を最大に，経費を最小に」する方法を理詰めで考え抜いていかなければならない。これが「経営の原点」である。

本節では，次の順序で，その実践方法を述べていく。

会計リテラシーを高める３ステップ

(1) タイムリーで正しい記帳	→	(2) 月次決算と財務分析	→	(3) 理詰めで利益を最大化させる
正しい会計データを作り，経営の実態の精緻な見える化をする		毎月 月次決算を行い問題点・改善点を洗い出す		問題点があれば見直し・改善をする

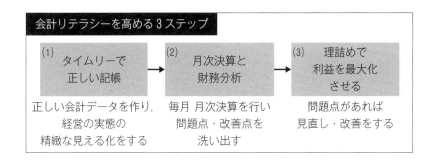

(1) タイムリーで正しい記帳

前節において，一部の小規模・中規模会社において平然と行われている，あるまじき会計軽視の実態を紹介した。故意に財務諸表の数値を都合のいいように操作する（粉飾決算をする）のみならず，会計や簿記の最低限の知識を知らないために誤った会計処理や表示を行っているケースも多い。「致命的」ともいえるような誤りを【図表４－２】に４つ列挙している。

ここに列挙したような会計原則に準拠していない会計処理や表示などが行われていると，経営の実態を正しく把握することが不可能となる。当然，正しい財務分析も不可能となる。「経営の原点」に立ち返り，利益を最大化させるには，会計原則に準拠した**「正しい会計データ」**を作ることが大前提となる。

以下，【図表４－２】に示した順番で「正しい会計データ」を作る方法を説明していく。

【図表４－２】経営の実態を把握できない致命的な４つの経理ミス

	経営の実態を把握できない致命的な会計データ	正しい会計データ
記帳方法	① 事象と仕訳にタイムラグがある さらに，「１対１」でない	事象と仕訳は「同時」であり，「１対１」である
処理方法（記録方法）	② 仕訳を現金主義で記帳している	仕訳を発生主義で記帳している
処理方法（記録方法）	③ 費用と収益が対応していない	費用と収益を対応させている
表示方法	④ 損益区分を間違えている	損益区分を正しく表示している

【正しい会計データを作る法則①】事象と仕訳は「同時」「1対1」でなければならない

会計とは，ざっくりいえば，企業で行われる様々な活動を，(簿記という変換ツールを使って)「仕訳」を通して数値に変換することをいう。その仕訳の積み上げが試算表となり，財務諸表となって，企業の真の姿を示す健康診断書の役割を果たす。財務諸表に企業の真の姿を示すためには，企業で行われる様々な活動を，もれなく，タイムリーに数値に変換しなければならない。

企業活動の多くは，購買部門，製造部門，販売部門といった事業部門（ここでは「フロントオフィス」という）で行われる。各事業部門で「事象」(取引)が発生したら，主に経理部門（ここでは「バックオフィス」という）において，それを数値に変換して記録，管理するための「仕訳」が入力される。「事業」の発生と「仕訳」の入力はセットであり，**「同時」**に行わなければならない。

そして，仕訳は，「1つの事象」に対して，「1つの仕訳」を入力するという**「1対1」**の対応がなされなければならない。

この「同時」と「1対1」が，正しい会計データを作る大前提となる。

しかし，多くの会社で，この「同時」と「1対1」が共に守られていないため，正しい会計データを社内の誰もが知ることができないのである。

まず，「同時」について説明する。

基本的に，事象が発生すると，契約書，発注書（控），納品書（控）といった書面が交わされたり，POS，レジ，受注管理などの各種システムなどに情報が入力されたりする。これらの情報がバックオフィスにタイムリーに伝達され，バックオフィスでタイムリーに仕訳の入力をすれば，事象と仕訳が「同時」に発生することになり，企業の事業活動の結果が，瞬時に会計システム上で数値に変換され，試算表に企業の真の姿が表示される。

しかし，現実には，「事象」と「仕訳」が「同時」に行われていない企業が多い。その理由の1つに，フロントオフィスで「事象」が発生しても，バックオフィス側での「仕訳」の入力が後手に回っているケースがある。これは，(i)フロントオフィスで情報が止まっている，(ii)バックオフィスが情報をタイムリーに受け入れない，取りにいかない（事後的に入手している），(iii)バックオフィスが受け入れた情報を放置する，といったことが（上場企業でも）平然と

【図表４－３】仕訳入力は「同時」「１対１」「エビデンスベース」

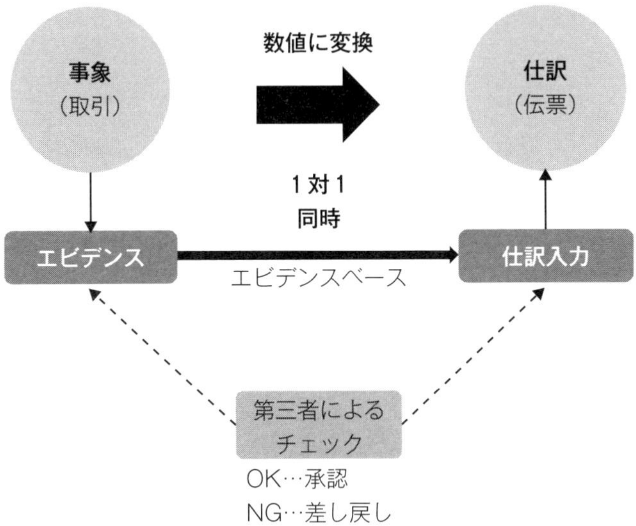

なされていることから生じる。

２つ目は，フロントオフィスで「事象」が発生していないのに，先に「仕訳」が入力されているケースがある。例えば，納品されていない，出荷していない，入金されていない，振り込みしていないのに，それらを見越して先に仕訳が入力されていることがある。給与振込のように将来の一定の期日に確実に取引（事象）が発生し，その金額もあらかじめ確定し，そのエビデンスも存在するのであれば，作業を前倒しする目的で先日付により仕訳を入力することも容認できる。しかし，取引（事象）が発生するかどうかの確実性もなければ，その金額も確定しておらず，エビデンスも存在しないものを，先に仕訳を入力するようなことは絶対にしてはならない。「事象」が発生していないのに「仕訳」を入力することは数値の操作である。企業は，「事象」が発生していないのに「仕訳」を入力することが起こらないような内部統制を構築しなければならない。

次に，「１対１」について説明する。

ここでいう「１対１」というのは，複数の取引（事象）をグロスで計上したり，ネット（相殺）して計上したりすることにより，事象と仕訳の関係性を見えなくしてはならない，ということである。仕訳は取引の記録でもあるから，仕訳を見ただけでどのような事象が発生したのかが分かるようにしておかなければならない。

例えば，売掛金を回収したら，「何月何日に，誰に，どの商品を，いくらで販売した売掛金に対する回収が行われた」ということを債権回収担当者が理解し，それを仕訳に反映させ，売掛金の消し込みを行わなければならない。ここで，「どの商品に対する売掛金か分からないが，入金があったので（グロスで）回収されたことにしておこう」というようなラフな仕訳を入力してしまうと，事象と仕訳の関係性は崩れるし，売掛金の計上額の正確性すら怪しくなる。しかし，このようなラフな仕訳を入力している会社が多い。

なお，ここでいう「1対1」とは，1枚の伝票に複数の取引（事象）を入力してはならない，というわけではない。例えば，ある営業担当者が1ヶ月に50回電車に乗ったことによる経費精算において，50行の仕訳を入力（もしくは，50枚の伝票を起票）しなければならないというわけではない。実際にそういう起票をしている会社があるが，伝票数，工数，手続きが無駄に増えるだけである。そのようなものは1枚の伝票に入力すればよい。大切なことは，「1つの事象」に対して「1つの仕訳」を入力することであり，複数の事象を1枚の伝票に入力することを否定するものではない。

事象と仕訳を「同時」「1対1」にするためには，「エビデンスベース」での仕訳入力を徹底しなければならない。事象が発生すると，上述のとおり，契約書，発注書（控），納品書（控）といった書面が交わされたり，POS，レジ，受注管理などの各種システム等に情報が入力されたりする。これらの書面や情報などが仕訳入力の際のエビデンスとなる。これらのエビデンスが，フロントオフィスからバックオフィスにタイムリーに流れる「経路」（業務フロー）をあらかじめ作っておき，このエビデンスを元に仕訳を入力するというルールを構築しておけば，事象と仕訳は「同時」かつ「1対1」になる。

さらに，エビデンスが存在しないのに仕訳を入力することができないようなルール（内部統制）も構築していくべきである。起票者以外の第三者（上席者）が，仕訳とエビデンスが合致することをチェックし，エビデンスが存在しないもの，もしくは，エビデンスと整合性が確認できないものについては起票者に差し戻さなければならない。

ただし，商慣習的，常識的にエビデンスがない（口頭の約束で取引をした場合など），もしくはエビデンスはあるが金額などが整合しない（規程の上限を超える経費を使用したが，規程の定めの通りに経費精算をした場合など）ということもある。こういったものまで起票者に差し戻すのはナンセンスである。イレギュラーが生じた時の対応についての手順書や業務マニュアルのようなものは整備しておくべきである。

上場企業においては，監査法人による内部統制の監査を受けることが義務付けられているため，業務フローも内部統制も整備・構築されている。しかし，大半の小規模・中規模会社には，業務フローも内部統制も存在しない。仕訳の第三者によるチェックすらしていない。小規模・中規模会社の財務諸表の数字が操作され経営の実態を表していないのも，小規模・中規模会社に不正・不祥事が多いのも，業務フローや内部統制の不備・不存在が原因の１つである。

「経営の原点」に立ち返った「正しい経営」を行うには，モノ・サービス・お金の動き（事象）と会計データ（仕訳）は完全に一致させ，いかなる操作も不正も入り込む余地がないような仕組み（内部統制）を構築しなければならない。簿記を学ぶよりも何倍も大切なことである。

なお，『稲盛和夫の実学　経営と会計』の中で紹介されている７つの「会計の原則」（『実践的基本原則』）の第２の原則に『一対一対応の原則』というものがある。その内容は，ここで述べたものとほぼ同様であるが，稲盛氏はこの原則を「私の会計学を貫く基本原則である」と，非常に重視されている[7]。なぜ重視されているのかというと，「数字は操作できるもの」と考えるようになってしまうと，数字や決算の信頼性を失うだけでなく，組織のモラルを低下させ，社員は誰もまじめに働かなくなるからだという。確かに，期末に売上を少し水増ししようと一度でも数字を操作してしまうと，社員の感覚は麻痺してしまい，

7　前掲書 P65

「また操作すればいい」と考えてしまうだろう。

「人の心をベースとして経営する」という経営哲学を持つ稲盛氏は，人に間違いを起こさせてはならないという信念を持っており，社員に罪をつくらせない仕組みを作っていった[8]。内部統制の構築により不正・誤謬を未然に防ぎ「正しい会計データ」を作るという性悪説的な考えではなく，社員に罪をつくらせないために仕組みを作っていくという考えは，これまで長年内部統制監査に従事してきた筆者にとっては衝撃的であったが，多くの社長が参考にすべきであろう[9]。

【正しい会計データを作る法則②】仕訳は発生主義で記帳しなければならない

仕訳を入力する際に，「発生主義」で記帳することが求められている（発生主義の原則[10]）。しかし，小規模・中規模会社の多くが，これに反して「現金主義」で記帳している。

「発生主義」とは事象（取引）が発生した日に記帳することをいい，「現金主義」とは現金預金が動いた日に記帳することをいう。なぜ，小規模・中規模会社の多くが，原則に反して「現金主義」で記帳をするのか。それは，記帳が「楽だから」である。

事例をもとに説明する。

3月31日に社長が取引先への接待を行い，食事代（5万円）をクレジットカードで支払ったとしよう。クレジットカードの引落日は翌月末の4月30日だとする。この場合，「発生主義」にもとづく仕訳と，「現金主義」にもとづく仕訳は，以下のようになる。

8　前掲書 P103～106

9　「日経ビジネス」「日経トップリーダー」に過去50年間掲載された稲盛和夫氏へのインタビューを1冊にまとめた『稲盛和夫，かく語りき』（日経BP，2021年）の中で，稲盛氏は，経営者に必要なものは，理念・哲学・思想や圧倒的な闘争心であり，社内での理念の共有なくしてルールも規則も内部統制も機能しない，と発言されている（P138）。

10　「すべての費用及び収益は，その支出及び収入に基づいて計上し，その発生した期間に正しく割当てられるように処理しなければならない。」（企業会計原則より）

（単位：円）

	発生主義にもとづく仕訳（事象の発生日に記帳）	現金主義にもとづく仕訳（現金預金が動いた日に記帳）
3月31日	接待交際費　50,000／未　払　金　50,000	仕訳なし
4月30日	未　払　金　50,000／普通預金　50,000	接待交際費　50,000／普通預金　50,000

さて，この会社が3月31日決算だとすると，両者でP/Lの費用計上額が異なることになる。「現金主義」で記帳すると，3月31日に接待交際を行ったという事象が発生しているにも関わらず，その事実がP/Lに計上されず，翌期の費用となってしまう。こんなことがすべての仕訳で行われていたらどうなるだろうか。年次決算も月次決算も，経営の実態を正しく反映したものにはならず，収益も費用も，利益も利益率も，資産も負債も，すべてがめちゃくちゃな数字になってしまう。経営に何の役にも立たないB/SとP/Lができあがる。

にもかかわらず，小規模・中規模会社の多くが「現金主義」で記帳するのは，正しい会計データを作ることよりも，手を抜いて楽することを優先しているからである。上の例でいえば，「現金主義」で記帳している会社は，社長が，いつ，誰と，どこで接待交際をしているかなど，取引の事実（事象）を知る必要もない。クレジットカードの引落日に，クレジットカードの明細書を見ながら仕訳を入力するだけでよい。未払金の計上も消し込みも必要ない。事業内容も取引実態も何も知らなくても記帳ができ，手間も省ける。

「現金主義」にもとづく仕訳を行うと，月末が土日祝日のときに，さらにめちゃくちゃな数字ができあがる。

多くの会社が，家賃，リース料，社会保険料，支払利息などの費用を月末最終日に自動引落されているのではないだろうか。その月末最終日が土日祝日だと，引落日が翌月初になることが多い。そうなると，ある月の経費はゼロで計上され，ある月の経費は2ヶ月分が計上されるということが起こる。こんなP/Lを作って，何の意味があるのだろうか。

経営の実態を正しく把握したいのであれば，「現金主義」にもとづく記帳を

やめ，「発生主義」にもとづく記帳をしなければならない。記帳を外部業者に委託している場合においても，「現金主義」にもとづく記帳をしていることが多いため注意が必要である。

「発生主義」にもとづく記帳をするためには，上述のとおり，エビデンスがフロントオフィスからバックオフィスにタイムリーに流れる「経路」（業務フロー）をあらかじめ作っておき，このエビデンスを元に仕訳を入力するというルールを構築しておかなければならない。

【正しい会計データを作る法則③】費用と収益は対応させなければならない

P/Lには，一会計期間の収益と費用が表示される。差額がその期間の利益となる。しかし，そこで表示される利益が「正しい利益」であるためには，当期に実現した収益と，その収益を獲得するために要した費用が同一会計期間（同じ年，同じ月）で対応表示していなければならない。これを，「費用収益対応の原則」という[11]。この原則は，我が国の会計原則の中で最も重要なものであると思われるが，この原則も小規模・中規模会社の多くが守られていない。これも，理由は，記帳が「楽だから」である。

こちらも事例をもとに説明する。

3月31日にある商品を現金で1万円で仕入れたとしよう。この商品が4月30日に現金で2万円で売れたとする（この商品を仕入れて販売したことにより，1万円の利益を獲得したことになる）。

この時の正しい仕訳（費用と収益を対応させた仕訳）と，小規模・中規模会社でよく見受けられる正しくない仕訳（費用と収益が対応していない仕訳）は，次のようになる。

11 「費用及び収益は，その発生源泉に従つて明瞭に分類し，各収益項目とそれに関連する費用項目とを損益計算書に対応表示しなければならない。」（企業会計原則より）

（単位：円）

	正しい仕訳 （費用と収益を対応させた仕訳）	正しくない仕訳 （費用と収益が対応しない仕訳）
3月31日	棚卸資産　10,000／現　　金　10,000	仕入（売上原価）10,000／現　　金　10,000
4月30日	現　　金　20,000／売上高　20,000 売上原価　10,000／棚卸資産　10,000	現　　金　20,000／売上高　20,000

さて，この会社が3月31日決算だとすると，両者でP/Lの収益・費用計上額，さらには利益の計上額までもが異なることになる。正しい仕訳（費用と収益を対応させた仕訳）を行えば，商品が販売された期に，P/L上に売上高2万円，売上原価1万円，差額として利益が1万円が表示される。商品を仕入れた期は，単に商品を仕入れただけで在庫として残っている状態であるから，B/Sに棚卸資産として資産計上される。

しかしながら，多くの小規模・中規模会社は，商品を仕入れた期に，売上原価1万円を計上する（損失1万円となる）。そして，商品を販売した期に売上高2万円を計上する（利益2万円となる）。こんなめちゃくちゃなP/Lは何の役にも立たないことは言うまでもない。

少し話がそれるが，なぜ「減価償却」という概念があるのかといえば，これも「費用収益対応の原則」に準拠しているからである。300万円の機械装置を購入したとする。これを購入時の費用として仕訳を入力すると，一時的に多額の費用が計上され，期間損益を歪めることになる。機械装置などの償却資産は，耐用年数の期間にわたって収益の獲得に貢献している（と仮定している）ため，その耐用年数期間にわたって減価償却費を計上するのである。そうすることにより，耐用年数期間にわたって収益と費用が対応し，適正な期間損益計算を可能ならしめる。「引当金」も適正な期間損益計算を行うための会計上の概念である。

経営の実態を正しく把握したいのであれば，「費用収益対応の原則」にもとづく記帳をしなければならない。記帳を外部業者に委託している場合においても，これが守られていないことが多いため注意が必要である。

【正しい会計データを作る法則④】損益区分を正しく表示させなければならない

ここまで，記帳方法や処理方法（記録方法）の「致命的」ともいえるような誤りを説明してきたが，最後に表示方法（財務諸表の表示）における「致命的」といえる誤りを説明する。表示方法についても，小規模・中規模会社の多くが原則に反している。

B/Sは，一時点（期末時点）の資産・負債の状態（財政状態）が表示されている。その内訳が無秩序に列挙されていると分かりづらいため，基本的に流動性が高い項目から順に表示している（これを「流動性配列法」という)。そして，営業サイクル（仕入→製造→在庫→販売→回収）の中で発生するものや1年以内に現金化・支払いがなされる予定のものは流動資産・流動負債に表示し，それ以外のものは固定資産・固定負債に計上する。

P/Lは，一会計期間の収益・費用の状態（経営成績）が表示されている。この内訳も無秩序に列挙されていると分かりづらいため，営業活動に関わるもの，営業外活動に関わるもの，臨時的・非経常的に発生したもの，といった具合に区分して表示している。この区分ごとに利益を表示しているため，P/Lには5種類の利益が表示されている（これを「段階損益」という)。

ここまでの説明を図解したものが【図表4－4】でありP/Lの損益区分を説明したものが【図表4－5】である。これが，財務諸表の表示に関する原則である。

財務諸表を見慣れていない会計初心者の社長にとっては，B/SもP/Lも「複雑すぎる」という印象をもたれるかもしれないが，これらの表示の原則がなく様々な勘定科目が無秩序に表示されると，財務諸表はもっとカオスになる。

財務諸表は，一定の区分表示をしているから，利用者は全体像を把握することができるし，財務分析を行うことができる。記帳方法や処理方法（記録方法）を原則どおりに行っても，表示の原則を無視すると，現状把握もできなければ，財務分析もできない。

しかし，小規模・中規模会社の多くが表示の原則に反した表示を行っている。例えば，以下のような表示をしている会社が多い。

【図表4-4】B/SとP/Lの表示

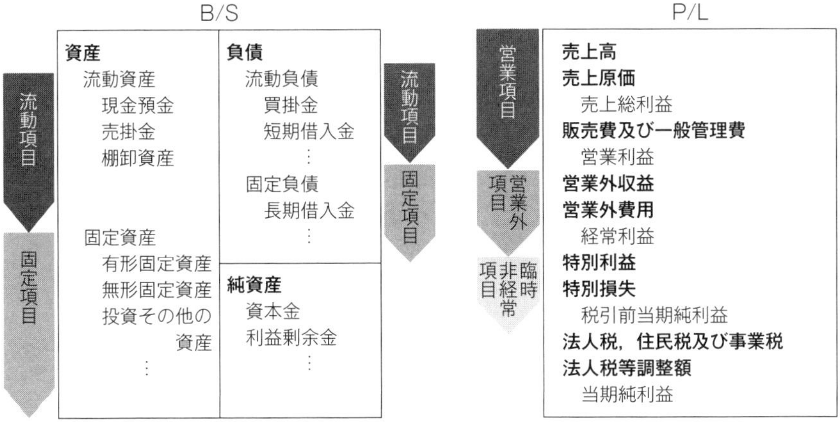

【図表4-5】P/Lの損益区分

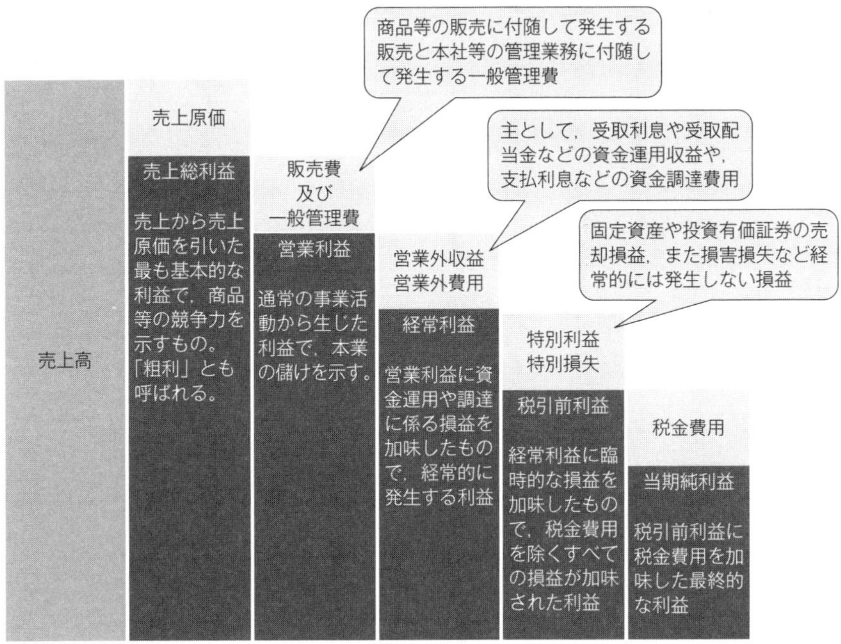

- B/S の固定資産（負債）に表示すべきものを，流動資産（負債）に表示している。
- P/L の売上原価に表示すべきものを，販売費及び一般管理費に表示している。
- P/L の販売費及び一般管理費に表示すべきものを，売上原価に表示している。

この中でも特に問題なのは，P/L の表示を誤っていることである。

例えば，売上原価に入れるべきではない役職員の人件費や，本社・支店などの家賃・水道光熱費などを（販売費及び一般管理費ではなく）売上原価に表示している会社がある。逆に，販売費及び一般管理費に入れるべきではない製造に直接的・間接的に要した人件費や外注加工費を（売上原価ではなく）販売費及び一般管理費に表示している会社もある。

こういうことが行われると，「段階損益」が著しく狂うことになる。売上原価に入れるべきではない費用を売上原価に表示すると，売上原価が過大計上されることから，売上総利益（粗利）は過少計上される。すると，売上総利益率（粗利率）も過少計上される。粗利率30％の製品を販売しているにもかかわらず，P/L 上の粗利率は10％しかないという結果を招くことになる。この20ポイントの差異が，(i)「損益区分」を間違えたことが原因なのか，(ii)販売価格が低かったことが原因なのか，(iii)売上原価が高かったことが原因なのか，といったことが全く分からない。そもそも，儲かっているのかどうかも分からない。

上述のとおり，社長や経理担当者は，売上を１％上げるためにはどうすればいいか，経費を１％削減するためにはどうすればいいか，知恵を絞り，利益を最大化させなければならない。しかし，表示の原則に反する表示をすると，利益率が何％も何十％も狂って表示され，もはや財務分析は不能となる。

経営の実態を正しく把握したいのであれば，財務諸表の表示区分の原則にもとづいて表示をしなければならない。財務諸表作成を外部業者に委託している

【図表４－６】経営の実態を把握するための「正しい会計データ」とは（再掲）

	経営の実態を把握できない致命的な会計データ	正しい会計データ
記帳方法	① 事象と仕訳にタイムラグがある さらに，「１対１」でない	事象と仕訳は「同時」であり，「１対１」である
処理方法（記録方法）	② 仕訳を現金主義で記帳している	仕訳を発生主義で記帳している
	③ 費用と収益が対応していない	費用と収益を対応させている
表示方法	④ 損益区分を間違えている	損益区分を正しく表示している

場合においても，これが守られていないことが多いため注意が必要である。

さて，ここまで，記帳方法，処理方法（記録方法），表示方法の「致命的」ともいえるような４つの誤りを紹介してきた。１つでも該当するものがあれば，早急に改善すべきである。

「正しい会計データ」を作り，経営の実態の精緻な見える化をしなければ，（後述する）財務分析を行うこともできない。財務分析を行うことができなければ，問題点・改善点を把握することもできないし，利益を最大化させることもできない。

「経営の原点」（売上の最大化，経費の最小化）に立ち返るための大前提として，「正しい会計データ」を作らなければならない（【図表４－６】参照）。

⑵ 月次決算と財務分析

再度，会計リテラシーを高める３つのステップを確認しておく。

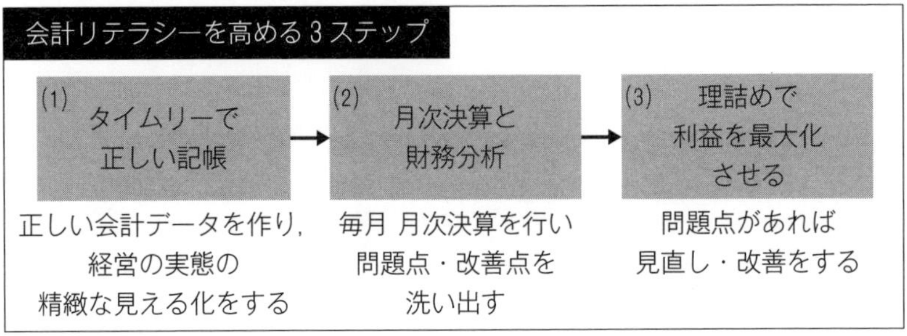

会計リテラシーを高める３ステップ
⑴ タイムリーで正しい記帳
正しい会計データを作り，経営の実態の精緻な見える化をする
⑵ 月次決算と財務分析
毎月 月次決算を行い問題点・改善点を洗い出す
⑶ 理詰めで利益を最大化させる
問題点があれば見直し・改善をする

会社を成長させるのは，売上を上げることだけではない。売上を増やせば会社は自然と成長するという売上至上主義の考え方は捨てたほうがいい。会社を成長させるのは，数字であり，データである。野村克也監督が提唱した「ID野球」の如く，数字・データを重視・駆使することにより会社を成長させることができる。

利益やキャッシュも，数字・データを重視・駆使することにより最大化させることができる。

ここからは，「タイムリーで正しい記帳」ができている前提で，（次のステップである）会社を成長させるための数字・データを使いこなす方法（財務分析の手法）について説明していく。

① 財務分析とは，「今月の数字」と「過去の数字」の比較

財務分析というと，難解でテクニカルな計算をすることだと思われている方がいるかもしれないが，そうではない。簡単にいえば，財務上の「あるデータ」と「あるデータ」を比較することである。

「あるデータ」とは，ほとんどの場合，「今期の数字」と「過去の数字」である。具体的にいえば，**「今月の財務諸表上の数字」と「過去の財務諸表上の数字」**である。両者を比較分析し，その変動の原因を明らかにし，言語化することが財務分析である。

なお，「過去の数字」との比較分析だけでなく，「予算・計画の数字」との比較分析も経営上欠かすことができない。他社の数字や業界の数字が入手可能であれば，それらのデータとの比較分析も有益である。さらには「社長のカン（勘・直感）」との比較分析も有益である。会社の数字を最もよく把握しているのは，社長の脳であり心であり体であったりする。「今月の財務諸表上の数字」が正しいのか誤っているのか，正常なのか異常なのかは，今月の売上はどれくらいで，利益率は何％くらいなのかは，社長の「カンピューター」が一番よく分かっているということもある。その「社長のカン（勘・直感）」との比較分析も忘れてはならない。

財務分析の書籍などを見ると，流動比率，自己資本比率，ROA，ROE，ROIC といった「指標」が多く紹介されており，そのような指標の算出方法・計算式が多く載っている。そのため，財務分析とは，「指標」を算出することだと思っている人がいる。しかし，社長や経理担当者にとって必要な財務分析は「指標」の算出ではない。

その「指標」が KPI（Key Performance Indicator，経営上の重要な業績評

【図表４－７】財務分析とは

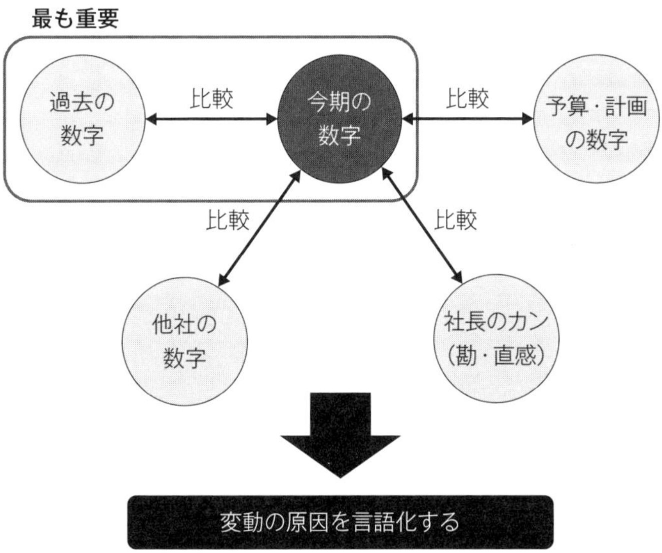

価指標）であるならば毎月算出し，過年度の指標と比較分析すべきであるが，KPIでもない指標を算出する必要はないし，覚える必要もない。顧問税理士が自社の月次決算の数値を用いてそれらの「指標」を算出したレポートを作成しているケースが多いが，それもKPIでないならば見ても仕方ない。流動比率が何％なのかといったことは，経営上，大して重要なことではない。

社長や経理担当者にとって最も重要であり，欠かすことができないことは，**「今月の財務諸表上の数字」と「過去の財務諸表上の数字」との比較分析**である（これを「趨勢分析」という）。月次決算の趨勢分析なくして，利益を継続的に最大化させることは絶対にできないと断言する。

② 財務分析の実践

では，実際に財務分析をやってみよう。財務分析は，以下の手順で行う。

(a) 月次推移表の作成

財務分析は，**「今月の財務諸表上の数字」と「過去の財務諸表上の数字」との月次趨勢分析**からスタートする。そのため，財務分析をするためのシートとして，毎月の月次決算を横軸に並べた**「月次推移表」**を準備しなければならない。最低12ヶ月の月次決算を横に並べた「月次推移表」を準備してほしい。

財務分析を行う際に，上場企業であっても，当月と前月，当月と前年同月，当期と前期といった２期比較しかしていない会社が多い。しかし，２期比較分析だと「異常値に対する正常値」「正常値に対する異常値」が分かりづらいため，異常点の検出が難しく，財務分析の精度は下がる。

長期のトレンドを追えるような「月次推移表」があれば，異常な変動があった勘定科目が一目で分かる。３月決算だからといって，４月スタート，３月エンドの推移表にしなくても構わないし，12ヶ月を超えても構わない。できるだけ長期のトレンドを追えるような「月次推移表」を用意してほしい[12]。

【図表４－９】はB/Sの「月次推移表」，【図表４－10】はP/Lの「月次推移表」である。いずれも「黒字社長塾」のクライアントで実際に使用していたエクセ

【図表4－8】財務分析の流れ

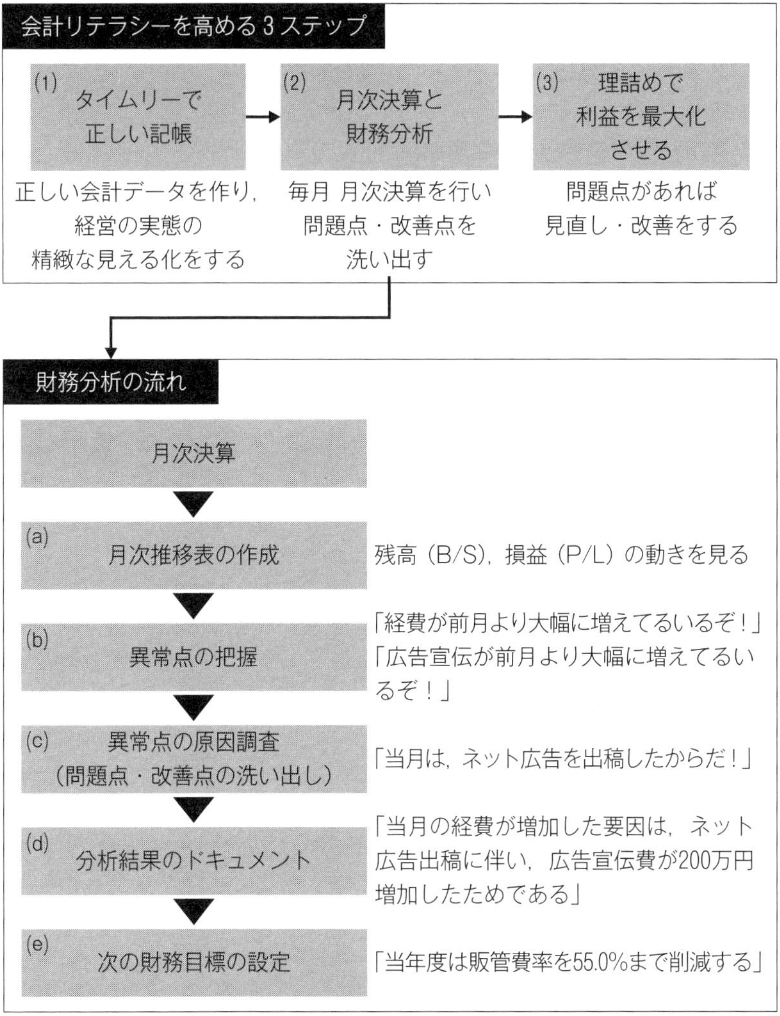

12　上場企業の場合は，四半期ごとに監査法人の監査・レビューを受け，四半期ごとに開示をしなければならないので，四半期ごとの推移表も作成しなければならない。この場合，最低も8～12四半期の決算データを並べてほしい。上場企業の財務分析については，本項で詳述する異常点発見・利益最大化の目的のための財務分析のみならず，ディスクロージャー目的のための財務分析も大切となる。両者は分析の視点が異なるが，本書では触れない。詳細は，拙著『「経理」の本分』（中央経済社，2019年）を参考にされたい。

ルシートである。

会計システム・会計ソフトからこのような「月次推移表」を出力することができる。しかし，会計システムなどから出力された「月次推移表」は，体裁が美しいとは言えず，財務分析には使い勝手が悪いものが多い。必ずエクセルファイルで「月次推移表」を作成してほしい。

社長や経理担当者は，会計システムなど出力された月次決算書ではなく，エクセルファイルの「月次推移表」だけ見れば経営の実態が掴めるように，「月次推移表」をカスタマイズしても構わない。例えば，【図表4-10】のP/Lは，「販売費及び一般管理費」の内訳を表示し，「売上総利益率」の行を挿入している。

上述のとおり，会計は，金融機関や税務署のためのものではなく，経営者のものである。社長が理解でき，経営の役に立たなければ意味がない。いわゆる「定型フォーマット」のB/S，P/Lが分かりづらいのであれば，（表示の原則に反しない範囲で）カスタマイズしても構わない。勘定科目名が分かりづらいならば，これも変更して構わない。「租税公課」が何のことか分からないなら「諸税金」「印紙代」「固定資産税」などに変えて構わない。「通信費」が何を指しているのか分からないなら「電話代」「郵便代」に変えて構わない。「新聞図書費」が分かりづらいなら「新聞代」「書籍代」に変えて構わない。勘定科目は自由に変えていいし，分解してもいいし，何個あっても構わない。繰り返すが，財務諸表は，社長が理解でき，経営の役に立たなければ意味がない。そのためにも，「月次推移表」はエクセルファイルで作成し，常に分かりやすくなるようにカスタマイズしていけばよい。

(b) 異常点の把握

月次決算が終わり，「月次推移表」を作成すると，次に**「異常点」**の把握を行う。ここでいう「異常点」とは，不正や誤謬（ミス）という意味だけではなく，**「正常ではない（通常とは異なる）動きをするもの」**という意味である。

例えば，他の月とは異なり残高・損益が大きく増減しているものや，毎月定額発生する費用が増減しているものなどを指す。

そのような「異常点」は，「月次推移表」を見れば一目で分かるはずである。そのような「異常点」があれば，【図表4－9】のB/Sの「月次推移表」，【図

表4-10】のP/Lの「月次推移表」のように（図表▒部分），エクセルシートのセルに背景色をつけておく。

(c)　異常点の原因調査（問題点・改善点の洗い出し）

「異常点」が生じたということは，何かしらの通常とは異なる事象（取引）が発生したということである。ここに，不正や誤謬（ミス）が発生していたり，無駄な経費が発生していたりするなど，**問題点・改善点が生じている可能性が高い**。

この「異常点」が，会社にとってプラスの結果をもたらすもの（例えば，売上高の増加，利益率の増加）であっても「結果オーライ」で済ましてはならない。また，会社にとってマイナスの結果をもたらすもの（例えば，経費の増加，利益率の低下）であったならばその原因を細かく探るべきである。

そこで，先程，エクセルシートのセルに背景色をつけた各項目について，正常ではない（通常とは異なる）動きをする**原因を調査する**。経理担当者に聞けば分かるものもあるだろうし，現場にヒアリングしなければ分からないものもあるかもしれないが，とにかくすべての「異常点」について，その変動が合理的だと納得できるまで調査をする。

正常ではない（通常とは異なる）動きがあるにも関わらず，それを「見て見ぬふり」をしたり，「まっ，いいか」で終わらせたりすることが，上場企業の経理担当者でも多い。そういうところに不正や誤謬（ミス）が潜んでいると思ったほうがよい。

(d)　分析結果のドキュメント

納得できる原因が分かれば，その変動理由を「月次推移表」の右端に記載しておく。多くの会社が，財務分析を行っていても，その分析結果をドキュメントしていない。ドキュメントしなければ，分析者本人も分析結果を忘れる可能性が高いし，分析者以外の第三者が「月次推移表」を見ても変動理由が分からない。財務分析を行えば，必ず分析結果をドキュメントしておかなければならない。

【図表４－９】B/S 月次推移表（一部抜粋）

	期首	4月	5月	6月		3月	変動分析
現金	5,869,510	6,192,549	6,159,295	6,416,479		9,462,421	3月：決算セールの売上増加に伴い金額増加
当座預金	0	0	0	0		0	
普通預金	38,913,096	35,799,517	41,459,404	43,702,150		83,674,198	8月：新規借入30百万円 3月：決算セールの売上増加に伴い金額増加
現金・預金合計	44,782,606	41,992,066	47,618,699	50,118,629	…	93,136,619	
売掛金	12,413,848	18,724,445	16,172,900	16,039,970		23,328,737	4月：前期３月の決算セールの売上増加に伴う金額増加 3月：今期３月の決算セールの売上増加に伴い金額増加
売上債権合計	12,413,848	18,724,445	16,172,900	16,039,970		23,328,737	
商　品	35,909,374	35,501,725	32,221,380	34,038,140		32,020,860	3月：在庫適正化を図り，前期末より約10%減少
棚卸資産合計	35,909,374	35,501,725	32,221,380	34,038,140		32,020,860	
立替金	277,819	277,819	277,819	293,801		329,023	
貸倒引当金	−120,000	−120,000	−120,000	−120,000		−120,000	
未収入金	1,227,189	140,000	120,000	140,000		2,330,000	3月：未収受取保険料2,010,000円
前払費用	176,000	176,000	176,000	176,000		176,000	毎月：社宅家賃前払分176,000円
仮払金	0	55,000	54,500	55,000		3,920	
仮払消費税等	0	707,496	1,461,971	2,185,016		0	
他流動資産合計	1,561,008	1,236,315	1,970,290	2,729,817	…	2,718,943	
流動資産合計	94,666,836	97,454,551	97,983,269	102,926,556		151,205,159	
建物付属設備	1,950,526	1,950,526	1,950,526	1,950,526		1,950,526	
構築物	33,888	33,888	33,888	33,888		33,888	
車両運搬具	2	2	2	2		2	
工具器具備品	84,797	84,797	84,797	84,797		84,797	
減価償却費		−51,900	−51,900	−51,900		−149,600	
有形固定資産計	2,069,213	2,017,313	2,017,313	2,017,313		1,919,613	
電話加入権	115,900	115,900	115,900	115,900		115,900	
ソフトウエア	149,614	149,614	149,614	149,614		1,149,614	
無形固定資産計	265,514	265,514	265,514	265,514		1,265,514	
出資金	30,000	30,000	30,000	30,000		30,000	〇〇信用組合出資金
関連会社長期貸付金	8,621,267	7,724,233	6,986,236	6,896,326		18,308	3月：貸付金７百万円回収
差入保証金	140,000	140,000	140,000	140,000		140,000	社宅保証金
長期前払費用	781,869	781,869	781,869	781,869		709,369	全額火災保険料，決算時10年償却
投資その他資産計	9,573,136	8,676,102	7,938,105	7,848,195		897,677	
固定資産合計	11,907,863	10,958,929	10,220,932	10,131,022	…	4,082,804	
資産合計	106,574,699	108,413,480	108,204,201	113,057,578		155,287,963	
買掛金	5,891,985	7,201,491	7,622,359	7,778,900		6,975,002	
未払費用	1,661,454	862,058	602,259	882,259		600,000	翌月払運賃，カード等
未払金	0	0	0	110,000		0	
未払法人税等	401,600	401,600	0	0		4,003,490	
未払消費税等	1,157,300	1,157,300	0	0		1,249,789	
預り金	1,755,788	1,812,001	1,871,062	1,971,835		2,096,074	
短期借入金	30,000,000	30,000,000	30,000,000	30,000,000		30,000,000	全額当座貸越
仮受金	0	1,702,060	2,413,337	4,526,423		0	
仮受消費税等	0	1,094,239	2,218,030	3,104,158		0	
流動負債合計	40,868,127	44,230,749	44,727,047	48,373,575		44,924,355	
長期借入金	54,740,000	51,740,000	49,754,000	47,768,000		79,036,000	8月：新規借入30百万円
役員借入金	677,761	577,761	477,761	2,465,161		4,576,349	
固定負債合計	55,417,761	52,317,761	50,231,761	50,233,161		83,612,349	
負債合計	96,285,888	96,548,510	94,958,808	98,606,736	…	128,536,704	
資本金	9,000,000	9,000,000	9,000,000	9,000,000		9,000,000	
資本金合計	9,000,000	9,000,000	9,000,000	9,000,000		9,000,000	
繰越利益	1,288,811	1,288,811	1,288,811	1,288,811		1,288,811	
当期純損益金額	0	1,576,159	2,956,582	4,162,031		16,462,448	
繰越利益剰余金合計	1,288,811	2,864,970	4,245,393	5,450,842		17,751,259	
純資産合計	10,288,811	11,864,970	13,245,393	14,450,842		26,751,259	
負債・純資産合計	106,574,699	108,413,480	108,204,201	113,057,578		155,287,963	
貸借一致検証	OK	OK	OK	OK		OK	

【図表４-10】P/L 月次推移表（一部抜粋）

P/L	4月	5月	6月		3月	計	変動分析
卸販売売上	6,941,727	6,031,771	6,460,042		7,253,526	74,530,446	3月：決算セールにより売上増加
小売販売売上	3,968,244	4,174,452	3,379,891		4,601,210	40,016,119	3月：決算セールにより売上増加
総売上高	10,909,971	10,206,223	9,839,933	…	11,854,736	114,546,565	
期首商品棚卸高	35,909,374	35,501,725	35,221,380		33,809,262	35,909,374	
商品仕入高	4,587,170	4,432,604	4,061,801		5,428,533	46,830,241	10月：材料βを５t仕入たことにより仕入高増加
加工外注費	930,814	827,105	681,300		640,200	8,925,019	
期末商品棚卸高	35,501,725	35,221,380	34,738,140		34,389,464	34,389,464	
売上原価計	5,925,633	5,540,054	5,226,341	…	5,488,531	57,275,170	
売上総利益	4,984,338	4,666,169	4,613,592		6,366,205	62,071,395	
売上総利益率	45.69%	45.72%	46.89%		53.70%	54.19%	
A社長	300,000	300,000	300,000		300,000	3,600,000	
B取締役	100,000	100,000	100,000		100,000	1,200,000	
役員報酬	400,000	400,000	400,000		400,000	4,800,000	
社員	989,443	1,142,432	1,209,838		1,165,948	15,850,400	11月：10月分奨励金支給
アルバイト	268,660	275,310	269,990		0	1,090,600	
給与手当	1,258,103	1,417,742	1,479,828	…	1,165,948	16,941,000	
旅費交通費	361,585	318,702	281,348		212,111	3,599,163	1月：社長沖縄出張により金額増加
社員交通費	39,155	37,391	43,555		39,927	637,650	
駐車場代・コインパーク代	5,456	455	1,091		1,637	32,318	
ガソリン代	26,641	30,386	26,455		40,566	381,065	3月：決算セールによる営業車利用増加に伴う金額増加
高速・ETC代	9,782	5,655	17,760		24,831	237,393	3月：決算セールによる営業車利用増加に伴う金額増加
タクシー・電車代	0	1,000	1,000		0	39,631	
旅費交通費	442,619	393,589	371,209		319,072	4,927,220	
電話・FAX	0	21,175	19,332		19,666	219,155	
ハガキ・切手	15,732	8,591	17,287		15,273	85,843	
Wi-Fi	4,762	4,762	4,762		0	33,336	
通信費	20,494	34,528	41,381	…	34,939	338,334	
ヤマト運輸	0	6,840	3,060		24,300	155,181	
日本郵便	107,378	120,326	105,992		104,426	1,391,469	5月：LINE キャンペーンによる出荷増に伴い金額増加
佐川急便	0	31,590	37,830		25,780	391,020	
福山通運	0	0	0		0	0	
運賃	107,378	158,756	146,882		154,506	1,937,670	
DM 制作費	1,391	98,000	51,337		79,660	945,053	3月：決算セール案内ハガキ制作
パンフレット・チラシ制作費	166,872	156,392	101,897		157,189	1,908,246	2月：決算セールチラシ制作
紹介特典	0	0	0		0	260,540	6月・8月：顧客紹介特典送付
紹介料支払い	32,000	44,000	23,000		30,000	259,349	
その他	1,872	0	0		0	11,190	
広告宣伝費	202,135	298,392	176,234		266,849	3,384,378	
ゴルフ	0	33,185	50,469		9,773	223,383	
会食	18,487	9,096	39,027		8,546	244,852	
御礼品	5,043	0	36,418		33,648	179,541	
その他	0	20,001	0		0	20,001	
交際接待費	23,530	62,282	125,914		51,967	667,777	
電気	69,780	71,774	69,281		89,874	1,024,994	
水道・ガス	11,537	1,927	16,956		1,237	102,534	
水道光熱費	81,317	73,701	86,237		91,111	1,127,528	
文具，掃除類	30,692	21,363	14,291		7,239	151,077	
その他消耗品	0	24,662	55,194		141,407	1,549,894	3月：営業用 iPad２台購入
消耗品費	30,692	46,025	69,485		148,646	1,700,971	
印紙税・自動車税	14,850	0	5,800		4,000	155,150	4月：自動車税
租税公課	14,850	0	5,800		4,000	155,150	
振込手数料	70,806	143,339	116,171		75,791	1,216,200	
カード手数料	0	0	0		0	0	
システム保守料	0	0	0		0	240,000	7月：管理費支払
PC・ネット管理費用	0	40,000	40,000		40,000	490,000	
顧問弁護士報酬	50,000	50,000	50,000		50,000	760,360	
顧問税理士報酬	0	40,000	40,000		40,000	506,300	
コンサルティング報酬	0	200,000	200,000		0	1,200,000	5月～10月：マーケティングコンサルティング報酬
支払手数料	120,806	473,339	446,171		205,791	4,412,860	
	⋮		⋮			⋮	
販売費及び一般管理費計	3,538,003	3,542,913	3,630,955		3,964,391	49,787,378	
営業損益	1,446,335	1,123,256	982,637		2,401,814	12,284,017	
	⋮		⋮			⋮	

ここまで述べた(a)～(d)を毎月毎月繰り返し行うと，毎月毎月の「異常点」を把握することが可能となる。

これまで「黒字社長塾」をやってきて確信することであるが，毎月毎月の「異常点」を社長が把握するだけで，（筆者が特にコンサルティングや助言をしなくても）会社の業績は向上する。社長が「異常点」を把握すれば，翌月から異常な支出を抑えようというモチベーションが働くからである。異常な支出を抑えるだけで，年間数％～数十％の経費削減になるケースが多い。当然に利益は上がる。

毎日暴飲暴食をしていた人が，毎日の食事を記録するだけでダイエットに成功するという「レコーディングダイエット」と同じ原理である。データを見ることにより，自分がいかに乱れた生活をしていたかに気づく。食事制限が難しい人でも，間食や夜食を控えようという意識が働き，痩せることになる。同じように，会計データを見ることにより，異常な支出・無駄な支出を抑えようという意識が働いて，経費は削減でき，利益は上がる。

多くの会社が「どんぶり勘定」で経営をしているが，ここまで述べたような経営の実態の精緻な見える化と財務分析をするだけで利益は上がり，財務基盤は強化されるのである。

(e) 次の財務目標の設定

ここまで述べた(a)～(d)を半年から1年繰り返すと，B/S，P/Lから異常点がない状態（正常な状態）での「現状把握」をすることが可能となる。例えば，売上総利益率は○％であり，営業利益は○％であるといった現状の利益率を精緻に把握することができるようになる。

「現状把握」ができれば，**「目標設定」（次の財務目標の設定）**をする。ダイエットをする場合も目標体重の設定をしなければ易きに流されるように，経営も目標を設定しなければ，再び異常な支出をし，キャッシュと利益を垂れ流すことになりかねない。

まずは，P/L項目だけでも構わないので「目標設定」をしてほしい。売上高

【図表４－11】現状把握と目標設定

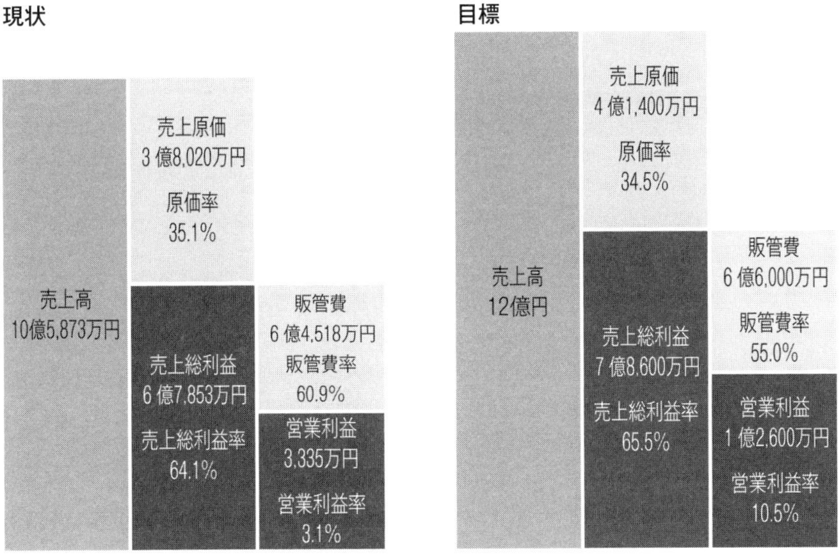

はいくらを目指すのか。原価率は何％削減するのか。販管費率は何％削減するのか，といった目標を設定する。

【図表４－11】も「黒字社長塾」のクライアントで実際に設定した目標であるが，原価率を35.1％から34.5％に，販管費率を60.9％から55.0％に削減することができれば，売上総利益率，営業利益率ともに大幅に上昇し，売上総利益，営業利益も大幅に上昇する。

原価率や販管費率を0.1％単位で管理し，経費の削減をしていきながら，売上を伸ばしていくことができれば，利益は最大化できる。これが「経営の原点」である。

「目標設定」をしたら，ここまで述べた(a)～(d)を再度，毎月，愚直に繰り返していく。月次決算と財務分析の繰り返しによるデータ分析により，少しずつ目標に近づけていくのである。

(3) 理詰めで利益を最大化させる

再度，会計リテラシーを高める3つのステップを確認しておく。

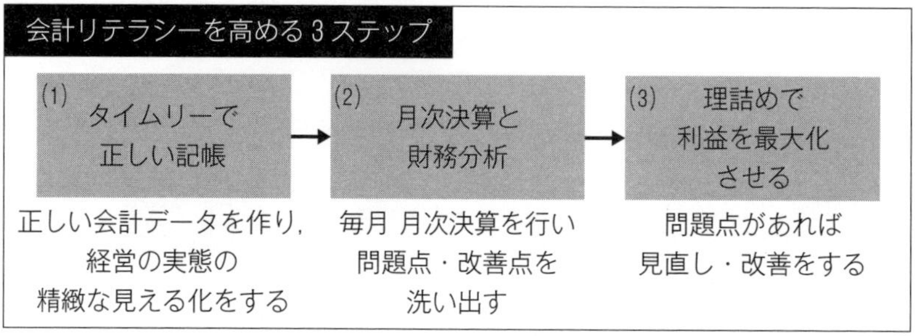

ここまで(1)，(2)について述べてきた。

上述のとおり，毎月毎月財務分析を実施し，「異常点」を社長が把握するだけで，経費は削減でき，利益は上がり，財務基盤は強化される。

しかし，これは，異常な支出・無駄な支出を抑えただけであり，ようやく贅肉が取れた状態にすぎない。ここからは，さらに理詰めで利益を伸ばし，筋肉質な財務基盤を作る方法を述べていく。

【図表4-12】のとおり，「利益を最大化させる方法」は大きく8パターンに分類できる。実は，ここまで説明してきたのは[8]徹底した財務分析のみである。「利益を最大化させる方法」は，他に7パターンある。残りの7パターンを理解し，実践すれば，筋肉質な財務基盤を作ることはできる。

ここからは，[8]徹底した財務分析以外の方法について，[4]～[7]の方法について，[7]→[6]→[5]→[4]の順に説明していく。なお，[1]～[3]の方法については，第6章で述べることにする。

「黒字社長塾」のクライアントは，1年目で月次決算と財務分析を徹底して行いながら，【図表4-12】の経費を下げる方法（[5]～[8]の方法）を実践する。そして，無駄な贅肉が取れたところで，2年目に売上を上げる方法（[1]～[4]の方法）を実践する。

売上を上げるための施策（[1]～[4]の方法）は時間を要するが，経費を下げる

【図表４-12】利益を最大化させる方法

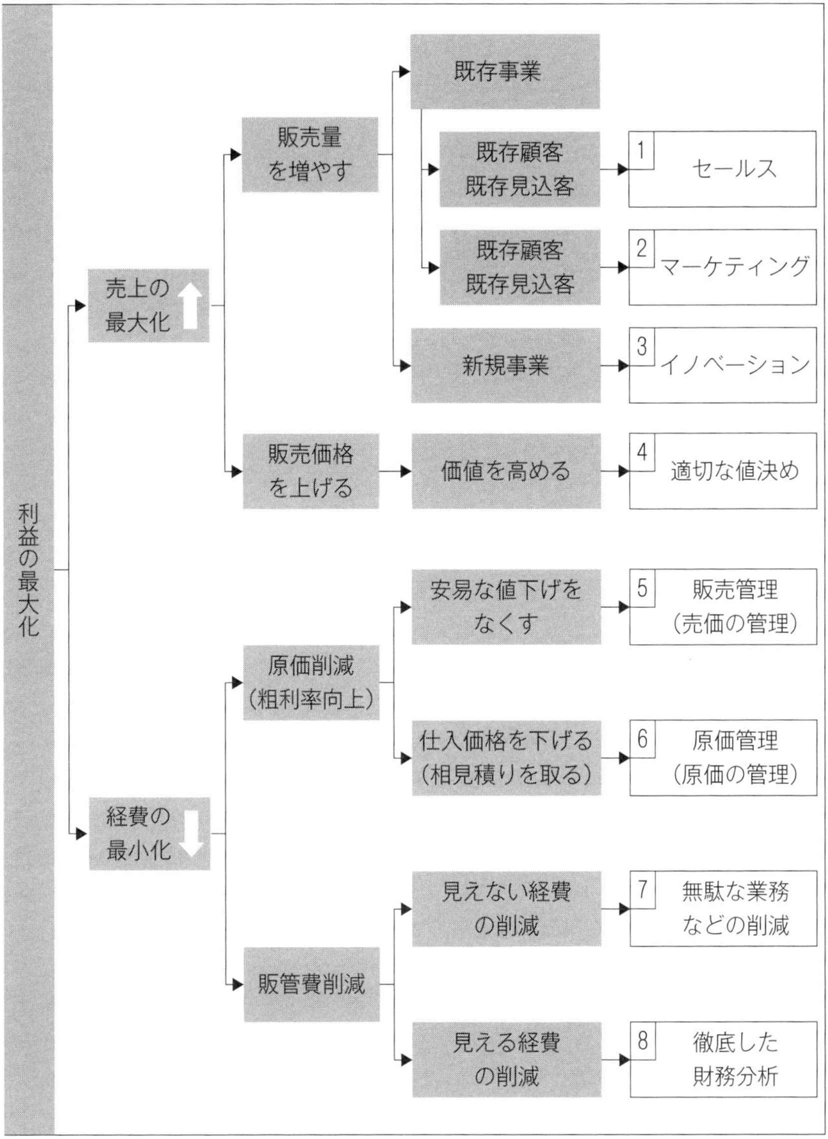

方法（5～8の方法）は即効性があり，ホンキで取り組めば短期で効果が出る。改善は即効性があるものから取り組んだほうがよい。

贅肉が付いた身体で腹筋を何度やっても腹筋が割れる（腹直筋が6つに割れるシックスパックの状態）になることはないが，贅肉を落とせば腹直筋がそれほどなくてもシックスパックの状態を見せることはできる。企業も，筋肉質な財務基盤を作ることは重要であるが，まずは異常な支出・無駄な支出を抑え，贅肉を取るべきである。まず1年目で贅肉を徹底して落とし，2年目以降にビルドアップをしていくことを考えてほしい。

① 見えない経費の削減

毎月，月次決算と財務分析を実施し，「異常点」を把握することにより，異常な支出・無駄な支出を抑えることはできる。しかし，毎月のように支出されているものは「異常点」として検出されないため，それは**「見えない経費」**として埋没してしまう可能性がある。これらの経費が内臓脂肪として蓄積され，固定費を高め，損益分岐点を高めている可能性もある。

これまで「黒字社長塾」のクライアントで実際に行ったことがある経費削減策を【図表4-13】に列挙している。チェックリストとして，経費削減の余地がないか確認してほしい。

(a) 未使用・未稼働・不要なものの解約・破棄

B/Sを見ると，過剰・不要な在庫や，未使用・未稼働の資産が計上されていることがあるが，販売・使用の見込みがないなら解約・破棄すべきである。保有しているだけで減価償却費，保守料，修繕費などがかかることもある。解約・破棄すると，一時的に損失が計上されるかもしれないが，長期的には経費削減が可能となる。

同様に，P/Lに計上されている固定費の中で未使用・不要なものも解約すべきである。読まれていないのに支払っている新聞図書費や，未利用・未稼働なのに支払っている会費・年会費などはないだろうか。

【図表４-13】経費削減チェックリスト

実施項目	削減できる主な経費
□ 過剰な在庫・不要な在庫を破棄する	売上原価・製造原価
□ 未使用の事務所，倉庫，工場，駐車場などを解約する	支払家賃，修繕費
□ 未使用の有形固定資産，ソフトウェアなどを破棄・解約する	減価償却費，保守料
□ 読まれていない新聞・定期購読誌を解約する	新聞図書費
□ リース契約（コピー機，社用車など）の見直し（選別）を行う	リース料
□ レンタル契約（清掃，フロアマット，ウォータサーバー，観葉植物など）の見直し（選別）を行う	レンタル料
□ 各種外注業務の見直し（選別）を行う	外注費，業務委託費
□ 各種顧問契約の見直し（選別）を行う	支払報酬
□ 保険の見直し（選別）を行う	保険料
□ 保有有価証券などの見直し（選別）を行う	（損失回避）
□ 金利が高い借入金の借り換えを行う	支払利息
□ 事務所，社宅，駐車場の家賃の減額交渉を家主・地主と行う	支払家賃
□ 過剰な福利厚生（各種補助，社員旅行など）を見直す	福利厚生費，会議費
□ 無駄な残業，会議をなくす（オンライン会議を活用する）	人件費，水道光熱費
□ 無駄な出張をなくす（同上）	旅費交通費
□ 業務に関係のない接待交際，打ち合わせ，ゴルフなどを認めない	接待交際費，会議費
□ 経費精算は，社長もしくは担当役員の決裁を必要とする	旅費交通費，会議費
□ 経費精算は，月１回，給与支払日の振込とする	人件費
□ 未使用口座は解約し，使用口座を絞り，ネットバンキングを利用する	人件費
□ 本社内に現金を置かない（キャッシュレス化する）	人件費
□ 伝票などを可能な限りペーパレスにする	人件費
□ 仕訳の本数を減らす	人件費
□ 会社名義のクレジットカード，ガソリンカード，ETC カード，携帯電話，タブレット端末などを解約し，実費の経費精算方式に変更する	経費全般
□ 会社名義でのネットショッピングを禁止し，実費の経費精算方式に変更する	経費全般
□ 社長の財布と会社の財布は明確に分け，社長の個人使用の経費計上を認めない	経費全般
□ 備品・消耗品購入などは，社長もしくは担当役員の決裁を必要とする	消耗品費，備品費
□ 広告宣伝・販売促進の効果測定を行う	広告宣伝費，販売促進費
□ ピラミッド型組織をやめる	経費全般
□ 不採算事業から撤退する	経費全般

(b) 契約関係の見直し

契約関係は全件洗い出したほうがよい。無駄な契約や見直すべき契約が放置されていないだろうか。リース契約，レンタル契約，外注・業務委託契約，顧問契約など，本当に必要だろうか。

ペーパレス時代に社内に何台ものコピー機を置いている会社があるが，本当にそんなに必要なのだろうか。ある上場企業では数百人が勤務している８階建て本社ビルにコピー機が１台しかない。しかし，「黒字社長塾」のクライアントで社員30名しか勤務していないワンフロアの本社にコピー機が７台置かれていたことがあった。６台分のリース契約は解約し，大幅な固定費削減となった。

顧問税理士報酬，顧問弁護士報酬などの専門家報酬も見直してよい。社長や経理担当者から，「顧問税理士が何もアドバイスしてくれない」「訪問してくれない」といった不満を聞くことが多いが，支払った対価以上のサービス提供を受けていないのであれば見直すべきである。

小規模・中規模会社で特に見直すべきは，保険や債券などの金融商品の契約である。

多くの社長が，「節税商品」といわれる金融商品の内容を理解せずに契約している。節税額以上にキャッシュを垂れ流していることがある。

小規模・中規模会社ほど，上場企業が保有しないような「〇〇債」といった債券を保有しているが，これらの金融商品の多くは会社が吹っ飛ぶほどの損失を出すリスクを抱えている。実際に，本業の利益の何倍，何十倍もの損失を出した会社もある。そのようなハイリスク商品は解約すべきである。

融資契約の見直しも検討すべきである。高金利の借入金は，金利の引き下げ交渉や借り換えをすべきである。

事務所などの家賃交渉もすべきである。「黒字社長塾」のクライアントで入居してから20年以上も同じ賃料を支払っている会社があったが，当然に近隣相場からして相当高い賃料を支払い続けていた。家主と交渉すれば入居１年後でも家賃が下がることもある。「黒字社長塾」のクライアントの中には，新築ビルに入居して１年後に家賃が下がったこともあった。ダメモトでも家主と交渉してみるべきである。

コロナショックにおいて，リモートワークが常態化したため，本社ビルを売却したり，本社を撤退・縮小する動きが目立つ。上場企業においても，本社をシェアオフィスに移転する会社がある[13]。環境の変化に合わせて，ワークスペースの見直しも検討すべきである。

(c)　福利厚生の見直し

福利厚生費も見直すべきである。特に小規模・中規模会社は福利厚生が充実しすぎていることが原因で，多額の福利厚生費を計上している会社が見受けられる。

リゾートホテルの会員権を保有したり，全社員とその家族を連れて毎年慰安旅行に行ったりしている会社もあるが，果たして必要だろうか。上場企業で全社員を慰安旅行に連れていくというような会社はおそらくない。

以前，「黒字社長塾」のセミナーでこの点に触れた際，「我が社は社員第一に考えている」「社員あっての会社だ」「社員のモチベーションが下がるではないか」と反論されたことがあるが，社員にとっての会社の魅力やモチベーションは福利厚生なのだろうか。それよりも，利益を出して，それを社員に還元すべきではないだろうか。

社宅貸与，スマホ貸与，ジム利用，各種福利厚生サービスの利用などについても，本当に必要なものかどうか検討すべきである。

(d)　無駄な業務の見直し

「見えない経費」の温床ともいえる無駄な業務は徹底してなくすべきである。特に小規模・中規模会社は生産性が低い会社が多い。目につくのが，無駄な残業，無駄な会議，無駄な出張，無駄な接待交際（ゴルフを含む），が多すぎる（社

13　日経電子版（2021／8／4）によると，ディー・エヌ・エー，トラストバンク，Gunosy，メタップスなどの新興企業やIT大手が本社をシェアオフィスに移転する動きがある。ディー・エヌ・エーは，社員数が2,000名を超えるが，本社をシェアオフィス大手「WeWork」へ移転した。

員の拘束時間が長い）ことである。

英国の歴史学者・政治学者であるパーキンソン（1909－1993）は，英国の役人の数が仕事量とは関係なく増え続けていることを観察し，**「仕事の量は，完成のために与えられた時間をすべて満たすまで膨張する」**という『パーキンソンの法則』を提唱した。

深夜残業が当たり前と思っている人は夕方までダラダラしている。休日出勤が当たり前と思っている人は平日はダラダラしている。人は，時間が無限にあれば，ダラダラと過ごしてしまう生き物である。しかし，終業時刻で強制的に退社しなければならないとすれば，その時間内に仕事は終わるように工夫するはずである。

近時の経営課題となっている「働き方改革」への対応として，上場企業においても残業禁止，休日出勤禁止という会社が少なくない。それまで残業時間が月間100時間を超えるような長時間労働をしていた会社でも，残業禁止，休日出勤禁止という命令を出せば，終業時刻までに仕事は終わるように工夫し，残業ゼロ時間を達成している。

会社から無駄な業務をなくすためには，『パーキンソンの法則』に従い，**労働時間を制限すべき**である。特に，社長，マネージャーといった上層部の者が率先して終業時刻までに退社すべきである。労働時間が有限であれば，無駄な残業，無駄な会議，無駄な出張などはなくすように工夫するはずである。

会議については，議案・議題のないものは全廃し，あらゆる決議を30分以内に終わらせるべきである。大半の意思決定は数分で決することができるはずである。オンライン会議システムなども活用し，誰もが遠方からでも議論，意思決定できるようにし，生産性を高めるべきである。

営業や出張に関しても，オンラインでの商談を活用すべきである。移動時間がゼロになれば，交通費の削減だけでなく，労働時間の劇的な減少，仕事の生産性の劇的な向上といった効果があることは言うまでもない。

そもそも，会社に出社しなければならないのか，終業時刻まで会社にいなければならないのかも検討すべきであろう。リモートワーク，在宅ワーク，時短勤務のほうが生産性が向上するケースもある。

(e) 経理部門の無駄な業務の見直し

無駄な業務は経理部門に多く見られる。

まず，業務上差し支えないのであれば，経理部門から現金や金庫をなくすべきである。社内に現金を置くから，経理担当者の業務が増え，「見えない経費」が膨らむことになる。日々の現金の動きを現金出納帳に記録し，毎日営業が終わってから現金の実査を行い，現金実査表を記録し，上席者の承認をもらわなければならない。社内から現金をなくし，入出金をすべて振込にすれば，これらの業務は全廃できるし，不正防止にもなる。

また，経費精算は月１度にすべきである。毎日（もしくは，毎週）経費精算をしているがために，経理担当者が年中領収書・レシートのチェックに追われているという会社が少なくない。経費精算を月１度にして，給与と一緒に振込をすることで，経理担当者の日々の業務を削減することができるはずである。月１度の経費精算で困る社員がいたら，出張旅費等を一部前払い（もしくは，仮払い）すれば済む話である。

なお，経費精算における不正（過大請求，架空請求）やミス（金額などの誤り）が多いため，社長もしくは上席者の決裁を経なければ精算できないようにすべきである。

P136でも述べたが，経費精算に関する仕訳入力において，１人が月50回の電車に乗った場合に，50行の仕訳を入力している（もしくは，50枚の伝票を起票している）会社が少なくないが，このような仕訳は１行にまとめて構わない。仕訳本数を減らし，作業を効率化する工夫もすべきである。なお，仕訳入力をアウトソーシングしている場合でも，仕訳本数によって報酬が決まるようなケースにおいて，１行でまとめることができる仕訳を50行（もしくは，50枚）の仕訳が起票・入力され，多額の請求をされていることがあるため，注意が必要である。

小規模・中規模会社では，いまだに手書きの伝票をつけている会社もあるが，そろそろ止めるべきである。クラウド会計ソフトなどを活用したほうが，圧倒的な経費削減になる。同じ理由で，紙の通帳を利用するのもそろそろ止めるべきである。経理担当者がATMに並ぶなんてこともそろそろ止めるべきである。ネットバンキングの利用は経費（使用料）がかかる場合があるが，それを上回るほどのコスト削減が可能となる。クラウド会計ソフトと，ネットバンキングを連携させれば，銀行口座の入出金があるたびに自動で仕訳が起票されるという機能もある。こういった機能も活用し，「見えない経費」を削減すべきである。

小規模・中規模会社では，ITの活用が大幅に遅れ，いまだに紙の文化が残り，ハンコの文化が残り，現金が残り，通帳が残り，経理担当者が忙殺されている会社が多い。しかし，他方で，ITをフル活用し，業務を極限までシンプルにすることで，経理部門をまるごとアウトソーシングしている会社もある（上場企業でも経理業務・決算業務の大半をアウトソーシングしている会社もある）。

会計ソフトやネットバンキングだけでなく，経費精算，請求書，契約書，給与明細，年末調整，確定申告，納税なども電子化すべきである。

第3章（P101～102）で述べたが，会社の中から，意義や意味も感じられない「クソ仕事」（ブルシット・ジョブ）は取り除かなければ，「見えない経費」が膨らむだけでなく，従業員のモチベーションが上がらず，組織や個人のパフォーマンスを引き出すことができないという問題を抱えることになる。

(f) 浪費を抑える

会社のお金をどれだけ使っても，自らの懐は傷まない。そのため，社員のみならず，社長までもが会社のお金を湯水の如く浪費するケースが少なくない。

まずは社長が率先して，会社のお金を浪費することをやめるべきである。プライベートでゴルフに行ったり，クラブに行ったりするのは構わないが，役員報酬をキチンと取り，ポケットマネーで行くべきである。社長の財布と会社の財布は明確に分け，社長のプライベートで使用した経費の計上は一切しないという決意や行動をしなければ，社員も同じように浪費するのは当然である。

そうでなくても，社員の中には，会社のお金を浪費する者が必ず現れる。

「黒字社長塾」のクライアントで，営業担当者に会社名義のクレジットカードを貸与している会社があった。毎月多額の引落がされていたため，その内容を調査したところ，クレジットカードは私用でも利用されていた。別のクライアントでは，オフィス用品通販サイトから毎月多額の引落がされていたので，これも調査したところ，家庭用品から食材まで社員のプライベート用品が大量に購入されていた。いずれの会社も，明細書などを一切チェックしておらず，数年間にわたって多額の浪費をしていたのである。

会社名義のガソリンカードや，会社名義のスマートフォン，タブレット端末，会社名義の通販サイトなど，業務に関係のない利用をされている可能性があるものは，明細書や利用履歴をチェックするなどして浪費を防ぐべきである。

なお，上述の会社名義のクレジットカードを不正利用されていた会社は，クレジットカードを解約し，営業担当者が経費精算をする方式に変更した。オフィス用品通販サイトを不正利用されていた会社は，パスワードを変更し，社長しか利用できないようにした。これにより年間数百万円の経費削減となった。

小規模・中規模会社で，このような浪費や不正利用が多いのは，稟議制度と内部統制がないからである。承認もチェックも働いていないから，社員は会社のお金を湯水の如く浪費する。あらかじめ浪費を防ぐ仕組みを構築すべきである。

(g)　広告宣伝・販売促進の効果測定を行う

支出には，「投資」「消費」「浪費」の３種に分けられるといわれる。「浪費」は聖域なくカットすべきである。

経費削減をする際に，「浪費」をカットせずに，「投資」をカットする会社が現れる。しかし，「投資」すべきものまでカットすれば，会社の成長は止まる。

人的資本への投資，設備への投資，広告宣伝・販売促進などのマーケティングに関する支出は削減すべきではない。こういった「投資」は，大胆に行わなければならないときがある。

しかし，投資額を増やしたら，それに比例してリターンも増えるのかといえば，必ずしもそうとはいえない。特に，広告宣伝・販売促進などのマーケティングコストは，多額の資金を投じたにも関わらず１円のリターンにもならなかったということは少なくない。各種キャンペーン，展示会，ノベルティなども含め，マーケティングはテストや効果測定を行いながら投資をしていかなければ，投資が浪費になってしまいかねない。

(h) ピラミッド型組織をやめる

第3章でも述べたとおり，大規模会社に見られるような「ピラミッド型組織」を採用すると，高コスト体質から抜け出せないなどの弊害が多い（P88）。小規模・中規模会社は，できるだけ組織をシンプルにし，身の丈にあった組織構造にすべきである。それだけで「見えない経費」は大幅に削減できるはずである。

(i) 不採算事業から撤退する

月次決算の財務分析を実施する際に，会社全体のB/S，P/Lを見ただけでは，事業別，商品別，拠点別などの財政状態や経営成績を把握・分析することはできない。複数の事業を展開していたり，複数の商品・サービスを販売していたり，複数の拠点で営業活動をしている会社であれば，事業別などのセグメント別B/S，P/Lを作成し，セグメントごとの経営成績などを把握・分析することが望まれる。

しかし，小規模・中規模会社において，セグメント別B/S，P/Lを作成している会社はほとんどない。どの事業が儲かっているのか，どの商品・サービスが儲かっているのかを，利益率0.1％単位で把握している社長はほとんどいない。多くの会社が「どんぶり勘定」で経営をしており，赤字，低収益，不採算であっても気付いていないケースすらある。

赤字，低収益，不採算であれば撤退しなければならないわけではないが，利益率を向上させるための施策を取ったり，規模を縮小したりするなどして，何らかの手を打つことはできるはずである。どんな手を打っても採算が取れないのであれば，撤退するという意思決定を行わなければならない場合もある。

不採算のセグメントが「見えない経費」とならないように，月次決算は細かく見ていかなければならない。

②　原価管理（原価の管理）

ここまで販管費の削減の方法について述べてきたが，売上原価についても聖域なき経費削減をすべきである。

売上10億円の会社が原価率を１％引き下げる（利益率を１％引き上げる）と，1,000万円の利益を生む。売上１億円の会社なら100万円の利益を生む。**１％がとんでもない利益を生む**ことになる。0.1％でも大きな利益を生む。社長は，0.1％にとことんこだわらなければならない。

まずは，原価管理を徹底して行い，原価率を0.1％でも引き下げる努力をすべきである。原価管理といっても，それほど難しいことではない。月次決算の財務分析をする際に，売上原価や製造原価（の内訳）についても細かく変動を分析するだけでよい。売上原価や製造原価の異常点を把握し，問題点・改善点を洗い出し，改善していくことにより，原価率は改善する。特に小規模・中規模会社では，原価管理（さらに，後述する販売管理）が全く行われていないため，財務分析をキチンと実施するだけで，原価率が（0.1％どころか）数％改善することもある。

売上原価率を引き下げるには，仕入価格を引き下げる努力をすべきである。製造原価率を引き下げるには，仕入価格のみならず，外注加工費なども引き下げる努力をすべきである。多くの小規模・中規模会社は，長年，同じ仕入先から，市場価格よりも高い仕入値で材料を仕入れているケースが多い。小規模・中規模会社の場合，取引先が限られていることや，長年の慣習が重んじられることがあるため，同じ取引先から調達せざるを得ないという事情もあるかもしれないが，原価率を0.1％でも引き下げる努力はしなければならない。

少なくとも，市場価格より高い価格で仕入れている場合は，相見積りを取り，適正な価格で仕入れる努力をすべきである。

製造業を営む「黒字社長塾」のクライアントは，材料を仕入れる際に，複数の仕入先から相見積りを取るようにしたところ，一部の材料は仕入値を20％以上引き下げることができ，会社全体の原価率も２％以上引き下げることに成功した。このクライアントの年間売上高は約30億円であるから，相見積りを取っただけであるが，年間6,000万円以上の利益が増えたことになる。

③ 販売管理（売価の管理）

原価率を引き下げる（利益率を引き上げる）ためには，原価管理のみならず，販売管理（売価の管理）も行わなければならない。

販売管理（売価の管理）として，重要なことは「値決め」であるが，これは④で述べる。

適切な「値決め」を行っても，その後，営業担当者が「安易な値下げ」をして販売すれば，利益率はあっという間に数％低下する。例えば，定価200万円の自動車を，営業担当者が１割値引きして180万円で販売したとする。この自動車の売上原価が150万円だとすると，売上総利益（粗利）は50万円から30万円に低下し，利益率（粗利率）は25.0％から16.7％に大幅に低下する。営業担当者にとっては成約件数が評価対象となることが多いため，値下げしても成約しようというモチベーションが働く。しかし，粗利率が数％も低下することは，財務的には大きな痛手となる。

もちろん，すべての値下げ販売がダメということではないが，「安易な値下げ」を放置してはならない。見積書や契約書の作成・提示についても，社長や上席者の承認手続を経るなど，「安易な値下げ」を防ぐ仕組みを構築すべきである。

ハウジングメーカーを営む「黒字社長塾」のクライアントは，営業担当者の「安易な値下げ」が低利益率の原因となっていたため，「値下げ」を社長決裁にしたところ，売上総利益率（粗利率）を５％以上引き上げることに成功した。この中には原価管理の成果も含まれるが，「安易な値下げ」を防いだことにより少なくとも年間数千万円の利益が増えたことになる。

④ 適切な値決め

稲盛和夫氏は「値決めは経営である」と述べているのは有名である。

原価率を１％でも引き下げ，利益率を１％でも向上させることも大切であるが，売上高を最大限に伸ばしていくことも大切であり，それは販売価格（値段の付け方）が決め手となる。稲盛氏は，値決めは単に売るため，注文を取るためという営業部門だけの問題ではなく，「経営の死命を決する問題」であり，「最終的には経営者が判断すべき，大変重要な仕事」であるとも述べている[14]。

「値決め」「値下げ」を社長の仕事と捉えている会社は少ない。しかし，値段を安くして，誰でも売れる値段で売ることは経営ではない。

③で述べたような「安易な値下げ」を防ぐだけでなく，厳しい値下げの要求があった時に安易に値下げ要求を飲みこまないことも大切である。

ここまで，理詰めで利益を最大化させる方法について述べてきた。これまで述べた内容は，何ひとつとして難しいものはないはずである。今日から実践しようと思えばできるものばかりではないだろうか。

黒字社長塾では，ここで述べてきたことを，すべてのクライアントに対して指導し，実践し，黒字化・利益最大化を実現してきた。

利益を最大化させることは，社長ががむしゃらにセールスをすることではない。社長が数字・データを駆使することが会社を成長させる。社長１人が数字・データを駆使することが難しければ，経理部を**「経営の中枢部門」「経営の指令基地」**に変えていくべきである。**「経理部の在り方」**をどうやって変えていくのかについては，次章で述べていく。

14　稲盛和夫『稲盛和夫の実学　経営と会計』（日経ビジネス人文庫，2000年）P37

財務戦略と
企業価値最大化

第 5 章

第5章の全体像

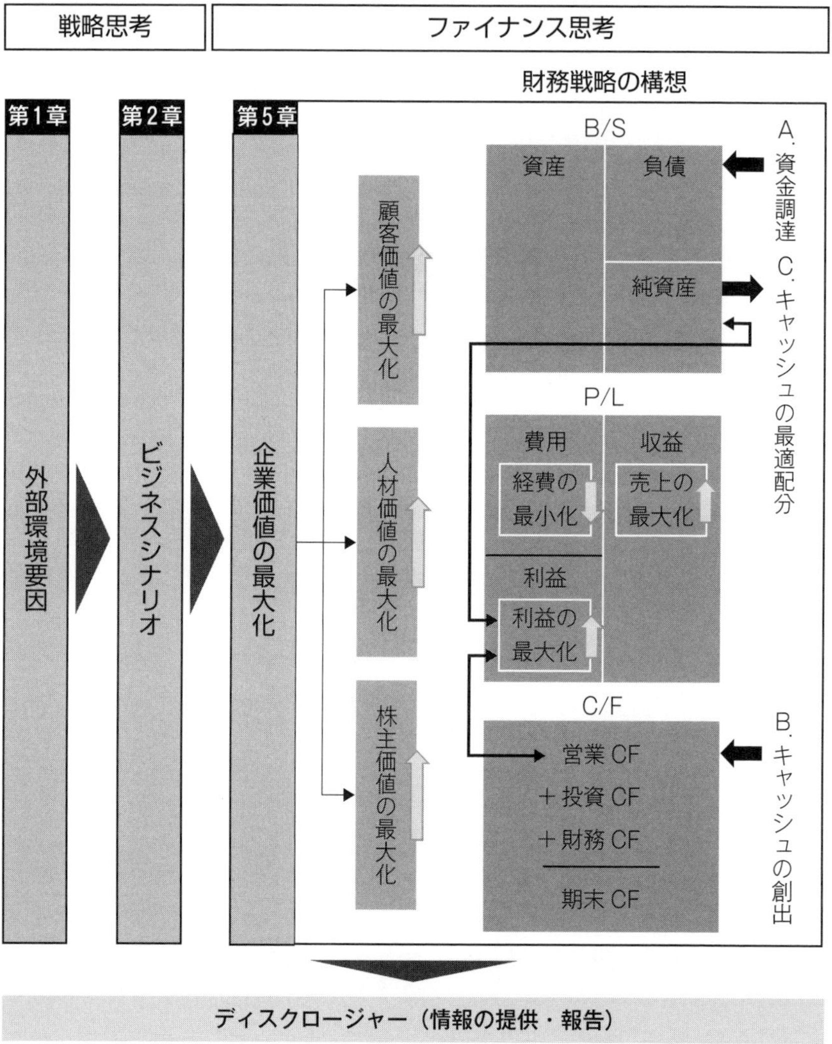
戦略思考
ファイナンス思考
財務戦略の構想
第1章
外部環境要因
第2章
ビジネスシナリオ
第5章
企業価値の最大化
顧客価値の最大化
人材価値の最大化
株主価値の最大化
B/S
資産
負債
純資産
A. 資金調達
C. キャッシュの最適配分
P/L
費用
経費の最小化
収益
売上の最大化
利益
利益の最大化
C/F
営業 CF
＋投資 CF
＋財務 CF
期末 CF
B. キャッシュの創出
ディスクロージャー（情報の提供・報告）

1．経理を変えれば会社は変わる！

(1)　経理部は「経営の中枢部門」である

筆者は，監査法人退職後に，東証上場企業の経理部に勤務したことがある。業務量が多く，開示資料も多く，多くの部員が深夜・明け方まで残業をすることもあるという大変な部署であった。しかし，経理部から発信する情報をもとに経営者が重大な意思決定を行い，それによって経営者，会社，社会が変わっていくのを肌で感じ，「こんなやりがいのある，素晴らしい部署はない！」と感じたことを昨日のことのように思い出す。経理部が，経営者に対して，正しい情報，価値がある情報をタイムリーに発信していけば，会社は変わるのである。そして，経理部が進化をすれば，会社も進化するのである。「経理を変えれば会社は変わる！」ということを体感した筆者は，独立して以降，**「経理を変えれば会社は変わる！」**を経営理念に掲げている。

第４章で紹介したとおり，稲盛和夫氏は著書『稲盛和夫の実学　経営と会計』の中で，「会計は**『現代経営の中枢』**をなすもの」であると述べている。筆者も，これまでの実務経験上，経理部は**『経営の中枢部門』**であり，**『経営の指令基地』**である，と思っている。

経理部は，「何の付加価値も生まない部門」「利益を生まないコストセンター」といわれることがある。確かに，振込をし，経費精算をし，通帳に記帳し，現金出納帳を付け，仕訳を入力するといった，単純作業しかしていない経理部も少なくない。そういった経理部は，何の付加価値を生まないコストセンターといわれても仕方ないし，いずれ AI に仕事を奪われることになるだろう。**本来の経理部は，付加価値を生み，利益を生み出す部署である。**

第４章で述べたように，経理部は，数字を分析し，問題点・改善点を洗い出し，改善策を考え，改善を促し，利益とキャッシュを理詰めで最大化させるという**「経営の中枢部門」**である。そして，そのプロセス・結果を経営者や事業部門に報告・フィードバックすることにより，正しい経営に導くという**「経営の指令基地」**でもある。

正しい経営を行っている会社や，高い付加価値を出している会社は，社長やプレイヤーの後ろに経営の司令塔が存在する。F1ドライバーはピットから無線でさまざまな情報をタイムリーに伝えてもらっているから，時速300キロで走りながらも瞬時に意思決定ができる。経理部も同様に，経営の司令塔として，社長やプレイヤーに対して，アクセルを踏ませ，ブレーキを踏ませ，時にはピットに入らせるといったタイムリーな指令を出すという役割も負っているのである。

経理部は，金庫番，仕訳屋，決算屋に成り下がるのではなく，**「経営者や事業部門を支援するサービス業」**へと進化しなければならない。

多くの会社や多くの事業は社長１人では成し得ない。「経営者や事業部門を支援するサービス部門」の存在は欠かせない。正しい経営を行い，高い付加価値を出し続けるために，（自身の身の回りをサポートしてくれる秘書を雇う前に）経営者や事業部門をサポートしてくれる経理部に変革（Transformation）を起こし，**「経理部の在り方」**を変えるべきである。

しかしながら，上場企業の社長であっても，経理部を含むバックオフィスへの変革（Transformation）を渋る人が多い。特に営業部門・技術部門あがりの社長は，バックオフィスの重要性をまったく理解していないことがある。バックオフィスの変革には１円たりとも投資しないというスタンスの社長も少なくない。変革への投資どころか，経理業務・決算業務に必要不可欠なシステム投資，人材採用，教育投資，備品購入なども徹底して渋る社長すらいる。30年前のデスクトップ PC に，20年前の会計システムを入れ，10年前の windows をいまでも使い続けている会社も珍しくない。経理部への必要な投資を渋り続けたことにより，「昭和の経理部」が社内に取り残され，経理部から正しい情報，価値がある情報をタイムリーに発信できないばかりか，経理部が事業運営の足を引っ張っているケースもある。愚の骨頂である。

はっきりいおう。社長自身が会計を軽視し，経理部を軽視している限り，会社や事業の成長はない。社長の夢や願望をカタチにした「ビジネスシナリオMAP」の実現もない。

どれほど優秀な経理部長を採用しても，社長自身が「経理部の在り方」を変えようとしない限り，経理部が進化することはない。「経理を変えれば会社は変わる！」といったが，経理を変えるのは社長である。

経理部を会社の数字・データを最も良く知る頭脳集団に変え，社長，経営者，プレイヤーを支援するサービス部署に変えなければならない。社長が高いEQを持ち，経理部が高いIQを持つ。両輪がうまく軌道すれば，企業価値は高まるはずである。上場企業の中でも，企業価値が高い会社は，経理部が経営をサポートするサービス部門へと進化している。

第１章で，「会社の在り方」を変えるべきであり，CX（Corporate Transformation）が必要だと述べたが，「経理の在り方」も変えるべきであるし，BX（Back-office Transformation）も必要である。

(2)　そもそも，経理部とは何をする部署なのか

では，**「経理部の在り方」**をどうやって変えていくのか。

それを述べる前に，そもそも，経理部とは何をする部署なのかを確認しておく。

経理部は，社内外からあらゆる情報が入ってくる部署である。それを数字に加工・変換し，**「付加価値がある情報」**を経営者や投資家などの利害関係者へ提供・報告していくことが経理部の本分である。

つまり，一般的な製造工場が，モノを仕入れ，加工・製造し，付加価値をつけて出荷することと同様に，経理部も情報を仕入れ，情報を加工し，付加価値をつけて出荷するという**「情報の製造工場」**といえる。

そこで，筆者は「経理部」を次のように定義している（【図表５－１】参照）。

経理部とは，社内外から入手した情報を数字に加工・変換し，各利害関係者の求めに応じて，情報を提供・報告する部署である。

利害関係者が求める情報は，画一ではない。経営者は自社の業績をいち早く

【図表5－1】経理部とは，情報の製造工場である

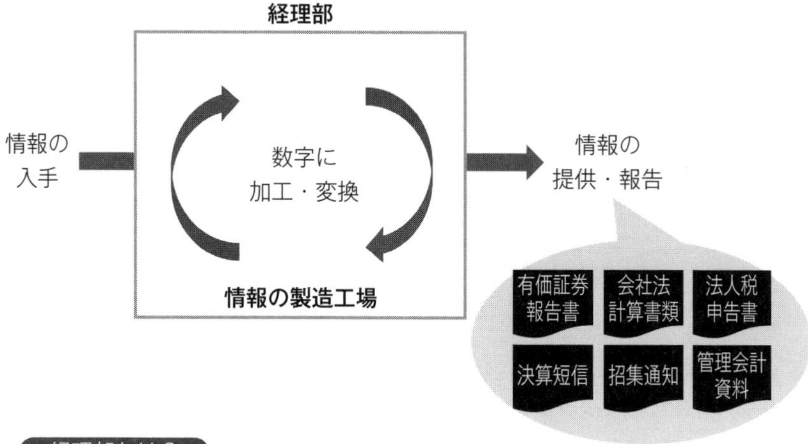

経理部とは？

経理部とは，社内外から入手した情報を数字に**加工・変換**し，
各利害関係者の求めに応じて，情報を**提供・報告**する部署である。

知りたいだろうし，投資家は業績のみならず，投下資本の運用状況，投資意思決定情報（将来の成長性，潜在的リスクなど）も知りたいはずである。債権者は債権の回収可能性の判断に必要な情報を求め，税務当局は課税所得などの情報を求める（【図表5－2】参照）。

経理部は，各利害関係者が求める情報を正しく理解し，正しい情報を，できるだけタイムリーに提供・報告していかなければならない。正しくない情報や，陳腐化した情報は，「付加価値がある情報」とはいえないため，経理部から発信される情報は，**適法・適正・適時**の３要件を充たしたものでなければならない。どれか１つでも欠けると，情報の価値は失われる。そのため，経理部は正しい財務諸表の作成・開示のみならず，タイムリーディスクロージャー（適時開示，決算早期化）が求められる。上場企業に会計監査と決算早期化が求められているのは，この３要件を充たした情報を投資家に提供しなければ，情報の価値が失われ，場合によっては投資意思決定を誤らせるおそれがあるためである。

【図表5-2】利害関係者が経理部に求める情報（例）

利害関係者	求める情報	求める資料
経営者	自社の業績など	月次決算，予実分析，趨勢分析，資金繰り表など
自社の他部門	自社・自部門の業績など	販売実績，部門成績など
親会社	自社の業績など	連結情報など
投資家	投資意思決定情報，投下資本の運用状況，サステナビリティに関する情報など	有価証券報告書，決算短信，アニュアルレポート，統合報告書，サステナビリティ報告書，環境報告書など
債権者	債権の回収可能性など	会社法計算書類，事業報告など
税務当局	課税所得など	納税申告書など

ただし，**「付加価値がある情報」**とは，財務諸表や，財務諸表に載っている数字（財務情報）だけを指すものではない。

経営者や投資家などの利害関係者が本当に知りたいことは，単なる「事実」ではなく，数字の背後に隠れた「真実」である。

月次決算や年次決算などを分析することによって見えてくる会社や事業の将来性，成長性，問題点，課題，潜在的リスクなどの情報も「付加価値がある情報」であり，こういう情報も経営や事業に必要な情報である（【図表5-3】参照）[1]。

「経営の中枢部門」「経営の指令基地」となり，「経営者や事業部門を支援するサービス業」へと進化している経理部は，単なる「事実」を提供するのではなく，数字の背後に隠れた「真実」を読み取り，新たな価値を創造したり，企業価値を高めたり，経営のサポートをしたりしている。ここまで進化している経理部は，上場企業でも一部である。

1　近年，上場企業を中心に，気候変動リスクの開示など，サステナビリティ（sustainability，持続可能性）に関する開示も求められており，情報開示の範囲・分量は拡大している。

【図表５－３】付加価値がある情報とは

単なる事実

「当期純利益は，10億円となりました。」

▼

財務諸表の裏に隠れた真実

・なぜ10億円だったのか
・なぜもっと利益が出なかったのか
・なぜ予測と乖離したのか
・来期の予測はどうなのか　etc.

▼

財務諸表からは見えない情報（付加価値がある情報）

・会社でどのような事業活動が行われたのか
・業界内（競合他社）にどのような動きがあったのか
・社会，経済にどのような動きがあったのか

・どこでアクセルを踏み，どこでブレーキをかけるべきか
・撤退・売却すべき事業などはないか
・余剰資金はどこに使うべきか

・会社の将来性，成長力はどうなのか
・現在の問題点・課題は何か
・それをどうやって改善・解決するのか
・顕在的・潜在的リスクは何か
・どうやってリスクを回避するのか　etc.

利害関係者の期待を超える情報を報告・提供しなければならない

(3) 経理部の３段階の進化のプロセス

このように見ていくと，経理部には３段階の進化のプロセスがあるといえる（【図表５－４】参照）。

まず，第１段階は，筆者が**「情報倉庫業」**といっている経理部である。この段階の経理部は，金庫番，仕訳屋，決算屋にとどまっており，各利害関係者に

【図表５－４】経理部の３段階の進化のプロセス

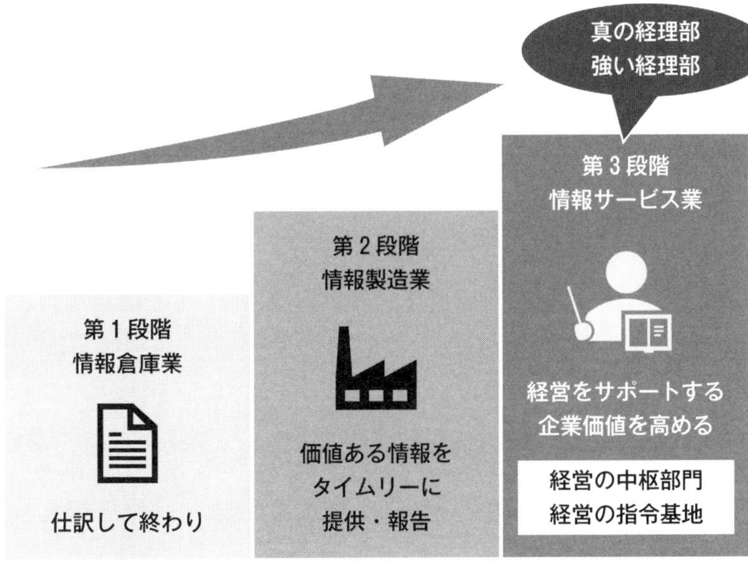

仕訳入力などの単純作業で終わっている経理部。

決算書は雛形に数値を当てはめるのみであり，各利害関係者に対して「付加価値ある情報」をタイムリーに提供することができていない。

各利害関係者に対して「付加価値ある情報」をタイムリーに報告・提供している経理部。

しかし，新たな価値を創造したり，企業価値を高めたり，経営のサポートをしたりする部署にまでは至っていない。

各利害関係者に対して「付加価値ある情報」をタイムリーに提供することは当然のこと，新たな価値を創造したり，企業価値を高めたり，経営のサポートをする部署に進化している。

対して価値ある情報をタイムリーに提供することができていない経理部を指す。

小規模・中規模会社の経理部の多くが，この段階にとどまっている。仕訳入力や決算書作成を税理士に丸投げし，社内の誰もが数字を把握していないという会社もある。税理士に丸投げしていなくても，振込，経費精算，通帳記帳，仕訳入力といった単純作業に終始しているという経理部も多い。情報を会計システムに入力し，ストックしているだけなので，「情報倉庫業」といっている。

第２段階は，**「情報製造業」**の経理部である。社内外から情報を入力したあとに，情報を数字に加工・変換し，「付加価値がある情報」をタイムリーに利害関係者へ提供・報告している経理部を指す。上場企業の経理部の多くは，この段階まで進化している。

しかし，この段階の経理部においても，「当期の利益は10億円でした」と，単に「事実」を伝えることにとどまっている経理部が多い。当期の利益がいくらかというのは財務諸表を見れば分かる。このような情報は，本来は，「付加価値がある情報」ではないというのは上述したとおりである。

経営者や投資家などの利害関係者が本当に知りたいことは，「なぜ利益が10億円だったのか」「なぜもっと利益がでなかったのか」「なぜ予測と乖離したのか」「来期はどうなるのか」といった財務諸表の裏に隠れた「真実」である。そこに利害関係者が意思決定するにあたって本当に必要な情報がある。会社の数字を最もよく知っている経理部が，財務分析を徹底して行い，このような本当に価値のある情報を提供・報告していかなければならない。

また，経営者は，結果（財務諸表の数字）を知りたいだけでなく，これまでの会計期間のプロセスも知りたいはずである。結果（財務諸表の数字）を踏まえて，会社や事業にどういう問題・課題があったのか，それをどうやって改善・解決していくべきなのか，といった情報も経理部から経営者に提供・報告しなければならない。また，外部環境・内部環境の変化が自社にどのような影響を与えたのか，顕在的リスク・潜在的リスクはどこになるのか，その事業リスクをどうやって回避すべきか，といった情報も提供・報告しなければならない。このような財務諸表からは見えない情報こそが，真の「付加価値がある情報」であり，経理部から発信すべき情報である。

経理部は，適法・適正・適時の３要件を充たす情報開示だけでなく，外部環境・内部環境の分析をし，経営の実態が浮かび上がるくらいに財務諸表の数字とじっくり対話し，利害関係者の期待を超える情報を提供・報告しなければならない。

第３段階は，**「情報サービス業」**の経理部である。

経理部が「経営の中枢部門」「経営の指令基地」となり，「経営者や事業部門を支援するサービス業」へと進化するためには，経理部から「付加価値がある情報」をタイムリーに提供・報告することは当然のこと，経営者と二人三脚で新たな価値を創造したり，企業価値を高める施策を打ったりすることも含め，あらゆる経営のサポートをする部署に進化させなければならない。

ここまで進化した経理部が，**「真の経理部」**であり，**「強い経理部」**である。

「経理部の在り方」を変えるというのは，一部の業務を電子化したり，システム化したりするという次元の話ではない。経理部を「情報サービス業」まで進化させることをいう。

社長は，経理部を「情報サービス業」まで進化させるべく，経理部にヒト，モノ，カネを投資すべきである。また，すべての経理部は，「情報サービス業」に進化するまで自助努力を続けるべきである。DX（Digital Transformation）もCX（Corporate Transformation）もBX（Back-office Transformation）も，全社的な取組みをしなければ成果がでることはない。

社長は，経営に困った時に経理部に聞きに行くことがあるだろうか。経理部員は，取締役会に呼ばれることがあるだろうか。経営と経理に溝があってはならない。両者は一体であり，二人三脚をして進むべきであり，常に対話をすべき関係であり，信頼関係を築く関係である。

経理部は，「何の付加価値も生まない部門」「利益を生まないコストセンター」ではなく，高い付加価値を生み，利害関係者から感謝され，経営者を動かし，ひいては，会社を動かし，社会を動かすことができる重要な部署なのである。

2．企業価値を高める

(1)　企業価値とは何か

ここまで「企業価値の最大化」という言葉を何度も述べてきたが，そもそも，「企業価値」とは何だろうか。

かつて，企業価値は，株主価値であり，時価総額であるという考えがあった。それが時価総額至上主義の考えを生み，一部の経営者が，利益を上げ，株価を上げるという欲望丸出しの経営に突っ走った（詳細は第７章で後述する）。
いまでは，企業価値＝株主価値（時価総額）という考えは通用しない。

筆者は，**企業価値とは「顧客価値と人材価値と株主価値の総和」**であると考えている（【図表５－５】，企業価値には様々な定義があり，これとは異なる定義もあるが，ここではこのように定義しておく）。

企業は，顧客，従業員，株主（投資家）から評価を受け，その価値が決まる。**「顧客価値」**とは，会社・事業・商品・サービスなどに対する顧客からの評価であり，会社が社会や顧客に対してどれだけインパクトを与えているか，ともいえる。**「人材価値」**とは，従業員からの評価であり，会社が従業員をどれだけ幸福（Well-Being）にしているかといえる。**「株主価値」**とは，株主からの評価であり，一般的に時価総額を指す。上場していない会社は，資本市場による時価がないため，B/S の純資産を指すと思っておいていいだろう。

【図表５－５】企業価値とは

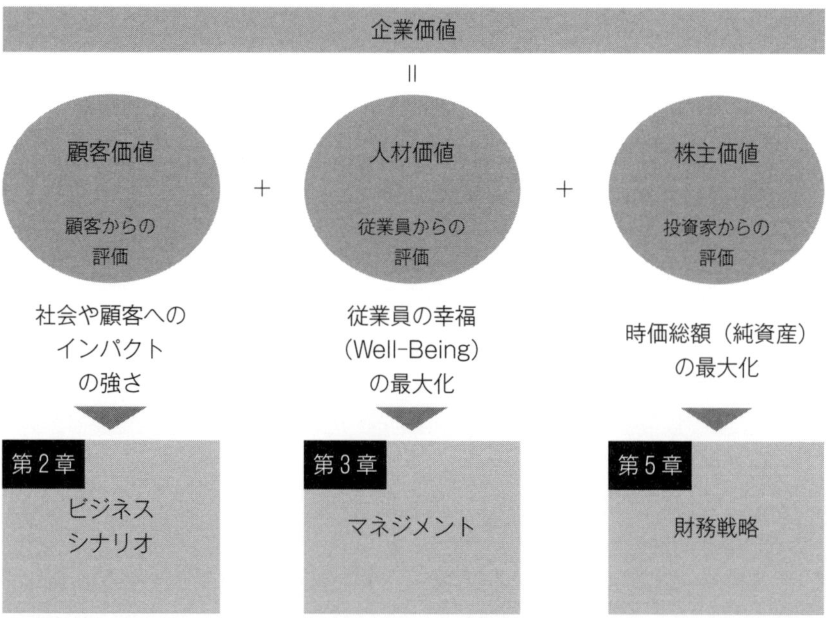

さて，企業価値を最大化するためには，「顧客価値」「人材価値」「株主価値」を最大化しなければならないが，「顧客価値」の最大化は，第２章で説明した「ビジネスシナリオ MAP」を描き，それを実践することにより実現できる。「人材価値」の最大化は，第３章で説明した「マネジメントの８つの仕事」を実践することにより実現できる。

では，「株主価値」の最大化はどうしたらいいのだろうか。

これまで，利益の最大化はキャッシュの最大化につながり，キャッシュの最大化は企業価値の最大化につながると述べてきた。では，企業価値を高めるために，第４章で述べたようなコスト削減策をひたすら繰り返す「コストカッター」になればいいのか。もちろん，「NO」である。企業価値を最大化させるには，新たな企業価値を創出する事業活動と，それを実現させるための財務的な戦略（**財務戦略**）が必要となる。

(2)　企業価値を高めるための財務戦略

では，具体的に，企業価値を高めるために何をすべきなのか。ここは，拙著『「経理」の本分』（中央経済社，2019年）でも述べているが，重要であるため本書でも簡潔に述べる。

企業価値を高める（最大化する）ためには，以下の３つの活動が必要となる。

A．資金調達…事業に必要なキャッシュを外部から調達する
B．キャッシュの循環…既存の事業・資産から最大限にキャッシュを創出する
C．キャッシュの最適配分…創出されたキャッシュを最適に分配する

このＡ～Ｃの活動を図表にしたものが【図表５－６】である。

A．資金調達

まず，企業価値を高める（最大化する）ために，事業に必要なキャッシュを，次の３つのいずれかにより獲得しなければならない。

【図表5－6】企業価値を最大化する方法

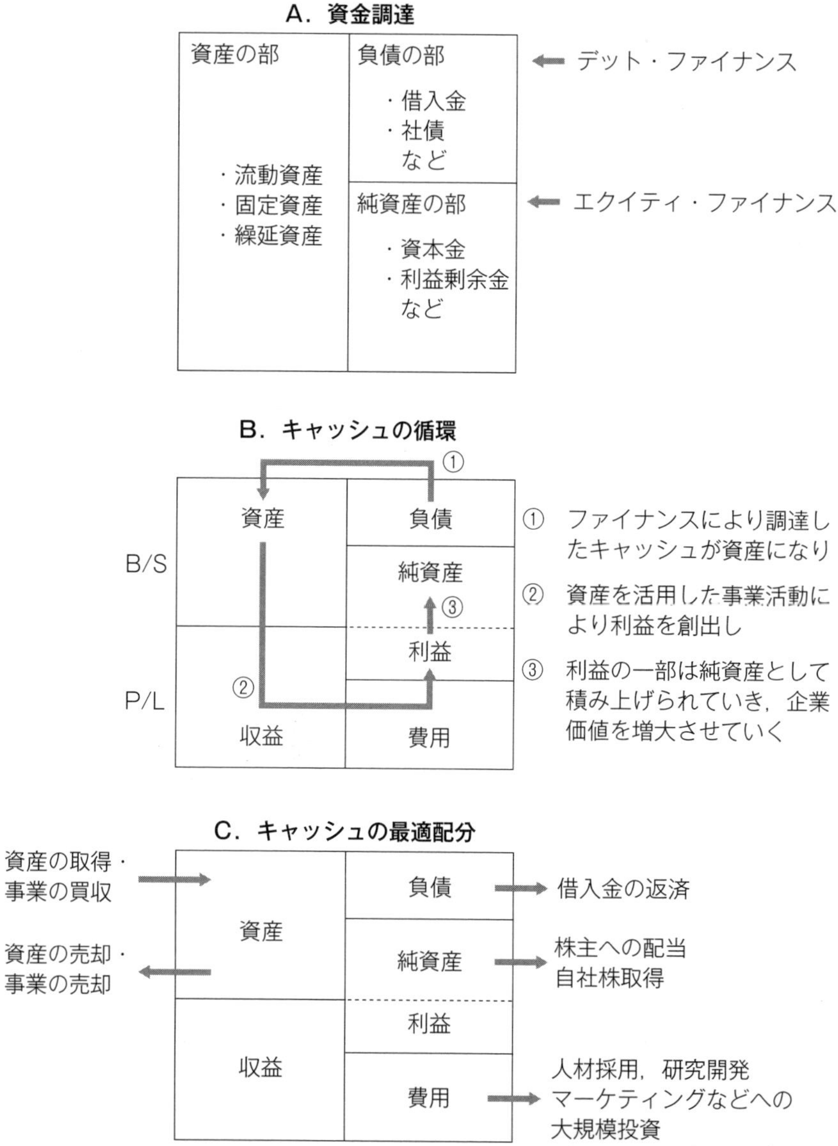

［出所］朝倉祐介著『ファイナンス思考　―日本企業を蝕む病と，再生の戦略論』（ダイヤモンド社，2018年）P56，P57，P59を元に筆者一部編集

(A-1)　デット・ファイナンス（借入／債券の発行）
(A-2)　エクイティ・ファイナンス（新株の発行）
(B)　事業のキャッシュ・フロー（資金の創出）
(C)　手元のキャッシュ

(B)の事業のキャッシュ・フロー（資金の創出），もしくは，(C)手元のキャッシュだけでは新たな価値を創出できない場合，外部からの資金調達（ファイナンス）により事業に必要な資金を獲得しなければならない。外部からの資金調達には，(A-1)デット・ファイナンス（借入／債券の発行）と，(A-2)エクイティ・ファイナンス（新株の発行）の2つがある。(A-1)はB/Sの負債の部に計上され，(A-2)は純資産の部に計上される（【図表5-7】参照）。

社長もしくは経理部は，資金調達の必要性を検討し，資金調達が必要であれば，どのような方法により資金調達をするのかも検討し，シミュレーションしなければならない。そして，資金調達方法が決まったら，必要な資金の獲得に向けて準備をしなければならない。資金を活用し，事業を成長させ，企業価値を高めるために，これらの一連の業務は非常に重要である。

【図表5-7】デット・ファイナンスとエクイティ・ファイナンス

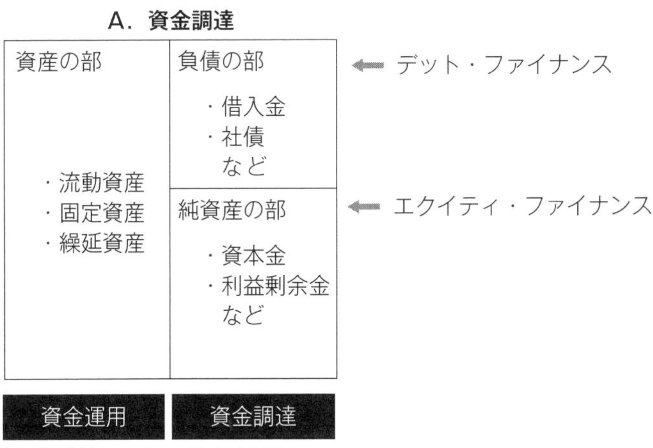

［出所］前掲書P56を元に筆者一部編集

B．キャッシュの循環

事業に必要なキャッシュを獲得できたら，それを事業へ投入し，そこからより多くのキャッシュを創出していく。つまり，①デット・ファイナンス（負債）やエクイティ・ファイナンス（純資産）で調達したキャッシュがB/S上のキャッシュ（現金預金）となり，②そのキャッシュを含む資産を活用した事業活動によって，P/L上の利益を創出し，さらにキャッシュ（B/S上の現金預金）を創出し増大させていく。③P/L上の利益の一部は，B/S上の純資産の部の利益剰余金として積み重ねられていき，企業価値を増大させていく。

このように，**事業を通じて①→②→③とキャッシュを循環させながら，キャッシュを最大化させ，結果として企業価値も最大化させていくことになる。**これを図解したのが【図表5－8】である。このように，企業が獲得したキャッシュは，B/Sの右側から左側へ，さらにP/Lへと，グルグルと循環していく。

社長もしくは経理部は，企業価値を高めるために，外部からの資金調達（デット・ファイナンス，エクイティ・ファイナンス）の検討や交渉もしなければならないが，単にキャッシュを調達する（B/S上の現金預金を増やす）ことで終わってはならない。「金融機関から1億円の新規借入を行った」ということが企業価値を高める役割を担う経理部の業務のゴールではないし，ファイナンスの本質でもない。

【図表5－8】キャッシュの循環

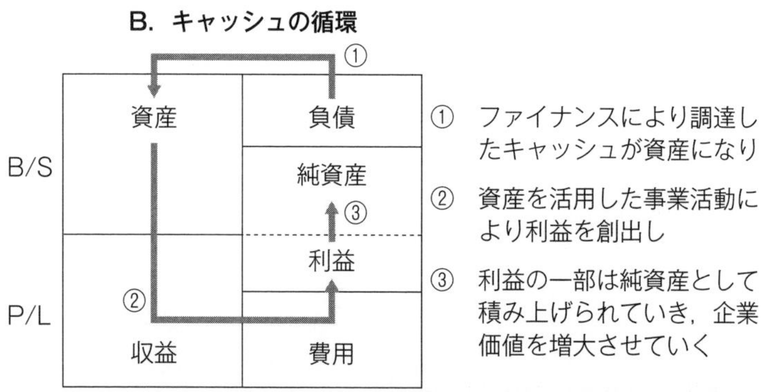

［出所］前掲書 P57を元に筆者一部編集

会社は，ファイナンスを行った後，**「キャッシュの循環」**を通して，キャッシュを**最大化させていくが**，経理部は「経営の中枢部門」「経営の指令基地」として，キャッシュを最大化させるための以下の3つの責任を負っている。

(a)　キャッシュが最大化するようなスキーム（仕組み）を構築する
(b)　キャッシュが最大化していることをモニタリング（監視）する
(c)　キャッシュが最大化するように健全にコントロールする

「キャッシュの循環」を通して，キャッシュを最大化させるためには，その前提として，P/L上の利益が創出されなければならない（つまり黒字でなければならない）。

経理部は，まず，会社が各事業活動によって**P/L上の利益を創出しているか**（言い換えれば，黒字化しているか）をモニタリングしなければならない。月次P/Lの変動分析や予実分析は，各事業活動がP/L上の利益を創出していることをモニタリングし，かつ，キャッシュが最大化するように健全にコントロールするために活用しなければならない。

また経理部は，企業が各事業活動から**キャッシュを創出しているか**についてもモニタリングしなければならない。資金計画表や資金繰り表は，各事業活動がキャッシュを創出していることをモニタリングし，かつ，キャッシュが最大化するように健全にコントロールするために活用しなければならない。

さらに経理部は，**「キャッシュの循環」**をモニタリングやコントロールするだけではなく，「キャッシュが最大化するようなスキーム（仕組み）」を構築しなければならない。それは，各事業活動から創出されるキャッシュを最大化する方法以外にも様々ある。

例えば，営業債権の早期回収，営業債務の支払条件の最適化，資産の換金などもキャッシュを創出する一手段と成り得る。キャッシュ・コンバージョン・サイクル（CCC；商品・原材料などを仕入れることによって発生した営業債務を支払ってから，その後の売上により発生した営業債権が回収されるまでにかかる日数）を短縮することなども検討すべきである。当然のことながら，支払いのタイミングを遅らせ，入金のタイミングを早めることにより資金繰りは改善される。これもキャッシュを創出する1つの手段である。また，キャッシュ・マネジメント・システム（CMS，グループ資金の一元管理）の導入，与信枠管理，為替予約などもキャッシュを創出する一手段と成り得る。これらの方法は，P/Lを経由しない方法ではあるが，広い意味で**「キャッシュの循環」**に当たる。

このように，経理部は，資金調達をした後に，様々な**「キャッシュの循環」**の方法を組み合わせることにより，資金の創出（キャッシュの最大化）を図っていかなければならない。

C．キャッシュの最適配分

「A．資金調達」，「B．キャッシュの循環」の活動を通して，キャッシュを循環させながら，キャッシュを最大化させることができれば，結果として企業価値も最大化させていく。

社長もしくは経理部は，ここで獲得されたキャッシュを，もう一度，「B．キャッシュの循環」のサイクルに投入して再度キャッシュの最大化を図るだけではなく，新規事業の投資や，他の資産や事業の獲得に振り向けるなど，**創出されたキャッシュの最適配分**を検討しなければならない。

このキャッシュの最適配分には，事業の採算性などを考慮したB/Sの最適化も含まれ，事業資産の売却や非中核事業の売却，借入金の返済，自社株取得なども含まれる。

つまり，「キャッシュの最適配分」には，主に以下のようなものが挙げられる。

- 借入金返済
- 配当
- 自社株取得
- 資産の取得・事業の買収
- 資産の売却・事業の売却
- 人材採用，研究開発，マーケティングなどへの大規模投資

【図表５－９】キャッシュの最適配分

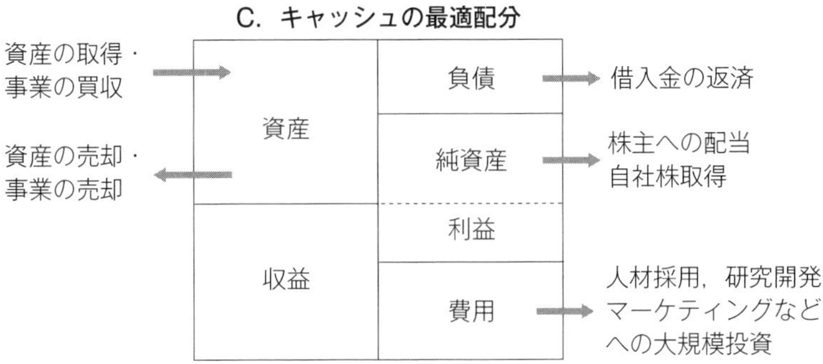

［出所］前掲書 P59を元に筆者一部編集

このように，事業活動を通して最大化させたキャッシュを溜め込む（留保する）のではなく，既存事業に振り向けるのか，新規事業に振り向けるのか，それとも株主や債権者に還元するのか，といった検討を長期的な視点をもって戦略的に実施しなければならない。「Ｂ．キャッシュの循環」がキャッシュの稼ぎ方だとすれば，「Ｃ．キャッシュの最適配分」はキャッシュの使い方といえるが，キャッシュをどのように効率的に使うかを考えることは，稼ぎ方を考えるよりも難しいはずである。投資家が要求するリターンである「資本コスト」を勘案しながら，長期的に企業価値が向上するようにキャッシュの使い方を考えなければならない。

(3)　企業価値を高めるための真の経理部の役割

社長は，「Ａ．資金調達」，「Ｂ．キャッシュの循環」「Ｃ．キャッシュの最適配分」の３つの活動を通して企業価値を高める（最大化）していくという**「ファイナンス思考」**を持たなければならない。そして，「ファイナンス思考」を持って，企業価値最大化への道筋を描いたものが**「財務戦略」**である。

社長は，壮大な夢を描く夢想家であり，壮大な成長ストーリーの語り部である。これを１枚のシートに落とし込んだものが「ビジネスシナリオMAP」(P27)であった。社長が描いたものは壮大すぎて非現実的なファンタジーに映ることもあるが，「ファイナンス思考」を持って「財務戦略」を立案することが，夢を実現させることにつながり，企業価値を高めることにつながる。

では，これらの仕事を，社長１人が担うことが可能なのだろうか。おそらく，CFO 出身の社長でなければ実現できないであろうし，CFO 出身の社長であったとしても，社長の座に就いたら「財務戦略」を練るほどの時間的・精神的な余裕はないはずである。

大規模な上場企業であれば，これら３つの活動は，別々の専門部署が主管していることが多い。例えば，「A．資金調達」は取締役（CFO など）や財務部が主管し，「B．キャッシュの循環」は各事業部門が主管し，「C．キャッシュの最適配分」は取締役（CEO など）や経理部が主管している企業が多いのではないだろうか。

しかし，これらの３つの活動を個別にバラバラに管理すると，企業価値をどのように最大化するのかを包括的に意識することもできなければ，最適な戦略立案も困難になる。また，誰が企業価値を最大化するのかという責任も曖昧になり，中空構造の組織体となってしまうおそれがある。

これらの３つの活動は，本来はすべてが有機的につながった一連の活動であるため，各活動を個別にバラバラに管理すべきではなく，企業価値をどのように最大化するのかを意識しながら，一体として管理すべきである。では，どの部署が管理すべきか。それは経理部である。

「C．キャッシュの最適配分」など，会社の成長戦略に対する社長の考えが反映されるものもある。例えば，ベンチャー企業であれば，配当や自社株取得といった株主への還元策を抑え，既存事業や新規事業にキャッシュを集中的に配分するということはよくある。企業や事業の買収なども会社の成長戦略に対する社長の考えが反映された結果である。しかし，それを管理するのは会社の数値を最もよく知る経理部であり，社長や CFO ではない。

何度も述べているように，経理部は，「経営の中枢部門」「経営の指令基地」として，新たな価値を創造したり，企業価値を高めたり，経営のサポートをしたりする「情報サービス業」に進化させるべきであり，経営と経理が二人三脚で進むべきである。これは，上場企業だけでなく，小規模・中規模の会社でも同じである。BX（Back-office Transformation）は，すべての会社に求められる。

経理部は，「A．資金調達」，「B．キャッシュの循環」，「C．キャッシュの最適配分」のそれぞれの財務活動を理解し，戦略を練り，一元管理し，経営者と対話しながら，企業価値を高めていかなければならない。経理部（員）の腕も見せ所である。

なお，近年は，「経済的価値」（定量的に表現できる企業価値）を向上させるために「社会的価値」（数字だけでは推し量れない企業価値）を毀損することは許されなくなってきている。儲かるからといって環境汚染を引き起こすことや，人権を侵害すること，児童労働を黙認すること，個人情報を漏洩することなどは許されない。投資家がESG（環境，社会，ガバナンス）に関心を持っているように，企業や経理部（員）も事業活動を社会や環境などを切り離して考えてはならない。つまり，企業価値の最大化を考えるにあたっては社会や環境などとの関わりまで考えなければならず，キャッシュ・フロー生成能力を予測するにあたっては将来影響を与える可能性のある様々な事項を考慮しなければならない。

社会的な影響力が大きい上場企業は特に，「経済的価値」の向上を図りながら，「社会的価値」の実現を目指し，サステナブル経営を実践していかなければならない。

(4)　企業価値を高めるための成長ストーリーのディスクロージャー

社長は，壮大な成長ストーリーを描き，これを数値に変換した中長期計画（主に3～5年スパンの経営計画），短期計画（主に今後1年間の経営計画）を立案し，KPI（Key Performance Indicator，経営上の重要な業績評価指標）を設定し，予算策定，予測財務諸表の作成，次の財務目標の決定をしていくことになる（トップダウン型の企業価値向上策）。

これらの業務の一部は，経理部が引き受けることもある。経理部では，「過去の数字」（実績財務諸表）から現状を知り，「未来の数字」（予算，予測，目標など）を作り，達成していくことになる（ボトムアップ型の企業価値向上策）。

さらに経理部は，「財務戦略」の立案を引き受けて具現化するだけでなく，社長の描く成長ストーリーを，①会社の成長ストーリー，②事業の成長ストーリー，③エクイティ（資本）の成長ストーリーとして具現化し，各利害関係者に分かりやすく発信・報告しなければならない。その発信先は，社外の利害関係者（投資家，債権者など）に限らず，社内の利害関係者（従業員）も含まれる。それぞれの利害関係者は，求める情報が異なるため，成長ストーリーは1つでも，利害関係者ごとに伝え方や伝える内容は変えなければならない。例えば，投資家は，投資以上のリターンが得られるかどうかに関心があるため，それに答える説得力のある将来ストーリーを示す必要がある。

利害関係者に対する成長ストーリーの発信・報告のフロントに立つのは社長やCFOなどの経営者であるかもしれないが，経理部はその情報発信・情報開示のサポートをしなければならない。

本章の冒頭でも述べたとおり，「経理部の在り方」を変えるのは社長の役目であり，社長が「経理部の在り方」を変えようとしない限り，経理部が「情報サービス業」に進化することはない。企業価値を高め，会社を進化させるためには，経理部を「経営の中枢部門」「経営の指令基地」に進化させなければならない。社長が描いた企業戦略，事業戦略が，経理部が描いた財務戦略と噛み合い，シナジーを生んだとき，企業価値は何倍にも膨らむ可能性がある。

【図表５-10】企業価値を高めるための成長ストーリーのディスクロージャー

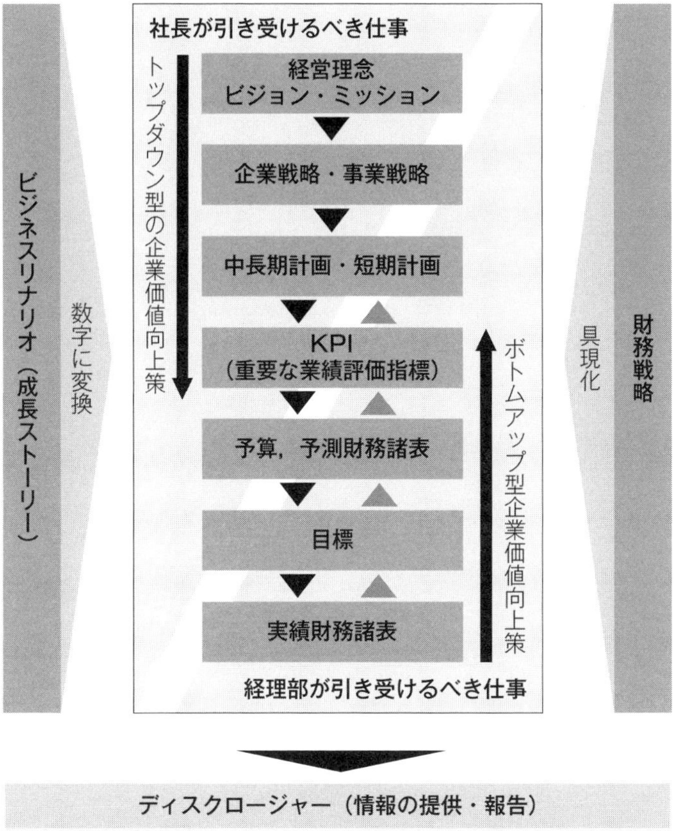

マーケティング，イノベーション

第6章

第 6 章の全体像

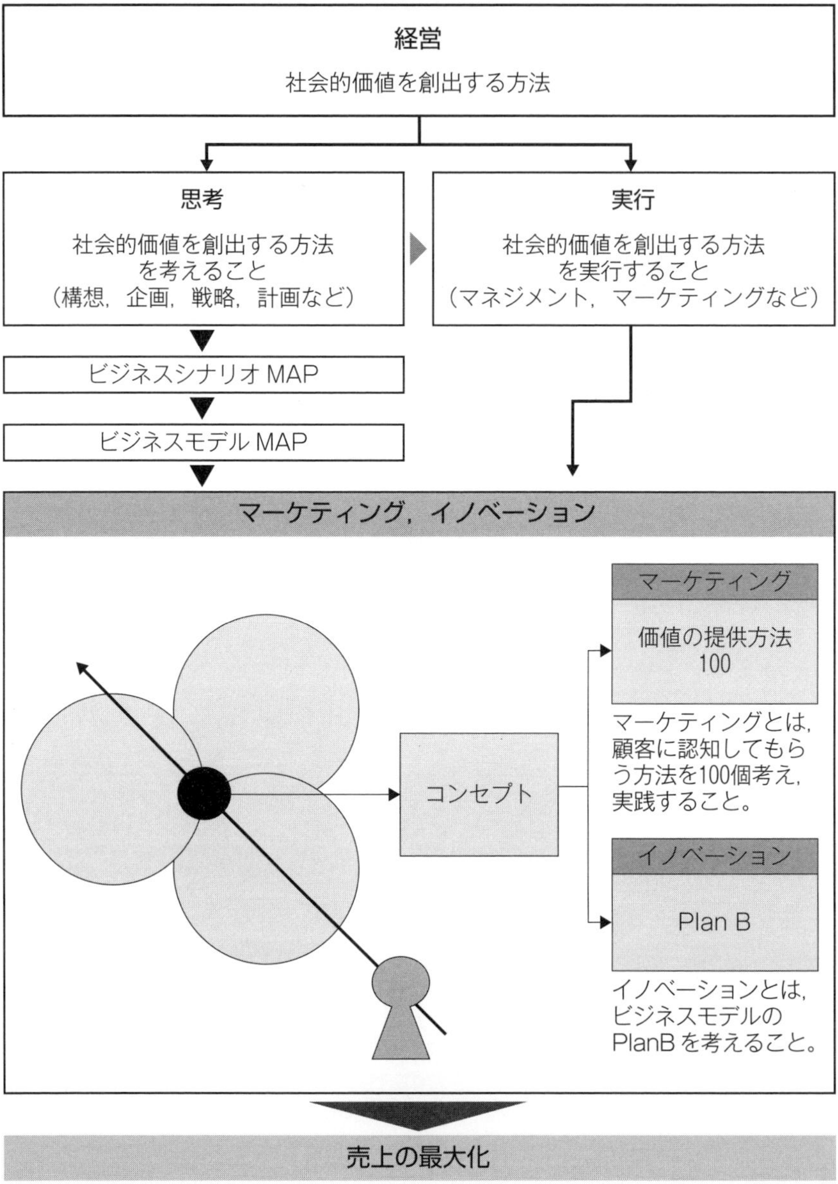
経営
社会的価値を創出する方法
思考
社会的価値を創出する方法
を考えること
（構想，企画，戦略，計画など）
実行
社会的価値を創出する方法
を実行すること
（マネジメント，マーケティングなど）
ビジネスシナリオ MAP
ビジネスモデル MAP
マーケティング，イノベーション
マーケティング
価値の提供方法
100
マーケティングとは，
顧客に認知してもら
う方法を100個考え，
実践すること。
コンセプト
イノベーション
Plan B
イノベーションとは，
ビジネスモデルの
PlanB を考えること。
売上の最大化

1．売上を上げる方法

(1)　セールスの限界

第4章において，利益を最大化する方法には，大きく8パターンに分類できると述べた（【図表6－1】に再掲している）。第4章では，【図表6－1】に掲載した8パターンのうち，4～8の方法について述べた。このうち，5～8の経費削減の方法はホンキで取り組めばその日のうちに効果が出る。まずは無駄な贅肉を落とし，P/Lを改善していくべきである。

贅肉を落としたら，売上を上げることも考えなければならない。本章では，【図表6－1】に掲載した残りの3パターン，1セールス，2マーケティング，3イノベーションについて述べていく。

経営学の教科書などをみると，セールス，マーケティング，イノベーションには様々な定義が書かれているが，本書では，以下のように定義する（【図表6－2】参照）。

1セールス：「既存顧客・既存見込客」に売上を上げること
2マーケティング：「新規顧客・新規見込客」を開拓して売上を上げること
3イノベーション：「新規事業」を立ち上げて売上を上げること

教科書の定義とは異なるが，説明の便宜上，3パターンに区分しただけであるため，深入りしなくて構わない。

さて，これまで「黒字社長塾」を通して多くの小規模・中規模会社と向き合ってきたが，大半の会社で，マーケティングとイノベーションを行っていない。創業以来，一度たりともマーケティングとイノベーションを行っていないという会社も少なくない。つまり，創業以来，一度たりとも新規顧客開拓のための施策を打たず，新規ビジネスも立ち上げていないという会社が少なくない。

【図表6－1】利益を最大化させる方法（再掲）

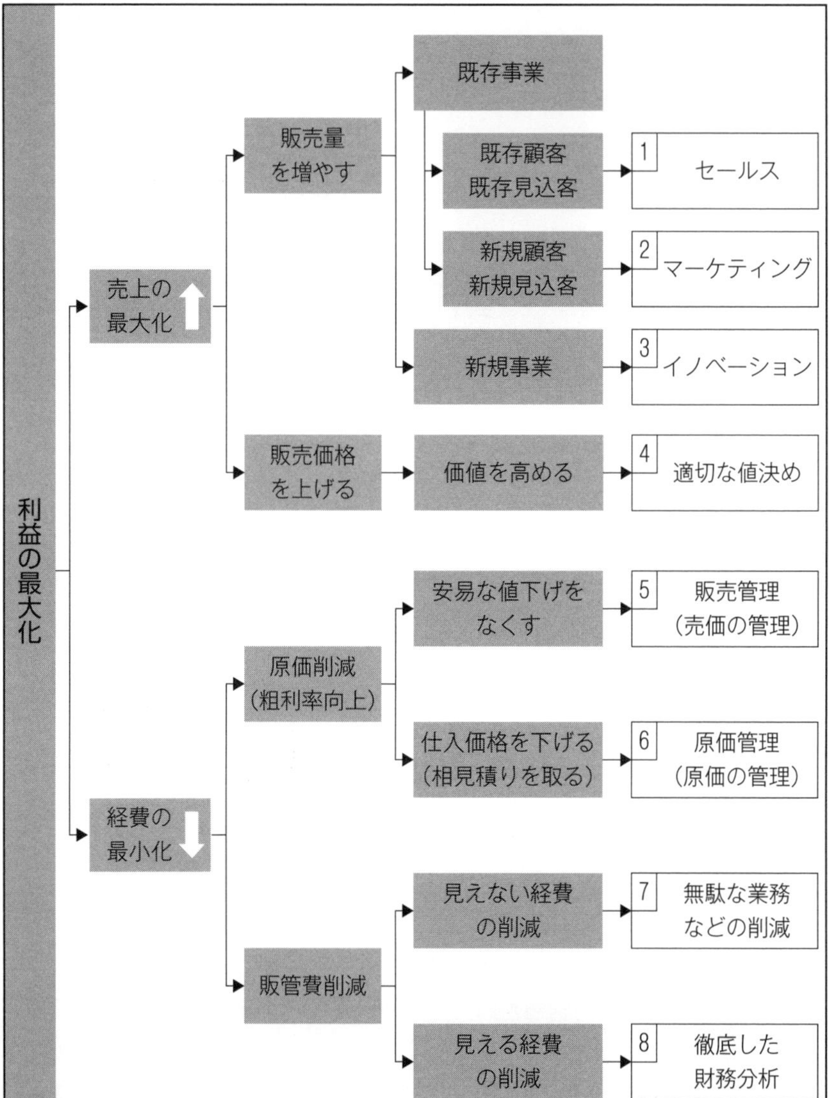

利益を最大化させる方法は，上図のとおり，1～8の方法がある。

本章では1～3の方法について述べる。4～8の方法については第4章で述べている。

【図表6-2】セールス，マーケティング，イノベーション

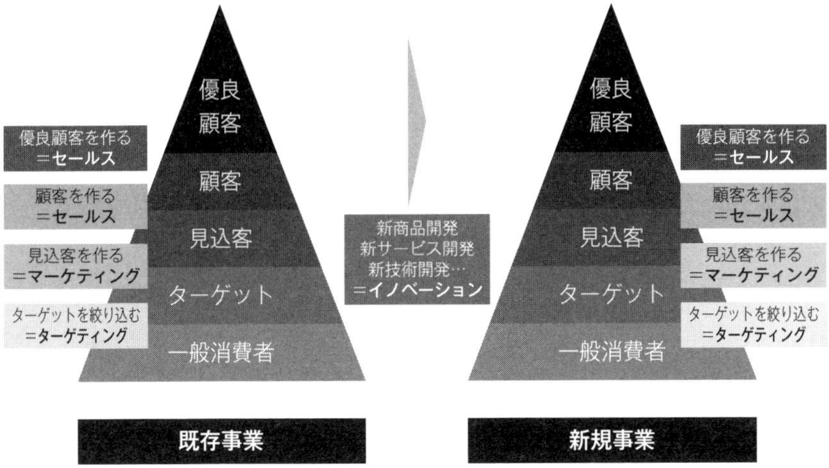

業績悪化，資金繰り悪化で悩んでいる会社は，売上低迷が原因であることが多い。そのため，業績回復，資金繰り回復を図るために，低迷した売上を元に戻そうとする。しかし，そういう会社であっても，マーケティングとイノベーションを行おうとせず，必死にセールスをする。

必死でセールスをすることを否定はしない。セールスは必死ですべきである。しかし，どれだけセールスを行っても，売上が元に戻らないことがある。多くの小規模・中規模会社が「セールスの限界」に直面する理由は2つある。①「マーケティングをやらなさすぎ」と②「イノベーションを起こせなさすぎ」の2つである。

①　マーケティングをやらなさすぎ

創業間もない会社や，会社がまだ小さい時は，既存客も見込客も少ないため，社長1人がセールスを行うことが合理的・効率的であり，それでも会社を維持・存続させるために必要な一定の売上高は確保できる。むしろ，営業担当を雇い，彼らを指導し，一人前になるまで育て上げる時間や労力を考えると，「自分がやったほうが早い」となる。そのため，社長が一心不乱にセールス活動に邁進することになる。

会社がある程度の規模に成長したり，既存客・見込客が増えてきたりすると，社長１人のマンパワーでは限界が見えてくる。マネジメント不在の組織にも様々な問題が露呈してくる。そこで，営業経験者を雇うことを考える。営業経験者を雇えば，社長は，ようやくセールスから開放され，「社長業」に専念できると期待する。

しかし，高額の報酬を提示し，三顧の礼で迎え入れた営業経験者が，さっぱり成果を上げない。「前職では営業トップだと言っていたのに…」。

社長がセールスから離れたことにより売上が減少し，営業担当を雇ったことにより固定費が増加し，業績は悪化し，資金繰りが危機的状況に陥る。

こうなると背に腹は代えられない。再び社長がセールスの最前線に立つしかない。そうやって，再び社長がセールスに忙殺される日が続く。しかし，固定費増大を上回るだけの受注を獲得することができず，資金が底を付き，倒産することになった。

これは，私の知人の会社で実際に起こった話である。

社長がセールスをやりすぎている会社は，似たような状況に陥る。社員が何人か在籍している会社であっても，営業担当が不在で，社長が１人でセールスをしている会社が多いが，こういう会社は，社長の器以上に会社は大きくならない。そして，どこかで社長が息切れを起こすことになる。

こういう会社が売上低迷，業績低迷，資金繰り悪化を起こす根本的原因は何か。それが，**マーケティングをやらなさすぎ**（マーケティング不在）である。売上，利益，資金繰りをセールスに100％依存しているため，セールスの限界点が会社の限界点となる。小さい会社がいつまでも小さいままである理由の１つが，ここにある。

② イノベーションを起こせなさすぎ

商品・サービスには，ライフサイクル（プロダクトライフサイクル）というものがある（【図表６－３】参照）。成熟期を超え，衰退期に入った製品・サービスであれば，必死にセールスを行っても，売上を伸ばすのは難しい。第１章でも述べたとおり，どれだけ努力をしても，和式の便器は絶対に売れない。た

【図表6－3】プロダクトライフサイクル

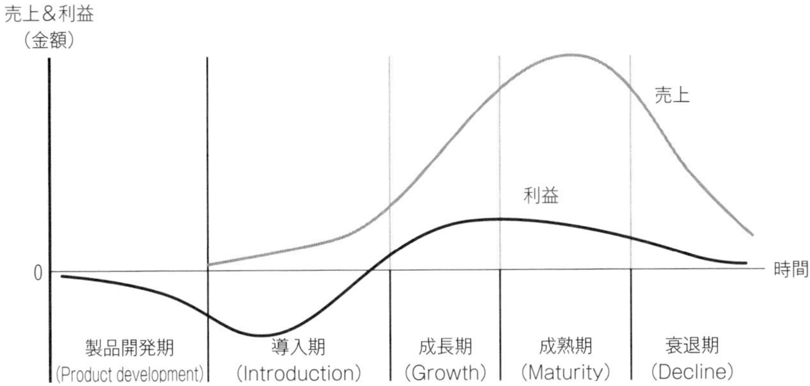

	導入期	成長期	成熟期	衰退期
売上規模	わずか	急上昇	緩慢上昇	下降
利益額	赤字	高水準	下降	低水準か0
キャッシュフロー	マイナス	トントン	高水準	低水準
顧客タイプ	イノベーター	アーリー・アダプター	レイトマジョリティ	ラガード
競合	ほとんどなし	増加	多数	減少
戦略	市場拡大	シェア拡大	シェア防衛	生産性向上
マーケティング目標	認知	ブランド確立	ブランド強化	選択的
product	基礎知識	改良	差別化	合理性
price	高水準	低下	最低水準	上昇
place	専門店	量販店	量販店	選択的
promotion	専門誌	マス	マス選択的	極小

［出所］三谷宏治『経営戦略全史』（ディスカヴァー・トゥエンティワン，2013年）などを参考に筆者作成

とえあなたがどれだけ熱意を持って営業しても。

近年，プロダクトライフサイクルは短縮化しており，1年前に売れた商品・サービスが，1年後には見向きもされないということがある。これまでブームとなったものも，多くは1年から数年で姿を消している。

成長企業は，プロダクトライフサイクルの成長期に，その時に獲得した資金を活用したり，その時に得た信用でファイナンスを行ったりしながら，新しい製品，新しいサービス，新しい技術，新しいセグメントを生み出す。つまり，永続的なイノベーションを行いながら，持続的な成長を追い求めている。

しかし，いまでも必死に和式の便器を売ろうとしている会社もある。こういう会社が売上低迷，業績低迷，資金繰り悪化を起こす根本的原因は，ただ１つ。**イノベーションを起こせなさすぎ**である。社会，業界，消費者の嗜好が劇的に変化している中，売手が変化に対応できていない。消費者に飽きられ，ライバルに顧客を奪われるのは当然である。

(2) マーケティングの理想は，販売を不要にすること

「経営学の父」とも称されるピーター・F・ドラッカー教授によると，企業の目的は，**「顧客を創造すること」**と定義している[1]。そして，企業の基本的な機能は，**マーケティングとイノベーション**の２つだけだという[2]。つまり，顧客を創造するという企業の目的の成果をもたらすものは，マーケティングとイノベーションの２つだけであり，セールスではない。

ドラッカー教授は，このような衝撃的な一文を記している。

「マーケティングの理想は，販売を不要にすることである。」[3]

ドラッカー教授は，「マーケティングが目指すものは，顧客を理解し，製品とサービスを顧客に合わせ，おのずから売れるようにすることである」[4]と述べている。この「おのずから売れるようにすること」がポイントである。**セールスは，こちらから売る（売り込む）こと**であるが，**マーケティングは，おのずから売れるようにすること**なのである。言い換えれば，**売らなくても売れるようにすること**である。

つまり，「販売とマーケティングは逆である。同じ意味でないことはもちろん，補い合う部分さえない」[5]のである。

1　ピーター・F・ドラッカー『マネジメント　基本と原則［エッセンシャル版］』（ダイヤモンド社，2001年）P15
2　前掲書 P16
3　前掲書 P17
4　前掲書 P17

社長1人が必死にセールスを行っても限界がある。有限である。しかし，マーケティングは無限である。顧客を理解し，顧客に認知してもらう方法を考え，顧客に「こんなの売ってるよー！」と商品・サービスの価値を伝え，顧客に「買いたい！」「売ってくれ！」と手を上げてもらえばいいのである。**顧客に「買いたい！」「売ってくれ！」と手を上げてもらう方法や仕組みを考え，実践することが，マーケティングである。**

ドラッカー教授がいうように，マーケティングをキチンと実践すれば，セールスは不要になる。しかし，「マーケティングは，今日あまりにも多くの企業で行われていない」[6]。

日本電産の永守重信氏も，経営者は常に「マーケティングがいちばん大事」と考えるべきであり，「一にも二にも，三にも四にもマーケティング」，「技術は五番目，六番目。一から四までマーケティング」と，経営トップが率先してマーケティングに力を入れなければならないと力説している[7]。

業績がいい会社の社長に共通するのは，セールスに忙殺されていないこと，「マーケティングオタク」といってもいいくらいにマーケティングの情報を仕入れ，マーケティングを実践していることである。それは，業績がいい会社の社長室の本棚を見れば分かる。

【図表6-4】セールスとマーケティングは逆である

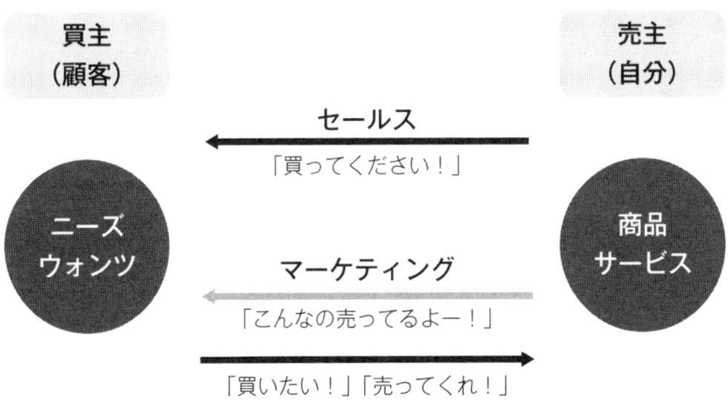

5　前掲書 P17
6　前掲書 P16
7　永守重信『永守流　経営とお金の原則』（日経 BP，2022年）P24，P228

(3) イノベーションは，より大きな富を生みだす新しい能力をもたらすこと

では，ドラッカー教授は，イノベーションについては何といっているのか。

イノベーション（Innovation）とは，直訳すると「革新」と訳され，新製品開発，新技術開発，新資源開発など「技術革新」の意味で使われることがある。しかし，ドラッカー教授は，イノベーションについて，「発明のことではない。技術に関するコンセプトでもない。経済に関わることである」[8]と述べている。つまり，イノベーションとは，モノづくりの会社にのみ必要なものではなく，すべての会社に必要なものである。

ドラッカー教授は，「マーケティングだけでは企業としての成功はない」[9]と言い切る。**企業が成長するためにはイノベーションが必要であり，イノベーションなくして成長はない。**

では，イノベーションとは，具体的にどういうことをいうのか。ドラッカー教授は，こう述べている。

「イノベーションとは，人的資源や物的資源に対し，より大きな富を生みだす新しい能力をもたらすことである。」[10]

イノベーションとは，「富を生みだす新しい能力」をもたらすものでなければならない。しかしこれは，これまでになかった「全く新しいもの」を生み出さなければならないというわけではない。

イノベーションという言葉を100年以上前に提唱した経済学者ヨーゼフ・シュンペーター教授は，イノベーションを「新結合（new combination）」と定義している。つまり，既存のものを新しく結合する（組み合わせる）ことが

8　前掲書 P18
9　前掲書 P17
10　前掲書 P18

イノベーションである。シュンペーター教授によると，新しい製品の開発のみならず，新しい生産方式の導入，新しい販路の開拓，新しいサプライチェーンの獲得，新しい組織の実現も「新結合」として例示している[11]。

つまり，「既存の何か」と「他の何か」を組み合わせて「新しい何か」を生み出すことがイノベーションである。実務上は，「既存の何か」と「他の何か」を組み合わせるという発想よりも，「既存の何か」をズラして「新しい何か」を生み出すという発想のほうが，イノベーションを起こしやすいだろう（【図表6-5】）。「既存の何か」をズラして「新しい何か」を生み出す方法については，3．イノベーションで詳述する。

上述のとおり，プロダクトライフサイクルは短縮化しており，短期間で陳腐化し，衰退期に入る。会社は，ライフサイクルの成熟期・衰退期に入る前の成長段階において，新たなイノベーションを起こし続けなければならない。絶え間ないイノベーションにより，釣鐘形のライフサイクル曲線は，Sカーブを描きながら右肩上がりに成長し，より大きな富を生み出すことになる（【図表6-6】）。

世の中で持続的な成長を続けている会社を何社か思い浮かべてほしい。そのような会社で，創業以来，単一商品，単一製品，単一サービスだけを売り続けている会社はあるだろうか。きっと1社もないはずである。世界初のカップ麺

【図表6-5】イノベーションとは，「組み合わせる」こと，「ズラす」こと

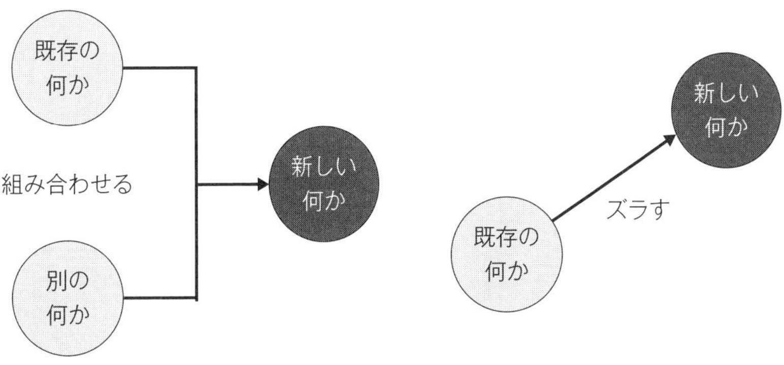

11　Wikipedia より

【図表6－6】イノベーションとライフサイクル

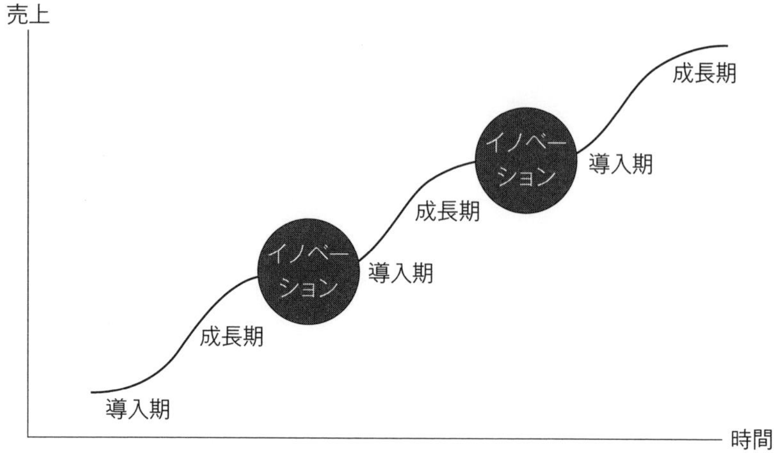

「カップヌードル」を開発・販売した日清食品は，「カップヌードル」だけでも100種類以上開発・販売し，それ以外にも「日清のどん兵衛」「日清焼きそばU.F.O.」「日清ラ王」「チキンラーメン」「出前一丁」「ごろっとグラノーラ」など数々の商品を開発し続けている[12]。

持続的に成長し続けている上場企業や大規模会社は，創業から何年も何十年も商品・製品・サービスのイノベーションを繰り返している。さらには，商品・製品・サービスのイノベーションだけではなく，組織・人事・マネジメントなどのイノベーションも繰り返し，成長と変化を諦めずに今日に至っている。そういう会社が，結果として巨大なキャッシュを獲得しているのである。

常に変わり続ける外部環境に対して，自らが変革し，串を刺していく努力を怠らなかった者だけが持続的に成長し続けることができる。そして，変革を諦めた者が淘汰されていく。会社経営がサバイバルであるといわれる所以である。

次節から，具体的に，これまでマーケティングとイノベーションを行っていなかった会社が，どのようにマーケティング行い，イノベーションを起こし，

12　日清食品グループHPより

売上を上げるのかを説明していく。

2．マーケティング

(1)　売上を上げるために必要な「マーケティング思考」

売上を上げるためには，新規顧客・新規見込客を開拓しなければならず，そのためにはマーケティングを実践しなければならない。

マーケティングに関する本を読めば，古典的な手法から，最新の手法まで，様々なマーケティング手法を学ぶことができる。インバウンドマーケティング，ソーシャルメディアマーケティング，ダイレクトレスポンスマーケティング（DRM）など，自社に移植できるものは移植すべきである。

ただし，社長にとって必要なことは，**マーケティングの「手法」を学ぶことよりも，マーケティングの「思考」を持つこと**である。マーケティングを実践するにあたって必要となるモノの見方・考え方を知っておかなければならない。「手法」だけを学んでも，成果（売上）が上がらず，マーケティングコストを垂れ流すことになりかねない。

前節で述べたとおり，マーケティングとは，売らなくても売れるようにすることである。新規顧客・新規見込客に「こんなの売ってるよー！」と商品・サービスの価値を伝え，顧客に「買いたい！」「売ってくれ！」と手を上げてもらう方法を考え，実践することが，マーケティングであった。

では，「売りたい！」と思っている売主（自社）と，「買いたい！」と思っている買主（顧客）の二者がいたら，売上は上がり続け，会社は持続的に成長するのだろうか。

答えは「NO」である。

ホンダ（本田技研工業）は，1964年にF1に初参戦し，その後3度の撤退・復活を繰り返し，2021年のシリーズまで参戦した（エンジン供給としての参戦を含む）。1988年にはホンダエンジンを搭載したマクラーレンが16戦15勝という偉業を成し遂げ，その記録はいまだに破られることがない。

ホンダの社内には，F1のエンジンを作りたいと思っているエンジニアや，フェラーリやポルシェより速いスポーツカーを作りたいと思っているエンジニアがたくさんいるだろう。そして，F1を観戦してきた人の中にはホンダ車しか乗らないというホンダフリークが少なくない。ホンダエンジンを搭載したスポーツカーを乗りたいという者は一定数いるはずである。

つまり，ホンダエンジンを搭載したスポーツカーを「売りたい！」と思っている売主と，「買いたい！」と思っている買主は確実に存在するのである。しかし，ホンダは現執筆時点（2022年初旬）においてスポーツカーをほとんど量産しておらず，高級スポーツカー「NSX」も2022年に生産終了となり，同社を象徴するスポーツカーの歴史が幕を下ろす（F1からも2021年シリーズ限りで撤退している）。

では，なぜ「売りたい！」と思っている売主と，「買いたい！」と思っている買主が存在するのに，スポーツカーを量産しないのか。これが，マーケティングを考えるにあたって，最も重要な点なのである。

セールスの世界では，登場人物は売主と買主の二者であった。しかし，マーケティングの世界では，登場人物は売主と買主だけではない。「社会」という登場人物がいるのである（【図表 6－7】）。「社会」とは，環境，時代，時勢，トレンドなどと同義と思って構わない。

マーケティングの世界では，「買主」「社会」「売主」の3人の登場人物がいる。私は，マーケティングの世界における3人の登場人物のことを**「団子3兄弟」**といっている。

そして，**「買主」「社会」「売主」の「団子3兄弟」が，1本の串で刺さったとき，モノ・サービスが売れる**のである。これが，本書のいう，マーケティングの**「思考」**である。

逆にいえば，モノ・サービスが売れないというのは，「社会」の動きに対応できていないか，「買手」のニーズ，ウォンツを読み切れていないのである。

「買主」「社会」「売主」の「団子3兄弟」のうち，もっとも動きが速いのは「社

【図表6－7】マーケティングにおける「団子3兄弟」

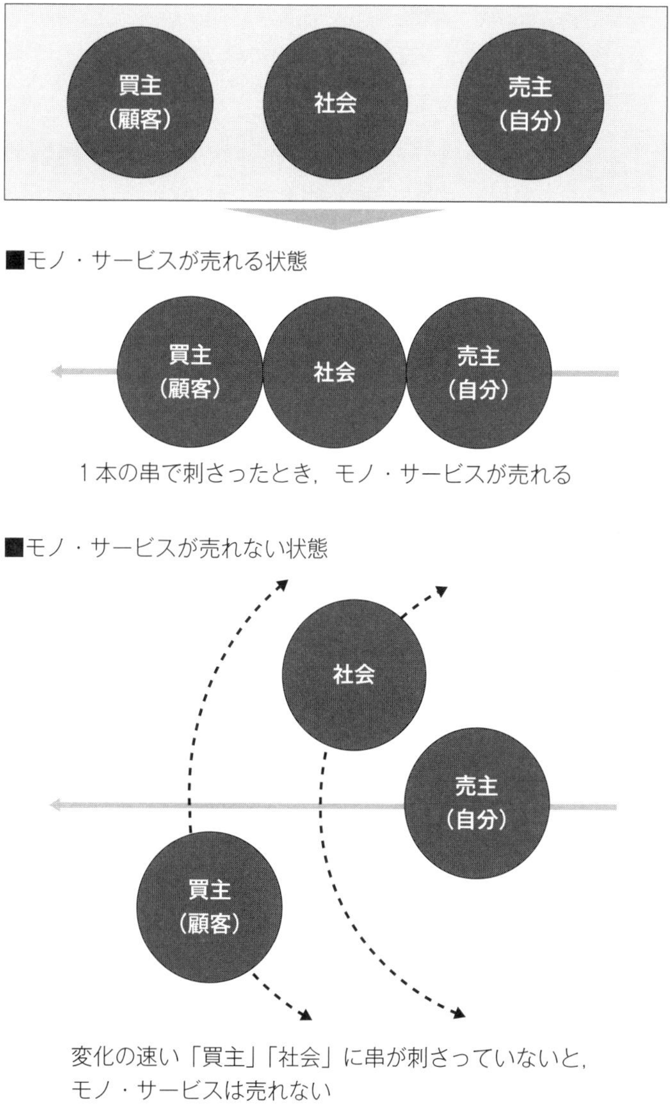

会」である。社会，経済，環境，トレンドなどは１年で目まぐるしく変わることがある。次に動きが速いのは「買手」である。買手が求めるニーズ，ウォンツも常に変化していく。もっとも動きが遅い（鈍い）のは「売主」であろう。売主が上がらないのは，**「買主」「社会」の変化**に対応できていないのである。

「買主」「社会」の変化は速いため，彼らに串を刺そうと思えば，彼らより速く動かなければならない。しかし，それができていないのである。ダイビングやシュノーケリングをしたことがない人でも，水中で串を持って魚を捕まえようと思えば，魚の動きよりも速く，自ら串を魚に向けて突き刺しにいかなければならないことは分かるだろう。水中でどれだけ串を持って突っ立っていても，魚のほうから串に刺さってくれることはまずない。

売上を上げるためには，**「買主」「社会」の変化**を捉え，「買主」「社会」の動きよりも速く串を刺さなければならない。社長は，「社会」の動きを読み取り，「買主」のニーズ，ウォンツに応じる「頭脳派マーケッター」であると共に，経営環境の変化に素早く対応し，串を刺していく「行動派マーケッター」でなければならない。

なお，「買主」「社会」の変化をどのように捉えたら良いのか，という質問は非常に多い。「買主」「社会」の変化を捉えるためのノウハウはない。第１章（P14）でも述べたが，「買主」「社会」の変化に**「関心を持つ」**しかない。関心を持てば，情報は向こうからやってくる。関心がなければ視界に入ったものですら脳は認識しない。街を歩いていても，TVや雑誌を見ていても，ビジネスパーソンや消費者と話をしていても，関心を持っていれば「気付き」があるに違いない。これも，社長に必要な「マーケティング思考」である。

ホンダの経営陣は，「買主」「社会」の変化をいち早く捉え，F1撤退や高級スポーツカーの生産終了を決めただけでなく，ガソリン車からも撤退することを決めている。2050年のカーボンニュートラル（温室効果ガス排出量実質ゼロ化）実現を「社会」が求めていることに，「売主」が素早く対応したのである。ホンダは，2040年までに全世界でEV（電気自動車）・FCV（燃料電池車）比率を100％にするという目標を掲げている[13]。

(2) 売上を上げるためには，敵を知り，己を知ること

では，変化の速い「買主」「社会」に串を刺すためには，どうしたらいいのだろうか。それは，「敵を知り己を知れば百戦殆からず」（『孫子』）である。戦いに勝とうと思うなら，敵を知ること，自分を知ることが必要である。

まず，「買主」「社会」の動き・特徴などを知らなければならない。これを**「外部環境分析」**という。そして，串を持って戦いに挑む「売主」である自分の強みなども知らなければならない。これを**「内部環境分析」**という。マーケティングを実践するためには，この2つの分析が欠かせない。

ここまで読まれた方なら，話が繋がったであろう。第2章で述べた「ビジネスシナリオ MAP」を作成するにあたり，既に「外部環境分析」と「内部環境分析」を行っている。そして，その分析結果を受けて，「求められること」(must)，「したいこと」(want)，「できること」(can) の3つの輪が重なるところに串を刺し，ビジネスの「コンセプト」として導いた（P32【図2－3】）。

実は，この3つの輪が重なるところこそが，「団子3兄弟」が串で刺さっているところでもある（【図表6－8】）。「ビジネスシナリオ MAP」に向き合うということは，「団子3兄弟」に1本の串を刺すということなのである。

両者の関係は，以下のとおりである。

団子3兄弟	ビジネスシナリオ MAP
1 「社会」の分析	→ 「社会・経済　環境分析」「業界・企業　環境分析」
2 「買主」の分析	→ 「消費者・顧客　環境分析」
3 「売主」の分析	→ 「したいこと」「できること」

敵を知るためには，1「社会」の動きと，2「買主」の動きを知らなければならない。1「社会」の動きは，「ビジネスシナリオ MAP」上では，「社会・

13　2021年4月23日，ホンダ代表取締役社長三部敏宏　社長就任会見より（https://www.honda.co.jp/news/2021/c210423.html）

【図表6-8】マーケティングにおける「団子3兄弟」と経営環境分析

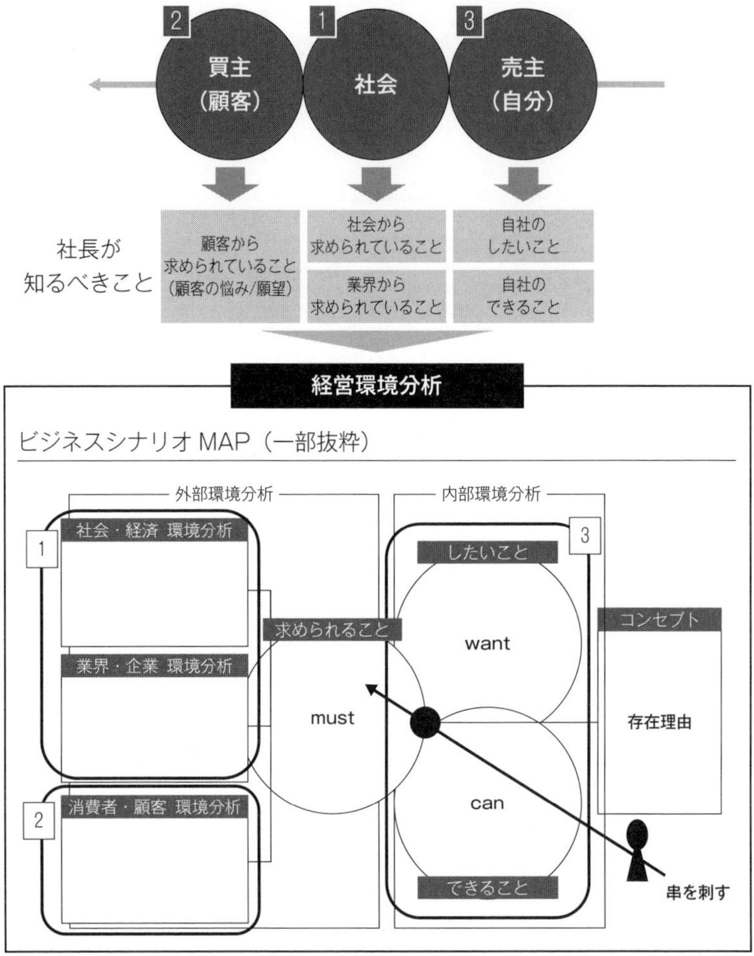

経済　環境分析」「業界・企業　環境分析」という2枚のカードで分析した。②「買主」の動きは，「ビジネスシナリオMAP」上では，「消費者・顧客　環境分析」というカードで分析した。この3枚のカードから「求められること」(must) が導かれる。

次に，己を知るためには，③「売主」である自分の強みなども知らなければならない。「ビジネスシナリオMAP」上では，「したいこと」(want)，「できること」(can) という2枚のカードで分析した。

「ビジネスシナリオMAP」の作成方法は，再度，第2章で確認して頂きたい。

【図表6－7】に記載しているとおり，モノ・サービスが売れないというのは，「買主」「社会」に串が刺さっていないのである。それはすなわち，「ビジネスシナリオMAP」の3つの輪に串が刺さっていないということである。再度「ビジネスシナリオMAP」に向き合う必要がある。

「社会」の動きを捉えられていないか，「買手」のニーズ，ウォンツを読み切れていないという状況で，マーケティングを実践しても，マーケティングは失敗する。

「団子3兄弟」に1本の串を刺すためには，「社会」や「買主」の動きをいち早く捉え，売主（自分）が動かなければならない。繰り返すが，最新・先端のマーケティングの「手法」を学ぶことよりも，このようなマーケティングの「思考」を持つことが大切である。

(3)　マーケティングとは，自分のことを知ってもらうための活動

では，マーケティングは，どうやって実践すればいいのだろうか。

結論からいえば，「ビジネスモデルMAP」（第2章P47～参照）の**「価値の提供方法」**（【図表6－9】の④）のカードに記載した方法を，**すべて・もれなく実践すること**が，大半の会社にとって必要なマーケティングの実践である。

ここで古典的なマーケティング手法や，最新のマーケティング手法を学んだり，マーケティングのプロを雇ったり，マーケティング会社へ依頼したりしなければならないと思われる方がいるかもしれないが，そういったことは巨大企業がやることであり，大半の会社にとっては必要ない。

マーケティングとは，大金をつぎ込んで専門的・特異的・技術的なことをする壮大なプロジェクトではなく，**「自分のことを知ってもらう」（認知してもらう）ための地道な活動**をいう。あなたの会社の商品・サービスを知らない人が，あなたの会社から商品・サービスを買うだろうか。認知されていないものが売れることがあるだろうか。

片想いの人に自分のことを知ってもらい（認知してもらい），興味を持って

【図表6－9】ビジネスモデルMAP

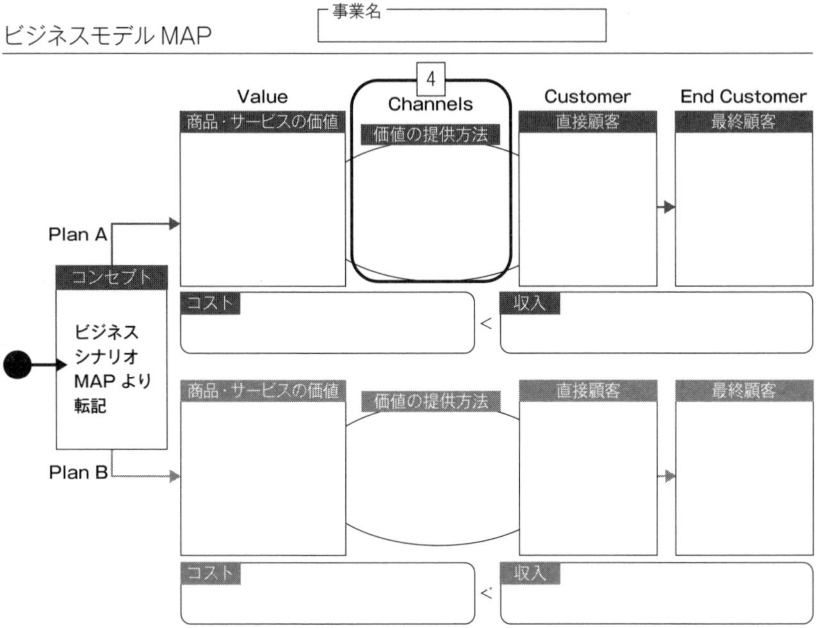

もらうために，地道な努力を積み重ねるように，マーケティングも地道な努力の積み重ねなのである。

消費者がモノを購入するに至るまでに，認知する（Attention）→興味を持つ（Interest）→「買いたい！」という欲求が湧く（Desire）→記憶に留める（Memory）→購入する（Action）というプロセスを辿るといわれている（これらの頭文字をとって「AIDMAの法則」[14]といわれている）。消費者の購買活

14 1920年代にアメリカ合衆国の販売・広告の実務書の著作者であったサミュエル・ローランド・ホールが提唱した広告宣伝に対する消費者の心理のプロセスを示したもの。2000年以降には，ネットでの購買行動のプロセスモデルとして電通等により「AISASの法則」（Attention→Interest→Search→Action→Share）というものが提唱され，2011年には，ソーシャルメディア時代における購買行動のプロセスモデルとして電通の佐藤尚之氏らにより「SIPSの法則」（Sympathize→Identify→Participate→Share&Spread）というものが提唱されているが，時代が変わっても認知（Attention）や共感（Sympathize）されないものが購買活動に繋がることはない。

動の最初にあるものは「認知する」である。商売は，**「認知されてナンボ」**である。

【テンプレート15】に「価値の提供方法100」というシートがある。社長は，小難しいマーケティングの教科書を読むよりも，大衆から「認知」してもらう方法を100個書き出してほしい。50個くらいはすぐに書き出せると思うが，ひねり出すのである。100個を書き出す段階で，実行可能性，実現可能性，予算，常識などは一旦横に置いておく。まずは，思考の枠を取っ払って，100個書き出してほしい。

100個書き出したら，次に優先順位付けを行う。「今すること」「将来すること」に二分するだけでもよい。そして，「今すること」を，直ちに，**すべて・もれなく実践する**。これが，マーケティングの実践であり，売上を上げるということである。

売上が上がらずに悩んでいる社長の多くは，マーケティングを行っていない。行っているといっても，2～3個をやっているにすぎない。つまり，圧倒的に認知されていないのである。打席に2～3回しか立っていないのに，ホームランが打てないと諦めているようなものである。ホームラン王は，いったい年間に何回打席に立ち，何回失敗していることか。

私が「黒字社長塾」を立ち上げた際に作成した「ビジネスモデルMAP」を再度見て頂きたい（P50【テンプレート6】作成事例参照)。日本各地でセミナーを開催したが，既存客もおらず，見込客もほとんどない中で，こちらから「セミナーをやるから参加してください！」と売り込むには限界があった。仮に，多くの見込客がいたとしても，セールスには限界がある。そこで，私は，立ち上げたばかりの「黒字社長塾」を，顧客ターゲットとなる小規模・中規模会社の社長に認知してもらうために，ブログやfacebookページの開設，メルマガ配信，セミナー案内動画の制作・配信，ネット広告の出稿，ハガキDMやFAXDMの制作・送付，無料小冊子の配布，専門誌への寄稿，同業者や金融機関への紹介依頼，セミナーDVDの販売，セミナーの書籍化など，やれるだけのことをやり尽くした。いまであれば，オンラインセミナー配信や，オンライン相談会なども開催するだろう。

【テンプレート15】価値の提供方法100

事業名

価値の提供方法 100

自分を「認知」してもらう方法 100

1	21	41	61	81
2	22	42	62	82
3	23	43	63	83
4	24	44	64	84
5	25	45	65	85
6	26	46	66	86
7	27	47	67	87
8	28	48	68	88
9	29	49	69	89
10	30	50	70	90
11	31	51	71	91
12	32	52	72	92
13	33	53	73	93
14	34	54	74	94
15	35	55	75	95
16	36	56	76	96
17	37	57	77	97
18	38	58	78	98
19	39	59	79	99
20	40	60	80	100

顧客に「黒字社長塾」を認知してもらい，「買いたい！」「売ってくれ！」と手を上げてもらう方法を考え，それらをやり尽くした結果，こちらから「参加してください！」と売り込まなくても，セミナーに申込みが殺到した。このセミナー自体もマーケティングの一貫であり，セミナー参加者の中から一定割合の方が，「黒字社長塾に申し込ませてください！」と手を上げてくれ，正規会員として申込みをしてくれた。私は一度もセールスをしていないが，会員数は増えていった。これが，マーケティングの実践である。

ドラッカー教授がいうように，マーケティングをキチンと実践すれば，セールスは不要になる。そして，自動的に売上が上がる。

セールスに忙殺されている社長は，【テンプレート15】の「価値の提供方法100」シートをデスクの上に置いておくか，手帳に貼り付けておくべきである。ここに書いてあることは，やろうと思えばできることばかりではないだろうか。片想いの人に自分のことを知ってもらう（認知してもらう）方法は無限にあることは分かっているのに，なぜやらないのか。なぜ言い訳をするのか。売上が上がらない根本的理由がどこにあるのか自分を省みてほしい。

3．イノベーション

⑴　イノベーションとは，Plan B を考えること

ドラッカー教授によると，顧客を創造するという企業の目的の成果をもたらすものは，マーケティングとイノベーションの２つだけであった（【図表６-10】参照）。

そして，イノベーションとは，「既存の何か」と「他の何か」を組み合わせて「新しい何か」を生み出すこと，もしくは，「既存の何か」をズラして「新しい何か」を生み出すことであった（【図表６-５】参照）。

イノベーションも，マーケティングと同様に，壮大なプロジェクトであると思っている方がいるかもしれない。例えば，第１章で述べたような，富士フイルムが本業（写真フイルム事業）からの事実上の撤退を決断し，異業種に事業

【図表6-10】マーケティングとイノベーション

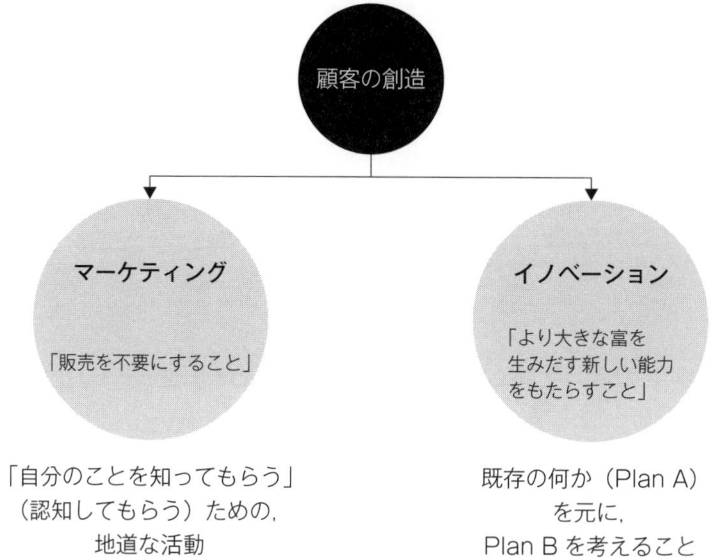

転換したような，会社や事業を根こそぎ入れ替えたり，新しい事業に転換したり，新しいモノを生み出したりすることがイノベーションと思っている方がいるかもしれない。

しかし，イノベーションとは，会社や事業の抜本的な改革だけを意味するものではない。多くの会社にとって必要なイノベーションとは，**既存の何か（Plan A）を元に，Plan B を考えること**である。ビジネスモデル（儲けの仕組み）にイノベーションを起こし，売上を最大化することである。

コロナ・ショックにおいて，多くの飲食店が，店内飲食（Plan A）だけでなく，テイクアウト販売（Plan B）を始めたこともイノベーションである。学校やセミナー会社が，対面授業（Plan A）だけでなく，オンライン講義（Plan B）を始めたこともイノベーションである。

書店が文具や雑貨を販売したり，ドラッグストアが化粧品や食品を販売したり，コンビニが飲食スペースを設置したりといった，既存のサービスにプラスアルファの何かを加えることもイノベーションである。逆に，飲食店が全席禁煙にしたり，床屋が洗髪や髭剃りをやめたり，スポーツジムがシャワー設置をやめたりといった，既存のサービスにマイナスの付加価値を付けることもイノベーションである。いずれも，既存の何か（Plan A）を元に，新しい付加価値を生み出している。

ポイントは，ゼロからイチ（０→１）を生み出すことだけがイノベーションではないということである。かつて街にあった電気屋，洋服屋，本屋，薬屋，八百屋，駄菓子屋などは，大型家電量販店，大型衣料量販店，大型書店，大型ドラッグストア，大型ショッピングセンター，コンビニエンスストアなどにカタチを変え，大型量販店化していった。このイノベーションの波に乗れなかった会社や店舗は姿を消した。いまはこれらの大型量販店がさらにM&A（合併・買収）を繰り返して超大型化し，さらに，ネット販売にチカラを入れ，リアル店舗をブティック化しながらネット売上比率を伸ばし続けている。このイノベーションの波に乗れなかった会社や店舗は数年後に姿を消すだろう。ユニクロの店舗がどんどん大型化し，ネット売上比率を伸ばし続け，売上のポートフォリオを変えてきているように，生き残る会社は自らカタチを変えながら売上を伸ばし続けている。いずれも，ゼロからイチ（０→１）を生み出しているわけではない。**Plan A をもとに，Plan B を10個，100個，1,000個と生み出し続けている**のである。

ユニクロもソフトバンクも，ソニーもパナソニックも，成功している企業の多くが，Plan A ではなく，Plan B で成功している。経営環境の変化に串を刺し，社会や顧客から求められる Plan B を描いたという美しいストーリーで成功したという事例もあるだろうが，大半は Plan A がうまくいかなかったから仕方なく途中ではじめた Plan B がたまたま当たった，というものだろう。**会社を維持・存続させるために，無理矢理にでも Plan B を考え出し，ひねり出すことが重要である。**

売上が上がらずに悩んでいる社長の多くは，マーケティングを行っていないだけでなく，イノベーションも行っていない。もはや，大衆は街の電気屋，洋服屋，本屋，薬屋，八百屋，駄菓子屋でモノを買わない。社会も買主も変化したのに，売主が Plan B を打ち出さないから，顧客に飽きられ，顧客をライバルに奪われるのである。

⑵ ビジネスモデルのイノベーション

イノベーションとは，第2章で述べた「ビジネスモデルのMAP」のPlan Bを考えることである（【図表6-11】）。

ここから，「ビジネスモデルのMAP」のPlan Bを考えるヒントを説明する。

イノベーションとは，「組み合わせる」こと，もしくは，「ズラす」こと，であると説明したが（【図表6-5】参照），ここでは「ズラす」ことによってPlan Bを作る方法を述べる。

「ズラす」には，①最終顧客をズラす方法と，②商品・サービスの価値をズラす方法の2つがある。あなたの会社の最終顧客を少しズラしてみたら，別の**新しい顧客**が見つからないだろうか。あなたの会社の商品・サービスの価値を少しズラしてみたら，別の**新しい商品・サービス**が提供できないだろうか。

①最終顧客をズラすことにより，既存の商品・サービスの価値を新しい顧客

【図表6-11】ビジネスモデルのPlan B

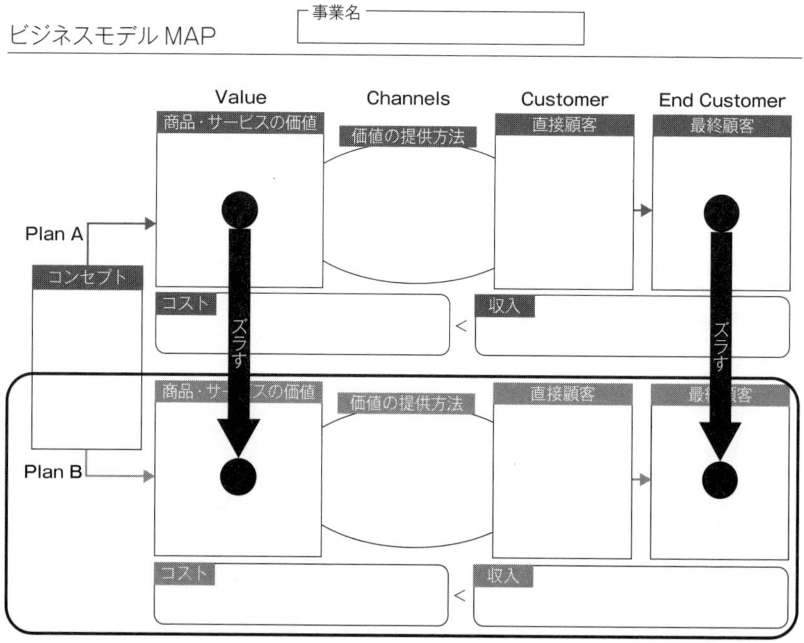

に提供できるかもしれないし，②商品・サービスの価値をズラすことにより，既存の顧客に新しい価値を提供できるかもしれない。これが，最も シンプルで簡単な Plan B の作り方であり，イノベーションの起こし方である。

①　最終顧客をズラす方法

最終顧客をズラして，別の新しい顧客を見つける方法として，(a)最終顧客を抽象化する方法と，(b)最終顧客の属性をズラす方法がある（【テンプレート16】参照)。

(a)最終顧客を抽象化する方法とは，最終顧客の「特定の一人」を思い浮かべ，その人を抽象化する（別の言葉で表現してみる）ことにより，**その「特定の一人」の周辺にいる新しい顧客を見つける方法**をいう。

P223の【テンプレート16】作成事例は，私が「黒字社長塾」の Plan B を考えた時に作成したものである。「黒字社長塾」を立ち上げる数年前のこと，経理業務や決算業務を顧問税理士に丸投げしていた中規模会社のＳ社長から「数字が見えるようにしてほしい」と相談を受けたことがある。Ｓ社長の会社とコンサルティング契約を締結し，数字の見える化（月次決算の内製化)，黒字化，資金繰りの改善などを行い，１年後には過去最高益を出すことができた。「黒字社長塾」は，このＳ社長の会社へのコンサルティングの経験がベースになっている。そのため，最終顧客の「特定の一人」として，まずＳ社長が思い浮かぶ。

そのＳ社長という人物を抽象化する（別の言葉で表現してみる）と，【テンプレート16】作成事例(a)のようになる。抽象化の方法には，①属性による抽象化，②心理性による抽象化，③購買行動傾向による抽象化などが考えられる。抽象化された言葉を見ると，「数字が見えるようにしてほしい」と相談を受けた場合だけでなく，経理機能の強化や財務体質の強化をしたいと考えている社長も新しい顧客に成りうることが分かる。

つまり，「あなたの会社を１年で黒字にします！」というコンセプトで始めた「黒字社長塾」であるが，赤字企業の社長のみならず，既に黒字であるがさらに経理機能や財務体質を強化したいという社長もターゲットに成りうる

【テンプレート16】最終顧客をズラしてみる

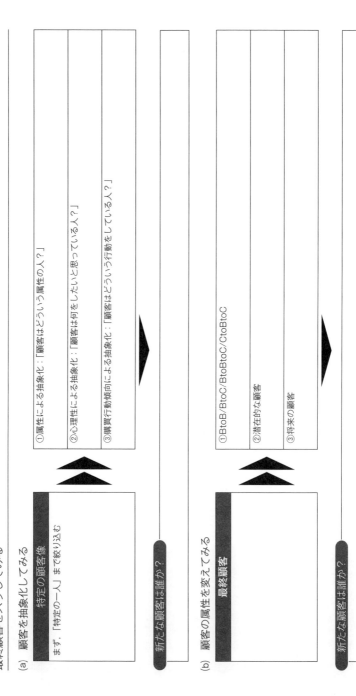

最終顧客をズラしてみる

(a) 顧客を抽象化してみる

特定の顧客像

まず,「特定の一人」まで絞り込む

①属性による抽象化:「顧客はどういう属性の人?」

②心理性による抽象化:「顧客は何をしたいと思っている人?」

③購買行動傾向による抽象化:「顧客はどういう行動をしている人?」

新たな顧客は誰か?

(b) 顧客の属性を変えてみる

最終顧客

①BtoB/BtoC/BtoBtoC/CtoBtoC

②潜在的な顧客

③将来の顧客

新たな顧客は誰か?

【テンプレート16】最終顧客をズラしてみる　作成事例

最終顧客をズラしてみる

(a)　顧客を抽象化してみる

特定の顧客像

まず，「特定の一人」まで絞り込む

自社の月次決算，資金繰りをタイムリーに把握することができず，資金繰りと財務健全性に不安を抱えるため，「数字の見える化」をしたいと考えている株式会社Ａ社のＳ社長

①属性による抽象化：「顧客はどういう属性の人？」
経理のプロが不在の中規模会社の２代目社長。
会計は顧問税理士に丸投げしており，会計知識は乏しい。

②心理性による抽象化：「顧客は何をしたいと思っている人？」
タイムリーな月次決算の実施，資金繰りの把握をし，
中長期的に金融機関からの借入金をゼロにしたいと思っている。

③購買行動傾向による抽象化：「顧客はどういう行動をしている人？」
会計の顧問税理士への丸投げは良くないと認識しており，
決算内製化，経理機能強化を考えている。

新たな顧客は誰か？

タイムリーな月次決算，資金繰り表などの作成，財務分析をして経理機能を強化し，財務体質を強化したいと考えている社長

(b)　顧客の属性を変えてみる

最終顧客

赤字の
小規模・中規模会社
の社長

①BtoB/BtoC/BtoBtoC/CtoBtoC
赤字企業をクライアントにもつ会計事務所

②潜在的な顧客
赤字ではないが，財務健全性などに不安を抱える社長

③将来の顧客
起業家，ベンチャー企業の社長

新たな顧客は誰か？

経理体質の強化，財務体質の強化，資金繰り改善，決算早期化を考える社長
もしくは，そのような社長を支援する会計事務所，コンサルティング会社など

（Plan B に成りうる）ということが，このワークシートから見出すことができる。実際に，「黒字社長塾」の顧客の大半は黒字企業であり，そのような顧客には，経理機能や財務体質を強化するコンサルティングを実施している。

(b)最終顧客の属性をズラす方法とは，その名のとおり，顧客の「属性」を変えることにより，**新しい顧客を見つける方法**をいう。

例えば，BtoC（企業対消費者）の事業を，BtoB（企業対企業）の事業に変えることはできないだろうか（つまり，顧客を消費者から企業に変えることはできないだろうか）。BtoBtoC の事業（amazon や楽天のように売りたい企業と買いたい消費者をつなぐ事業）に変えることはできないだろうか。CtoBtoC の事業（メルカリやヤフオクのように売りたい消費者と買いたい消費者をつなぐ事業）に変えることはできないだろうか。また，（現時点では顕在化していないが）潜在的な顧客はいないだろうか。さらには，（現時点では顧客ではないが）将来の顧客になりそうな人はいないだろうか。

「黒字社長塾」は，【テンプレート16】作成事例(b)のように，最終顧客の属性をズラすことにより，経理機能や財務体質を強化したいと考える社長のみならず，そのような社長を支援するコンサルティング会社や会計事務所も新しい顧客と捉え，専門家へのセミナー・情報販売も行っている。

このように，(a)最終顧客を抽象化する方法と，(b)最終顧客の属性をズラす方法により新しい顧客を見つけることができないだろうか。

②　商品・サービスの価値をズラす方法

商品・サービスの価値をズラして，別の新しい商品・サービス価値を見つける方法として，(a)商品・サービスの価値を抽象化する方法と，(b)商品・サービスの価値を差別化する方法（【テンプレート17】参照），がある。

どちらも，「ビジネスシナリオ MAP」の「事業のコンセプト」を抽象化，差別化していく。

【テンプレート17】作成事例は，私が「黒字社長塾」の Plan B を考えた時に作成したものである。「あなたの会社を１年で黒字にします！」という「事業のコンセプト」を抽象化，差別化していった。

⒜商品・サービスの価値を抽象化する方法として，①使用価値，②交換価値，③知覚価値を抽象化する（別の言葉で表現してみる）方法が考えられる（これらすべてを抽象化しなくても構わない）。

「黒字社長塾」の場合，商品・サービスの価値を抽象化することによって，会社を黒字にさせるという価値だけではなく，本質的な経営計画の策定を支援するという新たな価値を提供できることがこのワークシートから見出すことができた。そして，実際にそのような支援も行っている。

⒝商品・サービスの価値を差別化する方法は，自社の既存事業と差別化を図る新規事業を立ち上げるにはどうしたらいいかを考えてほしい。その方法として，①既存事業の機能・サービスを足してみる（プラスの差別化を図ってみる），②既存事業の機能・サービスを引いてみる（マイナスの差別化を図ってみる），③活動領域を伸ばしてみる，④活動領域を縮めてみる，という方法が考えられる。

「黒字社長塾」の場合，月次決算を分析して理詰め黒字化を図るという価値提供にとどまらず，経理業務全般，さらにはバックオフィス業務全般を引き受け，包括的なバックオフィス支援を行うことが新たな価値提供につながると，このワークシートから見出すことができた。そして，バックオフィス業務全般のアウトソーシング会社を立ち上げて，いまも運営している。

このように，⒜商品・サービスの価値を抽象化する方法と，⒝商品・サービスの価値を差別化する方法により，新たな価値を提供することができないだろうか。

上述のとおり，イノベーションとは，これまでになかった「全く新しいもの」を生み出すことではなく，「既存の何か」を少しズラすことによりPlan Bを考えることである。現状の「ビジネスシナリオMAP」に書いた「求められること」（must），「したいこと」（want），「できること」（can）を書き換えなくても，イノベーションを起こすことはできる。既存の経営資源を活用しながら，新しい収益源を生み出す方法を考えてほしい。Change or Die（変革しなければ，死ぬのみ）である。

【テンプレート17】商品・サービスの価値をズラしてみる

商品・サービスの価値をズラしてみる

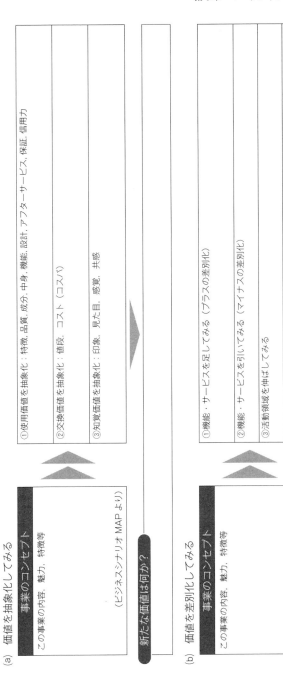

(a)　価値を抽象化してみる

事業のコンセプト

この事業の内容，魅力，特徴等

（ビジネスシナリオ MAP より）

①使用価値を抽象化：特徴，品質，成分，中身，機能，設計，アフターサービス，保証，信用力

②交換価値を抽象化：値段，コスト（コスパ）

③知覚価値を抽象化：印象，見た目，感覚，共感

新たな価値は何か？

(b)　価値を差別化してみる

事業のコンセプト

この事業の内容，魅力，特徴等

（ビジネスシナリオ MAP より）

①機能・サービスを足してみる（プラスの差別化）

②機能・サービスを引いてみる（マイナスの差別化）

③活動領域を伸ばしてみる

④活動領域を縮めてみる

新たな価値は何か？

【テンプレート17】商品・サービスの価値をズラしてみる　作成事例

商品・サービスの価値をズラしてみる

(a) 価値を抽象化してみる

事業のコンセプト

この事業の内容，魅力，特徴等

あなたの会社を
1年で黒字にします！

（ビジネスシナリオ MAP より）

①使用価値を抽象化：特徴，品質，成分，中身，機能，設計，アフターサービス，保証，信用力
徹底した月次決算の財務分析の実施による
予測財務諸表の作成

②交換価値を抽象化：値段，コスト（コスパ）
経費を下げることによる黒字化実現にとどまらず，
マーケティング支援などを通した過去最高売上達成への支援

③知覚価値を抽象化：印象，見た目，感覚，共感
社長を笑顔にするだけでなく，
全従業員の幸福度（Well-Being）を高める

新たな価値は何か？

過去最高売上・過去最高益を達成し，全従業員への分配を高めるための本質的な経営計画の策定支援

(b) 価値を差別化してみる

事業のコンセプト

この事業の内容，魅力，特徴等

あなたの会社を
1年で黒字にします！

（ビジネスシナリオ MAP より）

①機能・サービスを足してみる（プラスの差別化）
税務相談・税務申告まで引き受ける（税理士と協業する）
人事・労務関連業務まで引き受ける（社労士と協業する）

②機能・サービスを引いてみる（マイナスの差別化）
オンラインに限定したコンサルティング（訪問，対面のコンサルティングは行わない）

③活動領域を伸ばしてみる
経理業務の上流（日常業務）から下流（開示業務）までの包括的なアウトソーシング業務

④活動領域を縮めてみる
月次決算の財務分析などに特化したコンサルティング業務

新たな価値は何か？

バックオフィス業務全般のアウトソーシング業務の提供

経営哲学，リーダーシップ

第7章

第７章の全体像

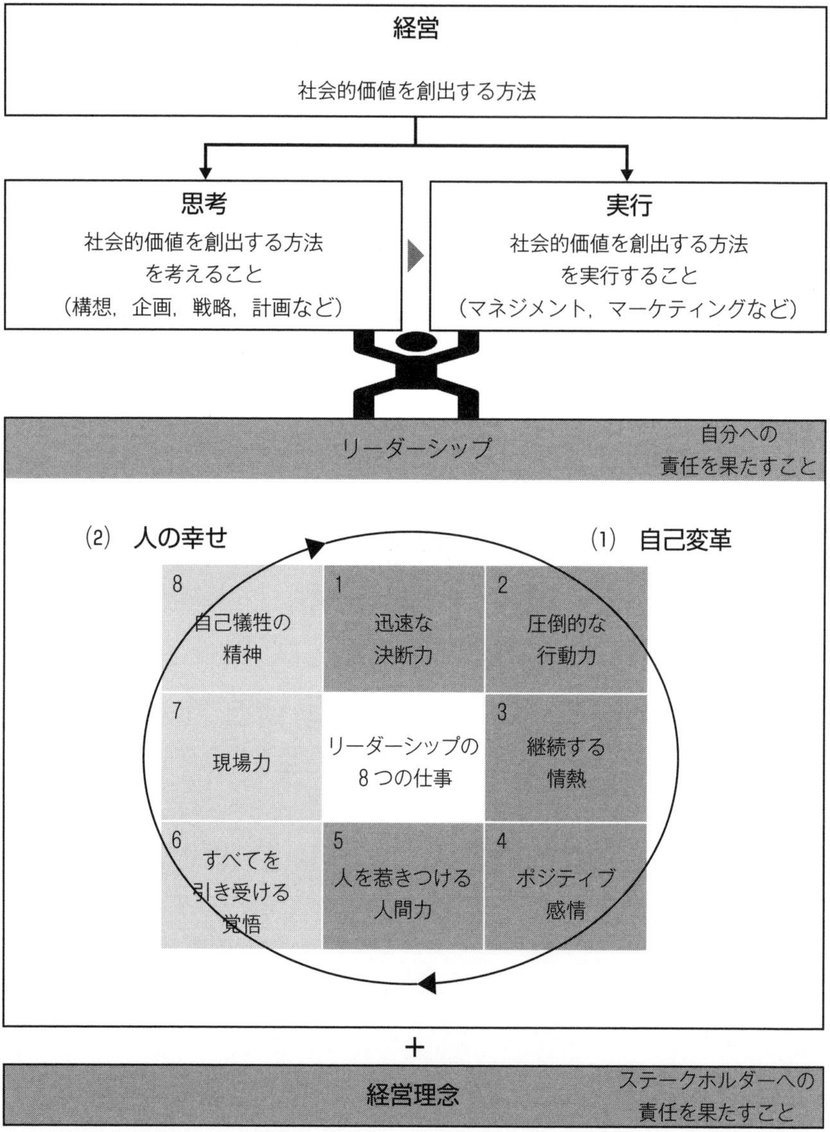
経営
社会的価値を創出する方法
思考
社会的価値を創出する方法
を考えること
（構想，企画，戦略，計画など）
実行
社会的価値を創出する方法
を実行すること
（マネジメント，マーケティングなど）
リーダーシップ
自分への
責任を果たすこと
⑵ 人の幸せ
⑴ 自己変革
8 自己犠牲の精神
1 迅速な決断力
2 圧倒的な行動力
7 現場力
リーダーシップの８つの仕事
3 継続する情熱
6 すべてを引き受ける覚悟
5 人を惹きつける人間力
4 ポジティブ感情
＋
経営理念
ステークホルダーへの
責任を果たすこと

1．いま渋沢栄一が注目される理由

(1) 経営者は「利潤」と「道徳」を調和させよ

本書を読んでいる読者であれば，渋沢栄一（1840－1931）のことはご存知であろう。

渋沢栄一が生きていた時代は江戸後期から昭和初期に当たる。渋沢栄一は，20代にして欧州諸国を歴訪し，近代社会のありように感銘を受ける。明治維新となって帰国すると，約500社もの設立・経営に関わり，また，約600もの社会公共事業，福祉・教育機関の支援と民間外交にも取り組むなど，数々の功績を残した（【図表７－１】参照）。設立・経営に関与した企業は，金融業，鉄道業，建設業，重工業など多岐にわたり，「近代日本の設計者の一人」，「日本資本主義の父」，「実業界の父」，「金融の父」とも称されている。1926年と1927年にはノーベル平和賞の候補にもなった。

2021年には，NHK 大河ドラマ「青天を衝け」の主人公となり，2024年には新１万円札の顔となる。渋沢栄一の著書『論語と算盤』（初出1916年）の現代語訳（守屋淳翻訳，ちくま新書，2010年）は発売から10年を経過しても売れ続

【図表７－１】渋沢栄一が設立・経営に関与した企業，社会事業

企業　約500

・アサヒビール	・川崎重工業
・キリンビール	・IHI（石川島播磨）
・サッポロビール	・JFE スチール
・東京電力	・清水建設
・東京ガス	・太平洋セメント
・JR 東日本	・王子製紙
・東急電鉄	・日本経済新聞
・日本郵船	・第一三共
・みずほ銀行	・帝国ホテル
・りそな銀行	・東宝
・東京海上日動	・澁澤倉庫　など

社会事業　約600

- ・聖路加国際病院
- ・日本赤十字社
- ・一橋大学
- ・早稲田大学
- ・日本女子大学
- ・津田塾大学
- ・東京証券取引所
- ・東京商工会議所
- ・理化学研究所
- ・東京都健康長寿医療センター
- など

けており，60万部を超える大ベストセラーとなっている。

なぜ，渋沢栄一が逝去してから100年近く経った今，彼が注目されるようになったのだろうか。

『論語と算盤』を現代語訳に翻訳した守屋淳氏によると，渋沢栄一が知られるようになったキッカケの１つは，2008年のリーマン・ショックだという。

「欲望の資本主義」が世界を壊していった中で，日本の多くの経営者が「『欲望の資本主義』ではない資本主義や経営の在り方について，一体何に学べばいいのか」といったことを真剣に考えるようになり，そこで「日本の原点」としての『論語と算盤』を愛読書に挙げる経営者が増えていった。

当時，CSR（企業の社会的責任）が問われるようになってきた時期でもあり，CSR の考え方が，『論語と算盤』の考え方と合致していることも渋沢栄一が注目されるキッカケとなった。

さらに，プロ野球の北海道日本ハムファイターズ栗山監督（2012年度～2021年度監督就任）が，大谷翔平選手をはじめ全選手に，『論語と算盤』を手渡したということも話題となった。

こういったことが重なり，かつてはいまほど知られていなかった渋沢栄一が注目されるようになってきた[1]。

では，『論語と算盤』は何を教えてくれているのか。

同書のタイトルの元にもなっているが，渋沢栄一が**「右手に論語，左手に算盤」**というコトバを残されたことはあまりにも有名である。ここでいう「算盤」とは，経済であり，利潤追求であり，資本主義を意味する。ここでいう「論語」とは，道徳であり，人間学であり，倫理観を意味する。つまり，経営者は「右手に論語」（道徳），「左手に算盤」（利潤）を持ち，利潤と道徳を調和させなければならないと説いている（道徳経済合一説，【図表７-２】参照）。

さらに，渋沢栄一は，同書の中で教育についても触れており，知識詰め込み型の教育（知育）だけではなく，道徳観・倫理観・人間力を磨く教育（徳育）

1　筑摩書房の YouTube チャンネル「【10分でわかる】渋沢栄一「論語と算盤」【第一人者が解説】」（https://www.youtube.com/watch?v=0moROikluqE）による守屋淳の解説より。

が大切だとも述べている。本来の教育は，100人の中から１人の秀才を出すものだが，知育に偏った教育では99人の平均的な人材を作ることになる。精神を磨くことをなおざりにした結果，似たりよったりの人材ばかりが生まれることになったということを，いまから100年以上前に指摘している[2]。いまでも知育に偏重した教育がなされ，知識量を図る大学入学試験が行われているのは残念でならない。

我が国は，戦後の高度経済成長が続き，1989年に日経平均株価が38,915円の史上最高値を付けたが，その後，1990年代初頭にバブルが崩壊した。大変な経済状態の悪化に見舞われた日本の各企業は，アメリカに範を求めて，企業価値をいかに上げるかといった企業価値至上主義に走っていった。ここでいう企業価値とは，企業の「社会性」というものは考慮しない株主価値であり，時価総額であった。そうやって，一部の経営者が，利益を上げ，株価を上げるという欲望丸出しの経営に突っ走り，アメリカではリーマン・ショック（2008年）が起こり，日本でもライブドア・ショック（2006年）が起こった。

多くの経営者が，企業価値最大化，キャッシュ最大化，利益最大化をひたすら目指していくことに疑問や限界を感じ，企業の在り方を考え直すようになった。企業は，投資家や経営者の欲望を充たす箱ではなく，**「社会の主要な構成要素」**であるということである。松下幸之助が述べたように，企業は**「社会の**

【図表７－２】『論語と算盤』の教え―「右手に論語，左手に算盤」

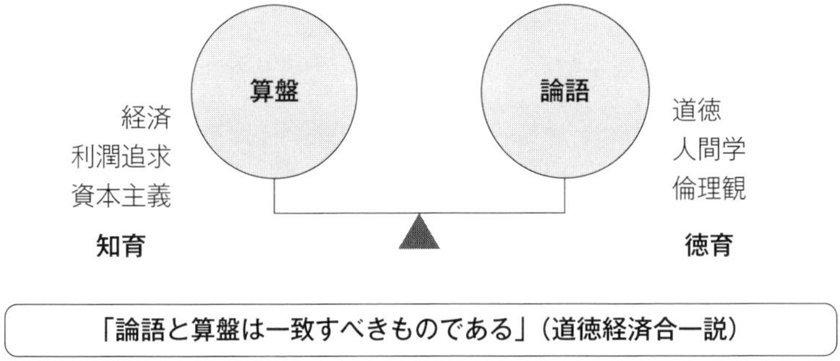

2　渋沢栄一著，守屋淳翻訳『現代語訳　論語と算盤』（ちくま新書，2010年，P202～204）

公器」であり，社会性を無視して企業経営は成り立たない。

経営は，私利私欲のためにに行うものではなく，世のため，社会のため，人々のため，全従業員のために行うものである。利潤の追求だけでなく，正しい倫理的価値観を持たなければならないという『論語と算盤』の教えが，現代の経営にも求められている。

(2) これから求められるサステナビリティ経営とは

ここまで読まれた方は，稲盛和夫氏のいう「経営の原点」(売上を最大に，経費を最小に）の遂行が，欲望丸出しの経営に突っ走ることになったのではないか，と思われたかもしれない。しかし，そうではない。経営者である限り，利潤は追求すべきであり，利益の最大化が「経営の原点」であることには変わりない。

江戸時代の思想家であり，町人の哲学の生みの親である石田梅岩（1685－1744）は，著書『都鄙問答』(岩波文庫，2007年復刊）の中で「商人の売利は士の禄に同じ」ということを述べている。つまり，(士農工商の最下で何も生産していないと軽蔑されていた）商人が正当な売買をして得た利益は，武士の俸禄と同じであると言っているのである。つまり，利潤の追求は決して悪いことではなく，むしろ，正しい方法によって得られるならば利潤を追求すべきだといっている。

石田梅岩の哲学は「石門心学」といわれ，その考えは，渋沢栄一をはじめ，日本を代表する名経営者も傾倒していった[3]。渋沢栄一の『論語と算盤』においても，『論語』の一節を紹介しながら，「まっとうな生き方によって得られるならば，どんな賤しい仕事についても金儲けせよ。しかし，まっとうでない手段をとるくらいなら，むしろ貧賤でいなさい」と述べている[4]。

いまでも金儲けは悪だという風習が残っているかもしれないが，むしろ，経営者であれば利潤を追求しなければならない。しかし，企業の**「社会性」**というものを認識することなく，利己的に利潤のみを追求することが崩壊への道を

---

3 森田健司『なぜ名経営者は石田梅岩に学ぶのか？』(ディスカヴァー携書，2019年)
4 渋沢栄一著，守屋淳翻訳『現代語訳　論語と算盤』(ちくま新書，2010年，P93)

辿ることはこれまでの歴史が教えてくれている。

「はじめに」で述べたとおり，経営とは「社会的価値を創出すること」である。企業とは「社会的価値を創出する器」である。「社会的価値を創出する」ために必要なことは，①利潤の追求のみならず，②世のため，社会のため，人々のため，全従業員のためという「社会性」である。「社会性」とは，現代風にいえば「サステナビリティ」(sustainability，持続可能性）といってもいいだろう。現代の経営には，**①利潤の追求**と，**②サステナビリティ**のバランスが求められている。まさに，渋沢栄一のいうところの論語と算盤のバランスである。どちらかが欠けても企業は継続できない。

では，利潤の追求だけに傾倒せず，私利私欲に走らず，利他的で社会的なサスティナブル経営を行うためには何が必要なのだろうか。

それが，企業・経営者・全従業員の精神の土台となる**「経営理念」**と，会社の中の異質な人材を束ね，個人の Well-Being（幸福度）を高めていくような**「リーダーシップ」**である。「経営理念」とは，ステークホルダーに対する責任を明確にすることであり，「リーダーシップ」とは，自己の責任を果たすこと

【図表7-3】企業の社会性を支える「経営理念」と「リーダーシップ」

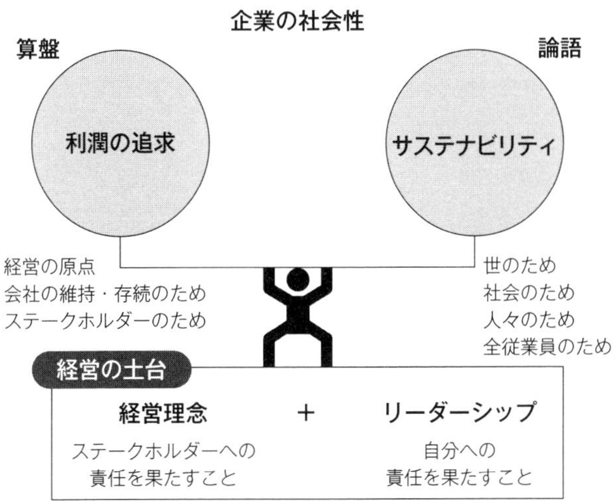

でもある。

どれほど立派な「ビジネスシナリオMAP」を描いても，どれほど儲かる「ビジネスモデルMAP」を描いても，「経営理念」と「リーダーシップ」がない会社が永続企業として発展することはないだろう。経営者は，自社が「社会の主要な構成要素」であるということ再認識し，あらゆるステークホルダーへの責任を果たすために，①利潤の追求と，②サステナビリティのバランスを取った経営を実践しなければならない。

2．経営理念

> 私はいつも，企業経営において企業理念，企業哲学，経営哲学というものが非常に大事であるとお話ししています。経営者は自らの哲学，理念に基づく座標軸で判断しながら会社を経営しているわけです。（略）それらの集積が，現在の結果なのです。
>
> ―稲盛和夫『経営のこころ　会社を伸ばすリーダーシップ』（PHP，2022年）

経営理念は，「企業理念」「経営哲学」「フィロソフィー（philosophy）」などといわれることもあるし，「ビジョン（vison）」「ミッション（mission）」「社是」「バリュー（value）」「パーパス（purpose）」「行動指針（code）」といった言葉を使って経営理念などを掲げる会社も多いが，それぞれの言葉の違いはここでも深掘りしない。

第2章の「ビジネスシナリオMAP」にあった「ビジョン・ミッション」（P36），もしくは，第3章のマネジメントで述べた「ビジョン・ミッション」（P71～）とほぼ同義であると思って構わない。

経営理念とは，経営トップの哲学，譲れない信念，壮大な夢にもとづき，企業の根本となる活動方針を示したものである。**「私たちは今どうあるべきか」「何のために経営活動を行うのか」**という企業の在り方を言語化したものであり，**「人間として何が正しいのか」**という判断基準を言語化したものであり，**「私**

たちにとって大切なものは何か」という価値観を言語化したものである。会社の中の最上位の判断基準，行動基準であり，社長や経営陣が変わっても変わることがない憲法のようなものである。

人間であるから，富や地位や名誉を手にしたいという欲が出ることはあるだろう。私利私欲に走ったり，世のため人のためにならない方法で利潤を追求しようとしたり，判断や行動がブレてしまったり，法規則などを破ったり，不正をしたり，といったことを誰もがする可能性がある。

また，経営者や従業員が経営上の判断を間違えれば，たちまち会社が傾いてしまうということもある。ほんのわずかなクラック（亀裂）が飛行機の墜落事故を起こすように，小さな判断ミスが企業の衰退にまで陥らせることもあり得る。

経営や事業を行うには，常に判断と行動を繰り返すことになるが，その判断基準と行動基準が経営理念であり，ガードレールの役割を果たすものが経営理念である。経営理念を掲げ，全従業員に浸透させることが，会社と全従業員を正しい方向に向かわせ，正しい利潤の獲得と，サステナビリティを実現させる。

第３章でも述べたとおり，ビジョン・ミッションを壁に掲げたり，ホームページやパンフレットに記載しているだけの会社が多いが，経営理念を掲げるだけでは全く意味がない。経営理念は，全従業員，全部門に浸透させなければならない。何度も繰り返し経営理念を伝えることにより，全従業員が「社会性」を持ちながら正しい方向にベクトルを合わせることができ，チームの一体感を醸成することができ，全員参加の経営を行うことができる。

【図表７−４】に，有名な企業の経営理念をピックアップした（企業によって「企業理念」「ミッション」などと表記しているものもある）。各社がどのような経営理念を掲げているのか，参考にしてほしい。理念経営（ビジョナリー経営）をしている企業は，経営理念に反するようなことはしていないだろうし，経営理念に向かって邁進しているに違いない。

【図表７−５】は，理念経営（ビジョナリー経営）の先進企業であるジョンソン・エンド・ジョンソンの経営理念「我が信条（Our Credo）」を載せている。

【図表７－４】有名な企業の経営理念（順不同）

京セラ	全従業員の物心両面の幸福を追求すると同時に，人類，社会の進歩発展に貢献すること。
ソフトバンクグループ	情報革命で人々を幸せに
ヤフー	UPDATE JAPAN　情報技術のチカラで，日本をもっと便利に。
ファーストリテイリング	服を変え，常識を変え，世界を変えていく
日本電産	Nidec は，モータを始めとする製品の，一層の効率化追求により地球環境保全のために不可欠なソリューションを提供するとともに，人々の良い生活の実現に貢献いたします。
オリエンタルランド	自由でみずみずしい発想を原動力に　すばらしい夢と感動　ひととしての喜び　そしてやすらぎを提供します。
JTB グループ	地球を舞台に，人々の交流を創造し，平和で心豊かな社会の実現に貢献する。
ニトリ	住まいの豊かさを世界の人々に提供する。
SBI グループ	正しい倫理的価値観を持つ　金融イノベーターたれ　新産業クリエーターを目指す　セルフイノベーションの継続　社会的責任を全うする
ライフネット生命	正直に　わかりやすく，安くて，便利に。
三省堂書店	吾れ　日に三たび　吾が身を　省みる。人の為に　謀りて　忠ならざるか，朋友と　交わりて　信ならざるか，習わざるを　伝うるか。
スターバックス	人々の心を豊かで活力あるものにするために―ひとりのお客様，一杯のコーヒー，そしてひとつのコミュニティーから
ドトールコーヒー	一杯のおいしいコーヒーを通じて，お客様にやすらぎと活力を提供する。
ヤッホーブルーイング	ビールに味を！人々に幸せを！
ワタミグループ	地球人類の人間性向上のためのよりよい環境をつくり，よりよいきっかけを提供すること
グローバルダイニング	安全でおいしい食事をどこよりもお手頃な価格で提供する
鳥貴族	焼鳥で世の中を明るくする
マツキヨココカラ＆カンパニー	未来の常識を作り出し，人々の生活を変えていく
ベネッセホールディングス	よく生きる（bene「よく」+esse「生きる」）
エバラ食品工業	「こころ，はずむ，おいしさ。」の提供
永谷園	味ひとすじ
美津濃（MIZUNO）	より良いスポーツ品とスポーツの振興を通じて社会に貢献する。
RIZAP グループ	「人は変われる。」を証明する
CCC（カルチャー・コンビニエンス・クラブ）	カルチャー・インフラを，つくっていくカンパニー。
サイバーエージェント	21世紀を代表する会社を創る
ユーグレナ	Sustainability First（サステナビリティ・ファースト）

［出所］各社の HP より

【図表７－５】ジョンソン・エンド・ジョンソンの経営理念「我が信条(Our Credo)」

我が信条

我々の第一の責任は，我々の製品およびサービスを使用してくれる患者，医師，看護師，そして母親，父親をはじめとする，すべての顧客に対するものであると確信する。顧客一人ひとりのニーズに応えるにあたり，我々の行なうすべての活動は質的に高い水準のものでなければならない。
我々は価値を提供し，製品原価を引き下げ，適正な価格を維持するよう常に努力をしなければならない。顧客からの注文には，迅速，かつ正確に応えなければならない。我々のビジネスパートナーには，適正な利益をあげる機会を提供しなければならない。

我々の第二の責任は，世界中で共に働く全社員に対するものである。
社員一人ひとりが個人として尊重され，受け入れられる職場環境を提供しなければならない。社員の多様性と尊厳が尊重され，その価値が認められなければならない。社員は安心して仕事に従事できなければならず，仕事を通して目的意識と達成感を得られなければならない。待遇は公正かつ適切でなければならず，働く環境は清潔で，整理整頓され，かつ安全でなければならない。社員の健康と幸福を支援し，社員が家族に対する責任および個人としての責任を果たすことができるよう，配慮しなければならない。
社員の提案，苦情が自由にできる環境でなければならない。能力ある人々には，雇用，能力開発および昇進の機会が平等に与えられなければならない。
我々は卓越した能力を持つリーダーを任命しなければならない。
そして，その行動は公正，かつ道義にかなったものでなければならない。

我々の第三の責任は，我々が生活し，働いている地域社会，更には全世界の共同社会に対するものである。世界中のより多くの場所で，ヘルスケアを身近で充実したものにし，人々がより健康でいられるよう支援しなければならない。
我々は良き市民として，有益な社会事業および福祉に貢献し，健康の増進，教育の改善に寄与し，適切な租税を負担しなければならない。我々が使用する施設を常に良好な状態に保ち，環境と資源の保護に努めなければならない。

我々の第四の，そして最後の責任は，会社の株主に対するものである。
事業は健全な利益を生まなければならない。我々は新しい考えを試みなければならない。研究開発は継続され，革新的な企画は開発され，将来に向けた投資がなされ，失敗は償わなければならない。新しい設備を購入し，新しい施設を整備し，新しい製品を市場に導入しなければならない。逆境の時に備えて蓄積を行なわなければならない。これらすべての原則が実行されてはじめて，株主は正当な報酬を享受することができるものと確信する。

Johnson & Johnson

［出所］ジョンソン・エンド・ジョンソン HP より（https://www.jnj.co.jp/about-jnj/our-credo）

「我が信条（Our Credo）」は，４つのパートから成っており，「第一，顧客に対する責任」「第二，社員に対する責任」「第三，地域社会に対する責任」「第四，株主に対する責任」と４つのステークホルダーに対する責任を具体的に明示し，「何のために経営活動を行うのか」「私たちにとって大切なものは何か」といったことを言語化している。「社員に対する責任」まで言語化している企業は珍しいのではないだろうか。この「我が信条（Our Credo）」は，起草以来60年以上にわたり，ジョンソン・エンド・ジョンソンの行動指南役として機能し続けている[5]。

経営理念は一夜にして言語化できるものではないが，これらを参考にしながら，「何のために経営活動を行うのか」「私たちにとって大切なものは何か」といったことをまとめてみてほしい。

３．リーダーシップ

> リーダーシップとは，部下にやらなければならないことをやりたいと思わせる技術である。
>
> ―ジム・コリンズ，ビル・ラジアー『ビジョナリー・カンパニーZERO』（日経BP，2021年）

上述のとおり，「社会の主要な構成要素」である企業が，「社会性」を失うことなく，サスティナブル経営を行うためには，「経営理念」と「リーダーシップ」を持って，ステークホルダーと自分への責任を果たさなければならない。

リーダーシップとは，リーダーとは異なる。

リーダー（Leader）とは，チームをリード（Lead）する「人」を指し，指導者，先導者，引率者と訳される。しかし，リーダーシップ（Leadership）の“ship”には技術・能力という意味があり，（上の『ビジョナリー・カンパニー

5　ジョンソン・エンド・ジョンソンHPより（https://www.jnj.co.jp/about-jnj/our-credo）

ZERO』にも書かれているとおり）部下にやらなければならないことをやりたいと思わせる**「技術」**であり，**「能力」**を指す。地位，権力，特権を指すものでもなく，権力を行使したり，命令したりすることでもなく，**チームメンバーが自発的・自主的に付いてくるようにする能力**である。

読者の皆様の部下は，皆様が権力を行使したり，命令をしたりしなくても，自発的・自主的に付いてきてくれるだろうか。

リーダーシップを発揮するには，以下の２つの力を併せ持つ必要がある。

■リーダーシップ力

(1)　自己変革（Self-Transformation）を起こす力
(2)　全従業員の Well-Being（幸福度）を高めていく力

(1)　自己変革（Self-Transformation）を起こす力

第１章でも述べたとおり，これまでの数十年のスパンで「会社の在り方」が劇的に変化し，従業員の働き方，価値観も激的に変わってしまった。社長は，CX（Corporate Transformation，会社を根こそぎ変えること）のみならず，PX（Personal Transformation，人の変革）も必要となる。社長は，あらゆる「変革」を起こす人物でなければならないが，その前提として，**「自己変革（Self-Transformation）を起こす力」**が求められる。自己変革を起こせない人が，人の変革，会社の変革，社会の変革を起こすことができるだろうか。

自己変革を起こす力には，具体的には，以下の５つが必要となる。

①　迅速な決断力
②　圧倒的な行動力
③　継続する情熱
④　ポジティブ感情
⑤　人を惹きつける人間力

① 迅速な決断力

第2章の「ビジネスシナリオMAP」の説明の中で，社長は，経営環境の変化を素早く察知し，「求められることは何か？」を考えなければならないと述べた（P33～参照）。絶えず凄まじいスピードでビジネス環境が変化する中で，リーダーに求められることは**「①迅速な決断力」**である。

ビジネスシナリオもビジネスモデルも，マーケティングもイノベーションも，その多くは，リーダーたる社長の夢をカタチにするものであり，リーダーたる社長が独断で決めるべきものである。また，あらゆる意思決定も，本来はリーダーたる社長が独断で決めるべきものである。しかし，社長が暴走する可能性もあるため，会社にはコーポレート・ガバナンス（企業統治）という仕組みがあり，株主総会，取締役（会），監査役（会）などが社長を監視し，社長の暴走に歯止めをかけている。そして，経営上の重要事項については株主総会，取締役会で決議することが求められている。

ところが，多くの社長は，経営上の重要事項でもない些細な意思決定まで多数決で（もしくは総意で）物事を決めようとする。これは，社長としての責任放棄に他ならない。なんでも会議で決めようとするから，会議が多く，会議が長い。業務時間のほとんどを会議に費やしている会社もある。本来，会議とは，「会して議する，議して決する」場である。しかし，多くの会社が，事前の議題・議案すら明確でないのに会議が開催され，「会して議せず，議して決せず，決して行われず」であり，「また次回議論しましょう」と延々と不毛な会議を繰り返している。社長1人で即決すべきことを，何週間，何ヶ月もかけて議論していて，ライバルに勝てるわけがない。

さらに，経営判断を下す際に，会議参加者の総意を取ると，当たり障りのない判断しかできず，チャンスを逃すことにもなりかねない。

何かを決断する際は，社内の人だけでなく，社外の人の意見を聞き，幅広く衆知を集め，参考にすることは大切である。しかし，最終決定者は社長である。リーダーは，独裁者になってはいけないが，独断しなければならない。

あらゆる意思決定を即効即決できない人物は，リーダーとしての資質に欠けると言わざるを得ない。

②　圧倒的な行動力

リーダーは，意思決定を下したならば，すぐに行動に移すと共に，圧倒的な行動をするべきである。

行動への開始が遅い人物も，リーダーとしての資質に欠けると言わざるを得ない。行動が遅いリーダーが成果を上げることはないだろう。

黒字社長塾のクライアントには，毎月の月次決算が締まったタイミングで筆者と面談し，改善点の洗い出しと，アクションプランの提出を求めることがある。行動が早い社長は，面談した日のうちに提出するが，９割の社長はこちらから督促しても提出しない。「ちょっと忙しくて…」という言い訳をする。前者の社長の会社は大きな改善を果たすが，後者の社長の会社は何の改善もなされずに，ただ月日が流れていくだけであることは言うまでもない。

また，意思決定を下し，行動を始めたならば，弾を撃ち続けなければならない。少しの弾を撃っただけで諦めたり，的に当たらないからといって違う的に方向転換をしたりというリーダーが多すぎるが，そういうリーダーが成果を上げることはできない。正しい判断，正しい行動であるならば，１発の弾を撃って諦めるのではなく，100発，1,000発，１万発と弾を撃ち続けるべきである。仮に100枚のチラシを配って１人から問い合わせがくるのであれば，1,000枚配れば10人，１万枚配れば100人，10万枚配れば1,000人から問い合わせがくる計算になる。配れば配るほど問い合わせが増えるのに，なぜ圧倒的な行動をしないのか。

パチンコ屋が儲かるのは，大半の客がすぐに席を立つからである。パチプロが儲かるのは，儲かる台を見つけたら，そこから席を立たないからである。

③　継続する情熱

リーダーは，行動を始めたならば，「**③継続する情熱**」を持ち続けなければならない。

おおよそ，大半の事業は，軌道に乗り，大きな成果を上げるには５年，10年，20年とかかるだろう。世界や日本を代表する巨大企業の売上高が１兆円（１百万ドル）を超えるのにも，大半が20年以上かかっている。

ファーストリテイリングは，売上高が1,000億円を超えるのにユニクロ１号店出店から約15年かかっており，売上高が１兆円を超えるのに約30年かかっている（【図表７－６】）。

大きな成果を出した会社や事業は，すべからく情熱をもってたゆまぬ努力を継続してきたに違いない。

なお，「継続する情熱」とは，羽生善治著『決断力』（角川 one テーマ21，2005年）に書かれていた**「才能とは，継続できる情熱である」**から引用した。

【図表７－６】ファーストリテイリングの沿革

年次	柳井正氏の年齢	出来事
1949年	0歳	山口県宇部市生まれ
1971年	22歳	早稲田大学卒業後，ジャスコ（現イオン）に就職 ９ヶ月で退職
1972年	23歳	父・柳井等氏経営の小群商事に入社
1984年	35歳	社長就任 「ユニクロ」１号店を広島市に出店
1987年	38歳	SPA（製造小売り）への転換を始める
1994年	45歳	広島証券取引所に上場
1997年	48歳	東京証券取引所第二部に上場
1998年	49歳	東京・原宿に初の東京都心店を出店
1999年	50歳	東京証券取引所第一部に上場 売上高1,000億円到達
2000年	51歳	インターネット通信販売を開始
2001年	52歳	海外初出店（ロンドン）
2006年	57歳	「ジーユー（g.u.）」１号店を千葉県市川市に出店
2013年	64歳	売上高１兆円到達
2018年	69歳	海外ユニクロが国内ユニクロの売上高を抜く 売上高２兆円到達

［出所］ファーストリテイリング HP などを参考に編集した

才能とは，IQや学歴が高いことではなく，同じ情熱，気力，モチベーションをもって継続してやり続けることである。大きな成果は，継続する努力の先にしかない。成果を出すまで諦めないという**強固でブレない信念・執念**，想いを愚直に**やり続ける力**，徹頭徹尾ひとつのことを**貫く力**，**逃げない姿勢**も併せ持たなければならない。

④　ポジティブ感情

ビジネスでもプライベートでも，成果を出し，夢を実現し，幸福度を高めるためには**「④ポジティブ感情」**が必要である。

人間の感情には，「ポジティブ感情」と「ネガティブ感情」がある。ポジティブ感情とは，喜び，楽しみ，安心，充実など，人々のWell-Being（幸福度）につながる感情をいい，ネガティブ感情とは，怒り，悲しみ，不安，恐れなどの人々のWell-Beingを遠ざける感情をいう。ポジティブ感情よりネガティブ感情が優先されやすいが，リーダーはポジティブ感情を持つべきである。リーダーのポジティブ感情こそが，全従業員のWell-Beingに直結する。

いつも不機嫌そうな顔をし，いつも怒り散らし，いつも文句を言いふらしているリーダーの元で，従業員が前向きに仕事をやりたいと思うだろうか。リーダーに付いていこうと思うだろうか。むしろ，仕事へのやりがいを失い，職場へ行く気が失せるに違いにない。ネガティブ感情の人間は，人の上に立つべきではない。

感情は，「意味付け」で変わる。新型コロナウイルス感染症が拡大した時に，それをポジティブに解釈することもできれば，ネガティブに解釈することもできる。どんな状況でもポジティブな意味付けをし，**次の一手を考えるのがリーダー**である。

⑤　人を惹きつける人間力

人の上に立つ者は，「感情」のコントロールだけでなく，「態度」のコントロールも必要である。横柄な態度をするリーダーや，権力にまかせて乱暴に振る舞うリーダーの元で，従業員がWell-Being（幸福度）を感じることはない。

従業員が前向きに仕事をやりたいと思い，このリーダーに付いていきたいと思わせるためには，リーダー自身に「**⑤人を惹き付ける人間力**」が必要である。換言すれば，対人的な魅力であり，親近感であり，包容力であり，オーラである。

これまで，多くの上場企業の社長に会う機会があったが，大きな成果を上げている巨大企業の社長は，例外なく「人を惹きつける人間力」を持っている。会った瞬間から，張り詰めた緊張の空気が流れるほどのオーラを放つ方が多いが，その中に親しみやすさ，優しさ，愛情といった人間的魅力を感じる。普段は肩で風を切るように歩いている堅くて強そうな人でも，喋ると非常に低姿勢な方だったりする。リーダーたる威厳・貫禄と，人間的な柔らかさ・穏便さ・温厚さを伏せ持っている魅力がある。その魅力が人々を惹きつける。松下幸之助氏，稲盛和夫氏，孫正義氏など，魅力的なリーダーに共通するのは，この「外柔内剛」の魅力ではないだろうか。外見が威張っているが，中身はスカスカという「外剛内柔」の人物に人が付いてくることはないだろう。

①～⑤で述べた，決断力，行動力，継続力，感情，態度の５要素は，リーダーシップに欠かすことができない資質である。これらが欠ける人物に，チームメンバーが自発的・自主的に付いていきたいと思うだろうか。欠けているものがあれば，自己の変革（Self-Transformation）を起こしていくべきである。

(2) 全従業員のWell-Being（幸福度）を高めていく力

経営の神様　稲盛和夫氏は，「人の心」をベースとした経営を行ってきた[6]。経営には，モノもカネも大事であるが，一番強くて頼りになるのは「人の心」である。人の心ほどうつろいやすく変わりやすいものはないといわれるが，これくらい強くて頼りになるものもないという。確かに，モノやカネを失ったとしたら，頼るものは共に働く仲間たちの心しかない。資金も信用も実績もない小さな町工場から出発した京セラ創業以来，稲盛氏はずっと「人の心をベースとした経営」を行ってきた。「人」をベースにするのではなく，「人の心」をベー

6　稲盛和夫 OFFICIAL SITE（https://www.kyocera.co.jp/inamori/）より

スにする経営を行うことがポイントであろう。従業員の心理はどうなっているのかを理解し，インボルブし，やる気を燃え立たせていくことが重要となる。

稲盛氏は，「全従業員の物心両面の幸福を追求する」を目的とし（これは京セラの経営理念にもなっている），経営の目的の第一義を全従業員の幸福としている。「社員が幸せでなければ，社会の公器としての役目を果たせるわけがない」[7]からである。稲盛氏は，全従業員を幸福にするという経営の目的を達成するために，私心をなくし，命をかけるくらいの気持ちで社員に尽くしてきた[8]。「皆のために尽くすという犠牲的な精神が，経営者には絶対に必要」だという[9]。

第1章で，会社の在り方が，組織が人を選ぶ「組織中心主義」の時代から，人が組織を選ぶ「個人中心主義」の時代へと変わったと述べた。リーダーたる社長は，全従業員のWell-being（幸福度）を高めていく力が求められる。

全従業員のWell-being（幸福度）を高めていくには，第3章「マネジメント」で述べたような，ビジョン・ミッションを掲げたり，インボルブしたり，動機付けを行ったり，従業員の強みを伸ばしたりするようなマネジメント力だけでは足りない。「人を用いて事を成す」ためには，根底に，自分を犠牲にしてでも，従業員のために尽くすくらいの覚悟と行動が必要である。

そのためには，具体的には，以下の3つが必要となる。

⑥　すべてを引き受ける覚悟
⑦　現場力
⑧　自己犠牲の精神

⑥　すべてを引き受ける覚悟

第3章の「マネジメントの8つの仕事」の「⑤仕事を任せる」において，部

7　稲盛和夫述『稲盛和夫，かく語りき』（日経BP，2021年）P209

8　稲盛和夫述，稲盛ライブラリー編『経営のこころ　会社を伸ばすリーダーシップ』（PHP，2022年）P146～

9　前掲書 P17～

下に仕事を「任せる勇気」が必要であると述べた（P94）。人材育成にも，組織を回すにも，部下に「まずは包丁を持たせること」（経験させること）が大切である。

ただし，「仕事を任せる」ことと，「仕事を丸投げする」ことは，全く異なる。多くの社長が，仕事を部下に丸投げし，丸投げをした後は放置している。これはリーダーのあるべき姿とはいえない。リーダーは，任せて任せず，**「⑥すべてを引き受ける覚悟」**がなければならない。

日本電産の永守重信会長は，「ハードルが低く，簡単な仕事は『お前がやれ』と部下に任せ，困難な仕事は『私がやる』といって，率先して引き受ける。これこそが組織トップのあるべき姿だ。」と述べている[10]。このような勇姿を見て，部下は「この人に付いていこう」と思うし，そういう上司の下で働くことに，働きがいや，充足感や，Well-being（幸福度）を感じるのではないだろうか。

筆者が監査法人に勤務している時，「この人に付いていこう」と思った上司・先輩が何人かいた。その上司・先輩からは，ハードルの高い仕事も与えられたが，仕事を丸投げしたり，放置したりすることは絶対になかった。きちんと仕事の手順・方法を教えてくれ，仕事が終わるまで（それが深夜になろうが，明け方になろうが）待っていてくれ，仕事が終わると，レビュー・フィードバックをしてくれた。仕事が行き詰まった時は，外に連れ出してくれ，コーヒーをご馳走してくれた先輩もいた。そういうリーダーの下で働いている時は，自分自身の成長も感じるし，働きがい，充足感，Well-being（幸福度）も最高潮に高かった。

他方で，仕事の手順も教えず，仕事を丸投げし，あとは知らんぷりという上司・先輩も多かったが，このようなリーダーの下で働いている時は，成長も感じないし，働きがい，充足感，Well-being（幸福度）も感じなかった。日常的に威圧的な態度で罵倒・恫喝・人格否定するだけで，指示・指導・レビュー・フィードバックをしない上司もいたが，筆者はこの上司の下で働く気にはなれず，担当する監査チームを変えてもらったこともある。

10　永守重信『成しとげる力』（サンマーク出版，2021年）P152

ちなみに，「この人に付いていこう」と思った上司・先輩は，監査法人を退職して約20年が経った今でも連絡をくれ，気にかけてくれ，時々食事にも誘ってくれる。こういう人は，何年経っても付いていこうと思わせる人間力を持っている。

従業員のWell-Being（幸福度）は，リーダー次第である。仕事を丸投げし，丸投げした後は放置し，信賞必罰をするだけであれば，あなたがリーダーである必要はない。人の上に立つ者は，**経営に関する全責任，部下が行う仕事に対する全責任**を引き受ける覚悟を持つ者でなければならない。

⑦　現場力

リーダー（Leader）とは，チームをリード（Lead）する「人」である。それは，メールで指示を出すことではなく，社長室でふんぞり返って報告を待つことでもない。自分に付いてきてくれるチームメンバーを路頭に迷わせることなく，**先陣を切って敵陣に突っ込む人**をいう。つまり，リーダーには「**⑦現場力**」が必要となる。

ビジョン・ミッションを果たすことも，インボルブすることも，社員の強みを伸ばすことも，マーケティング・イノベーションを遂行することも，利益を最大化させることも，すべて社長が率先して集団の先頭に立ち，導いていかなければならない。リーダーが先頭に立って挑戦せずに，チームメンバーが挑戦することがあるだろうか。チームメンバーを鼓舞する前に，リーダーがエクスキュージョン（execution，遂行）しなければならない。

リーダーのエクスキュージョンによって，社員をインボルブすることができるのである。社長自身が何度も何度も現場に行き，社員と対話することにより，社員は腹落ちして，「この人に付いていこう」「この会社で頑張ろう」と思うのである。社長がどこにいるかも分からない，社長の顔をしばらく見たことがない，という状況で，チームメンバーの心に火が付くだろうか。

日本電産の永守重信会長は，「経営において基本中の基本となるのが，『現場・現物・現実』の“三現”を正しく把握することである」と述べている[11]。

ファーストリテイリングの柳井正会長兼社長も，「現場・現物・現実」にあたらなければ経営上の問題の解決にはならないと述べている[12]。

会社経営は社長室でスマホやPCを眺めていてできるものではないし，机上の空論を振り回して成し遂げられるものでもない。現場を知らなければ，社員をインボルブすることができないだけでなく，経営上のあらゆる問題を解決することもできない。本社，支店，工場，営業所，フロントオフィス，バックオフィス，得意先，仕入先，地方，海外など，誰よりも現場に足を運び，誰よりも現場を知り，経営のリアルを知るべきである。

第3章でも紹介したソニー（現 ソニーグループ）の平井一夫元社長兼CEO（現 同社シニアアドバイザー）は，社長兼CEO時代に，グループ会社のソニー・ピクチャーズエンタテインメント（SPE）を立て直さないといけない状況になった際，SPEの本社のあるロサンゼルスに移り住み，現地にマンションを借り，SPEに常住したという[13]。日本の上場企業の社長が（それもソニーグループのような巨大企業の社長が），本社を離れ，海外に常住するというのは，極めて大胆であり，極めて異例なことであるが，平井氏は，東京から指示を出しただけではSPEの立て直しはできないこと，解決策は「現場・現物・現実」にしかないことを知っていたのだろう。ソニーの経営を当時副社長の吉田憲一郎氏（現 会長兼社長CEO）に預け，SPEに常駐した平井氏は，SPEを立て直し，東京に戻ってきたという。経済ドラマのような話である。

ソニーの社長でもここまでの行動をしている。小規模・中規模会社の社長が，なぜ社長室でふんぞり返っているのか。

上述のとおり，社長は先陣を切って敵陣に突っ込む人でなければならない。平井氏のような率先した「現場力」が求められる。ただし，現場の訪問が，「お偉いさんの現場視察」になってはならない。レッドカーペットで迎えられ，高

11　前掲書　P119

12　柳井正『経営者になるためのノート』（PHP研究所，2015年）P82

13　平井一夫『ソニー再生―変革を成し遂げた「異端のリーダーシップ」』（日本経済新聞出版，2021年）P227～

価な弁当を用意され，別室で一部の役員と食事をするような現場視察であれば，行く意味はない。現場で従業員と共に挑戦する姿を見せ，経営のリアルを知り，チームメンバーの心に火を付けるために現場に突っ込むのである。

⑧　自己犠牲の精神

「リーダーシップの８つの要素」の最後の要素は，社長として最も必要な資質であり，本書の結論でもある。

経営をするにあたり，もっとも大切な要素は**「⑧自己犠牲の精神」**である。上述のとおり，経営は，私利私欲のために行うものではなく，世のため，社会のため，人々のため，全従業員のために行うものである。金儲けをしたいという欲望のために商売をしているなら，従業員を雇わずに，（他社に業務委託をしながら）１人で経営をすべきである。従業員は社長の私利私欲を充たすための道具ではない。

ここまで何度も述べてきたとおり，企業は「社会の主要な構成要素」であり，経営とは「社会的価値を創出すること」とである。「社会性」や「サステナビリティ」を無視して，企業が大きく成長することはない。経営理念やビジョン・ミッションの達成のために，個人的エゴを抑えられるか。利他の心を持てるか。従業員の Well-Being を腹の底から考えているか。

「オレが」「オレが」の経営をしている社長は，エゴを手放し，あらゆるものを犠牲にしてでも「従業員の幸せのために会社を経営する」とコミットした時に，本当の企業の競争力の源泉を手にすることになるのではないだろうか。

ビジネステンプレート

巻 末 付 録

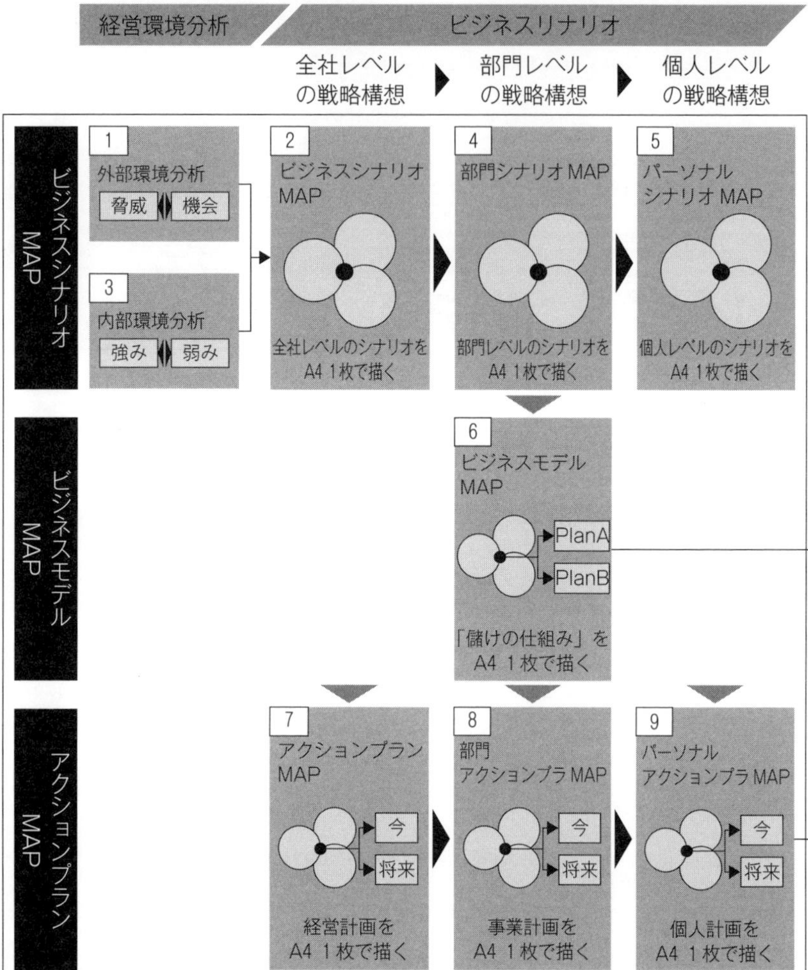
経営環境分析
ビジネスシナリオ
全社レベルの戦略構想
部門レベルの戦略構想
個人レベルの戦略構想
ビジネスシナリオMAP
ビジネスモデルMAP
アクションプランMAP
1
外部環境分析
脅威
機会
3
内部環境分析
強み
弱み
2
ビジネスシナリオMAP
全社レベルのシナリオをA4 1枚で描く
4
部門シナリオMAP
部門レベルのシナリオをA4 1枚で描く
5
パーソナルシナリオMAP
個人レベルのシナリオをA4 1枚で描く
6
ビジネスモデルMAP
PlanA
PlanB
「儲けの仕組み」をA4 1枚で描く
7
アクションプランMAP
今
将来
経営計画をA4 1枚で描く
8
部門アクションプラMAP
今
将来
事業計画をA4 1枚で描く
9
パーソナルアクションプラMAP
今
将来
個人計画をA4 1枚で描く

プレートの全体像

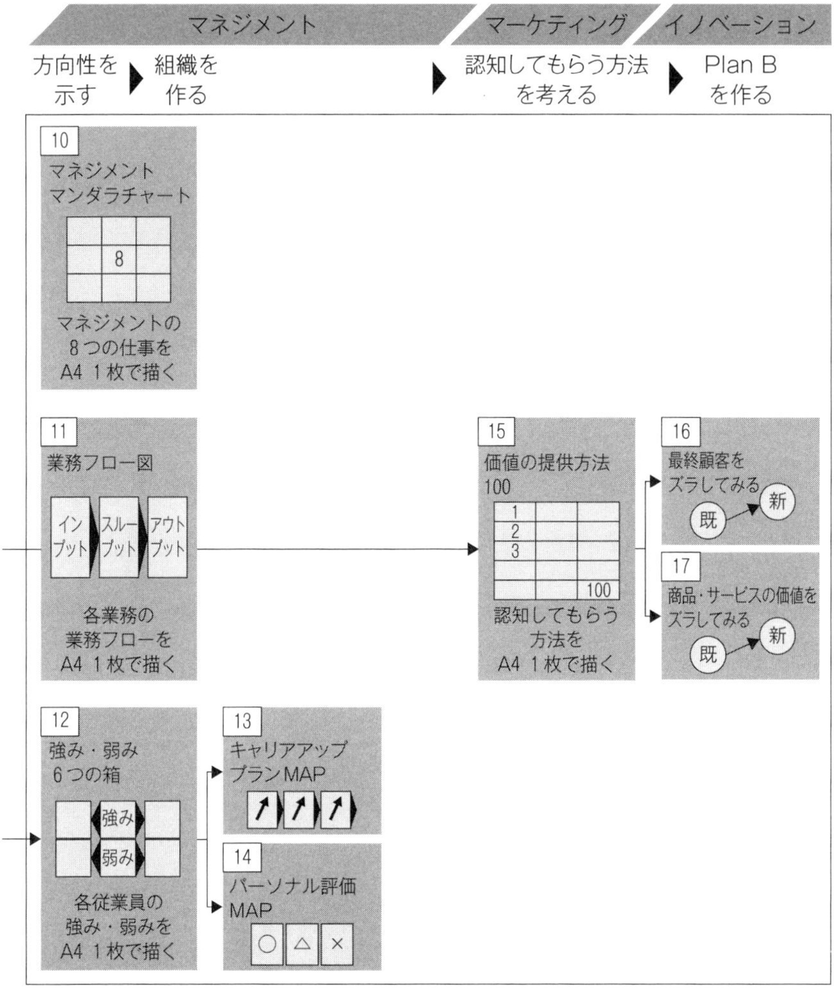
マネジメント
マーケティング
イノベーション
方向性を示す
組織を作る
認知してもらう方法を考える
Plan B を作る
10
マネジメントマンダラチャート
8
マネジメントの8つの仕事をA4 1枚で描く
11
業務フロー図
インプット
スループット
アウトプット
各業務の業務フローをA4 1枚で描く
15
価値の提供方法100
1
2
3
100
認知してもらう方法をA4 1枚で描く
16
最終顧客をズラしてみる
既
新
17
商品・サービスの価値をズラしてみる
既
新
12
強み・弱み6つの箱
強み
弱み
各従業員の強み・弱みをA4 1枚で描く
13
キャリアアッププランMAP
14
パーソナル評価MAP
○
△
×

【テンプレート１】外部環境分析

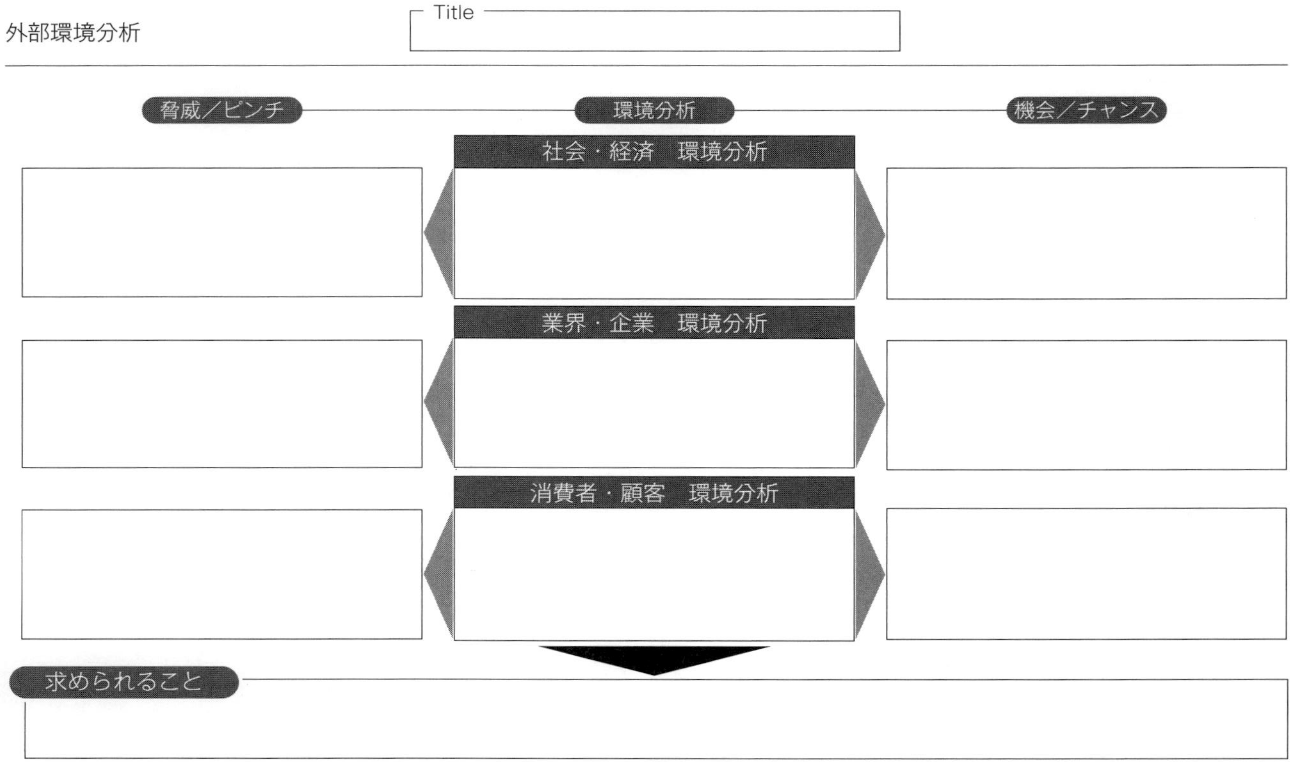

【テンプレート2】ビジネスシナリオ MAP

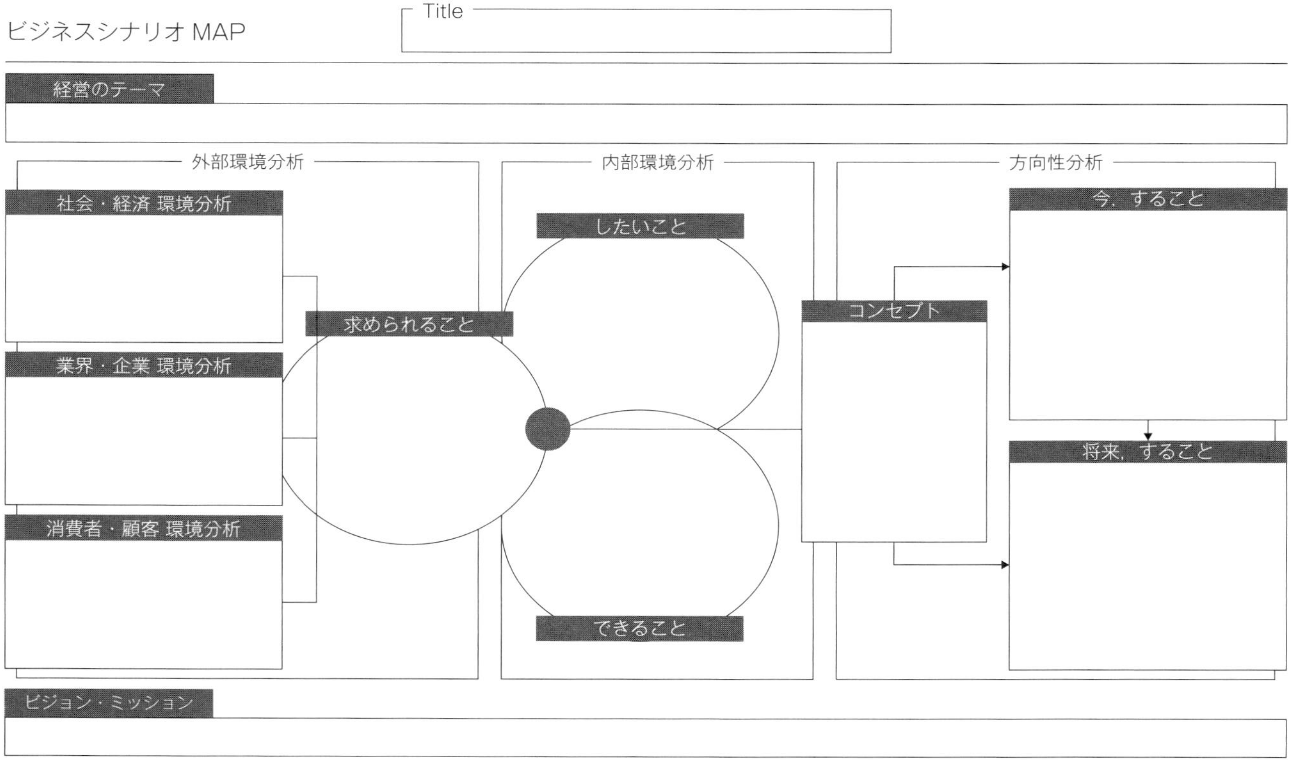

【テンプレート３】内部環境分析

内部環境分析

Title

経営資源の洗い出し

強み（Strength）	経営資源	弱み（Weakness）
	ヒト	
	モノ	
	カネ	
	情報（知識，知恵）	
	ノウハウ（技術，資格）	
	風土（組織，社風，チーム）	
	時間（納期，営業時間）	

【テンプレート4】部門シナリオ MAP

部門シナリオ MAP

部門名

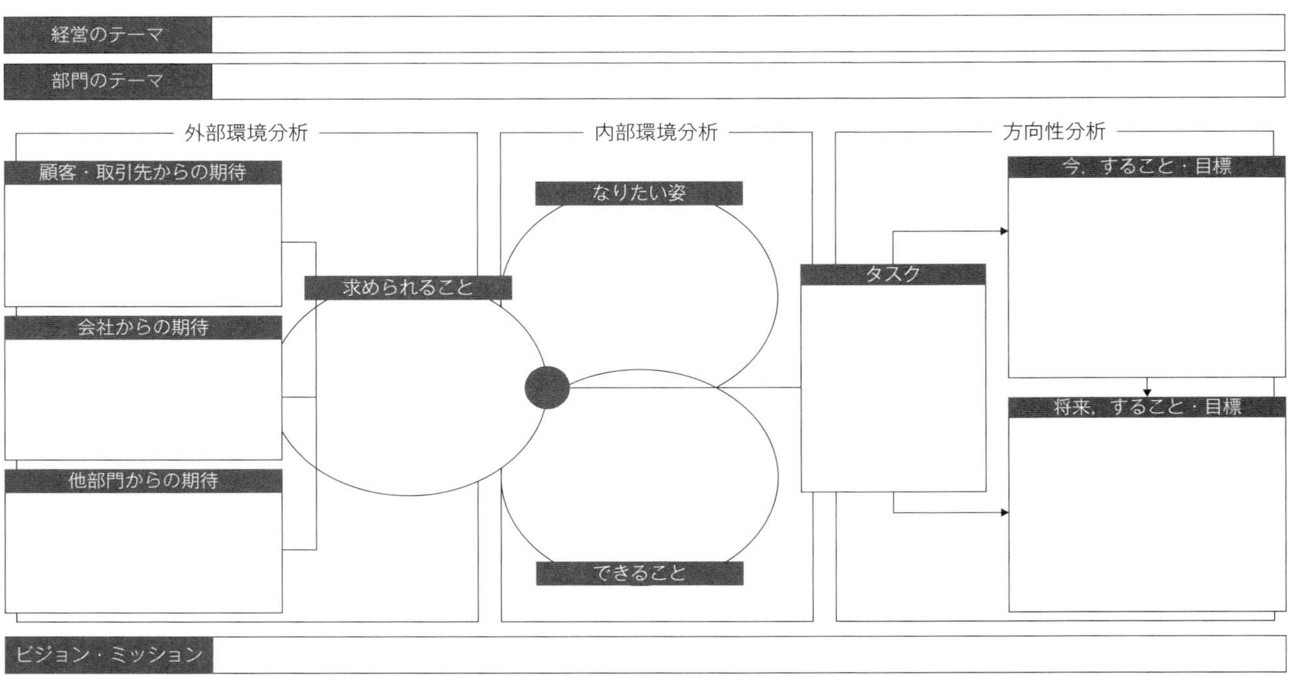

【テンプレート５】パーソナルシナリオ MAP

パーソナルシナリオ MAP

氏名

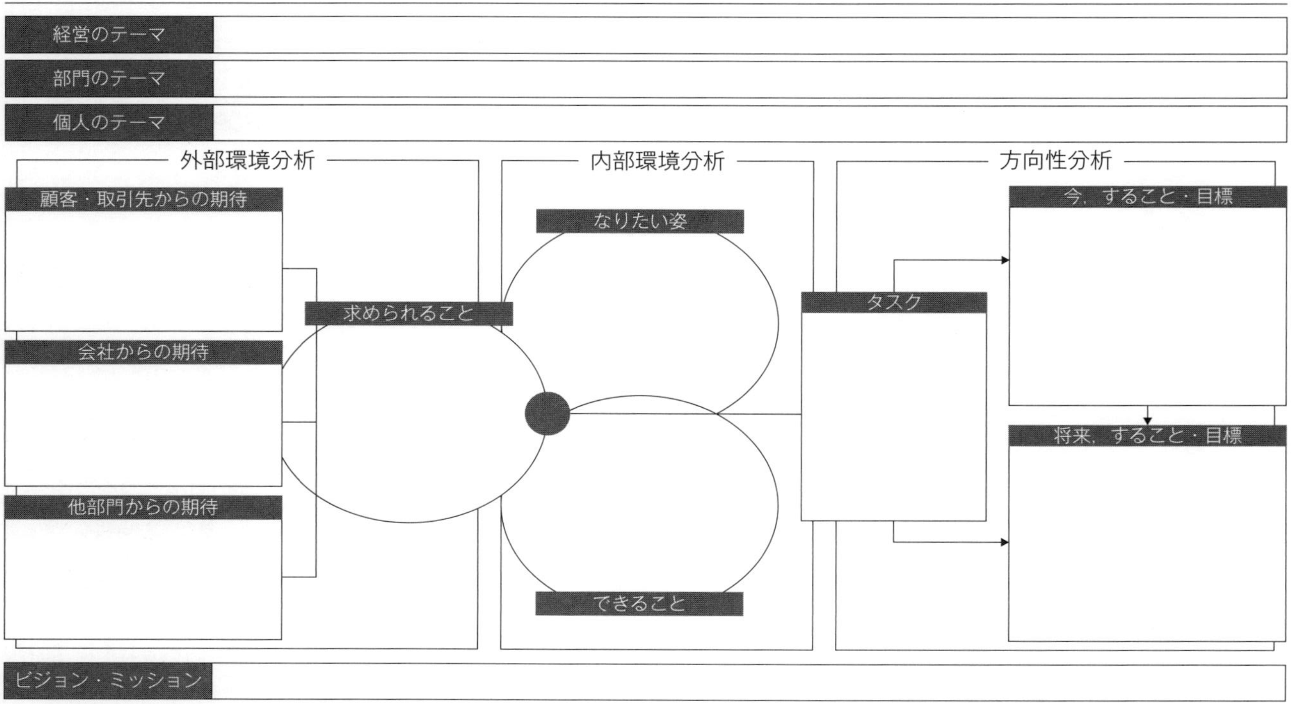

【テンプレート6】ビジネスモデルMAP

事業名

ビジネスモデルMAP

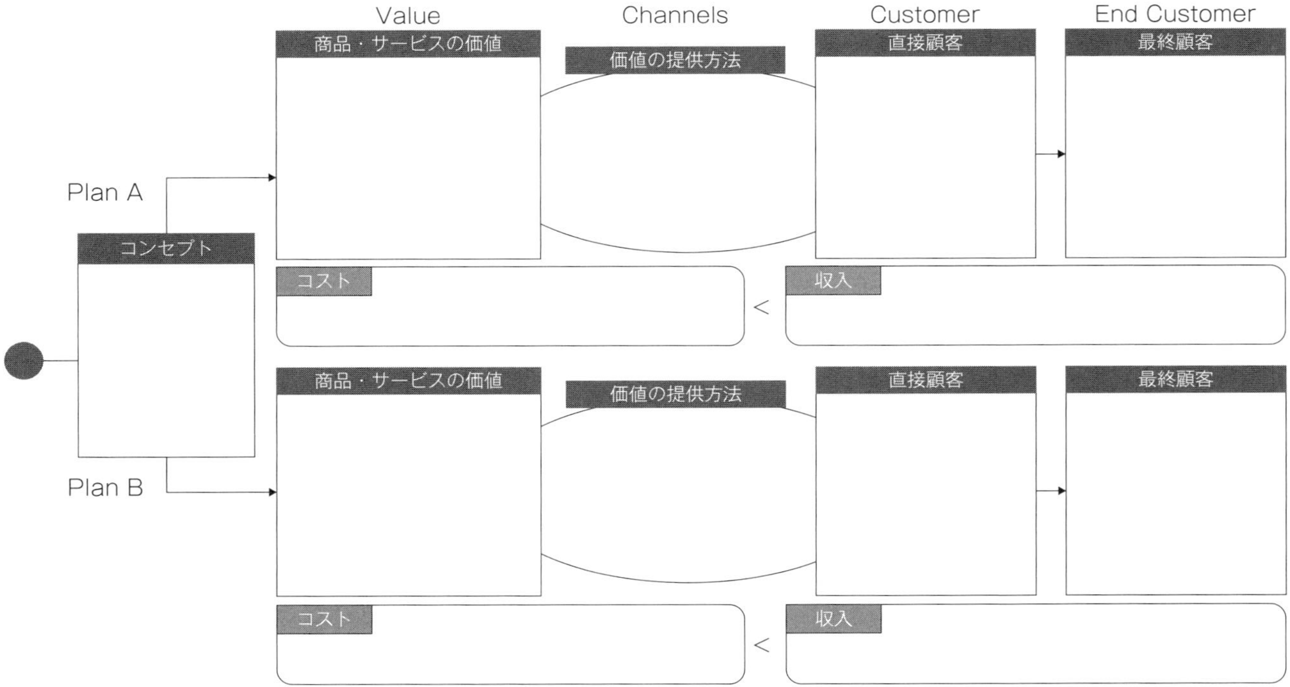

【テンプレート7】アクションプランMAP

アクションプランMAP

Title

【テンプレート 8】部門アクションプラン MAP

部門アクションプラン MAP

部門名

経営のテーマ	
部門のテーマ	

今，すること	1 誰が？	2 何を？	3 いつまでに？	4 どのように？

将来，すること	1 誰が？	2 何を？	3 いつまでに？	4 どのように？

【テンプレート9】パーソナルアクションプランMAP

パーソナルアクションプランMAP

氏名

経営のテーマ	
部門のテーマ	
個人のテーマ	

今，すること	1 誰が？	2 何を？	3 いつまでに？	4 どのように？

将来，すること	1 誰が？	2 何を？	3 いつまでに？	4 どのように？

【テンプレート10】マネジメント　マンダラチャート

	公正に評価をする			ビジョン・ミッションを掲げる			インボルブする	
			公正に評価をする	ビジョン・ミッションを掲げる	インボルブする			
	人を伸ばす		人を伸ばす	マネジメント8つの仕事	チームを作る		チームを作る	
			動機付けをする	仕事を任せる	仕組みを作る			
	動機付けをする			仕事を任せる			仕組みを作る	

【テンプレート11】業務フロー図

業務フロー図

部門名

事業名

	Input 何を		Throughput どうやったら		Output どうなるの？
業務フロー		▶		▶	
ヒト					
モノ					
カネ					
情報		▶		▶	
ノウハウ					
風土					
時間					

【テンプレート12】強み・弱み　6つの箱

強み・弱み 6つの箱

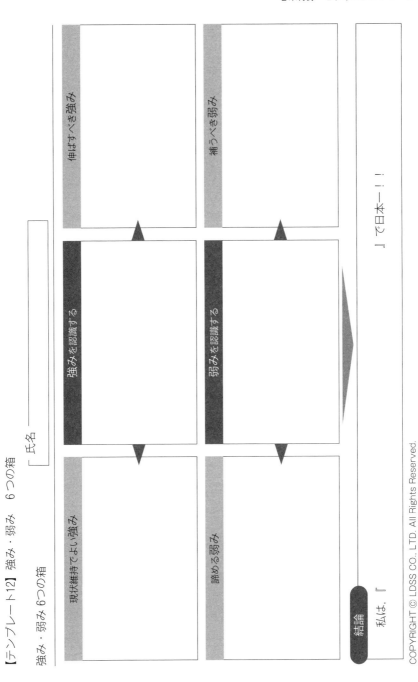

氏名

現状維持でよい強み	強みを認識する	伸ばすべき強み

諦める弱み	弱みを認識する	補うべき弱み

結論

私は，『　　　　　　　　　　　　　　　　』で日本一！！

【テンプレート13】キャリアアッププラン MAP

キャリアアッププランMAP

氏名

	1月～3月	4月～6月	7月～9月	10月～12月
具体的な目標				
伸ばすべき強み				
補うべき弱み				

【テンプレート14】パーソナル評価 MAP

パーソナル評価 MAP

氏名

経営のテーマ	
部門のテーマ	
個人のテーマ	

伸ばすべき強み	自己評価	他者評価
キャリアアッププラン進捗度	%	%

タスク	自己評価コメント（働き方への取組み）	他者評価コメント

補うべき弱み	自己評価	他者評価
キャリアアッププラン進捗度	%	%

今期，すること・目標	自己業績評価（結果・理由）	他者業績評価

【テンプレート15】価値の提供方法 100

事業名

価値の提供方法 100

自分を「認知」してもらう方法 100

1	21	41	61	81
2	22	42	62	82
3	23	43	63	83
4	24	44	64	84
5	25	45	65	85
6	26	46	66	86
7	27	47	67	87
8	28	48	68	88
9	29	49	69	89
10	30	50	70	90
11	31	51	71	91
12	32	52	72	92
13	33	53	73	93
14	34	54	74	94
15	35	55	75	95
16	36	56	76	96
17	37	57	77	97
18	38	58	78	98
19	39	59	79	99
20	40	60	80	100

【テンプレート16】最終顧客をズラしてみる

最終顧客をズラしてみる

(a) 顧客を抽象化してみる

特定の顧客像		
まず，「特定の一人」まで絞り込む	▶▶	①属性による抽象化：「顧客はどういう属性の人？」 ②心理性による抽象化：「顧客は何をしたいと思っている人？」 ③購買行動傾向による抽象化：「顧客はどういう行動をしている人？」

新たな顧客は誰か？

(b) 顧客の属性を変えてみる

最終顧客		
	▶▶	①BtoB/BtoC/BtoBtoC/CtoBtoC ②潜在的な顧客 ③将来の顧客

新たな顧客は誰か？

【テンプレート17】商品・サービスの価値をズラしてみる

商品・サービスの価値をズラしてみる

(a)　価値を抽象化してみる

事業のコンセプト

この事業の内容，魅力，特徴等

（ビジネスシナリオ MAP より）

①使用価値を抽象化：特徴, 品質, 成分, 中身, 機能, 設計, アフターサービス, 保証, 信用力

②交換価値を抽象化：値段，コスト（コスパ）

③知覚価値を抽象化：印象，見た目，感覚，共感

新たな価値は何か？

(b)　価値を差別化してみる

事業のコンセプト

この事業の内容，魅力，特徴等

（ビジネスシナリオ MAP より）

①機能・サービスを足してみる（プラスの差別化）

②機能・サービスを引いてみる（マイナスの差別化）

③活動領域を伸ばしてみる

④活動領域を縮めてみる

新たな価値は何か？

参考文献（五十音順）

朝倉祐介『ファイナンス思考―日本企業を蝕む病と，再生の戦略論』（ダイヤモンド社，2018年）

荒木博行『世界「倒産」図鑑』（日経 BP，2019年）

石田梅岩『都鄙問答』（岩波文庫，1935年）

稲盛和夫『京セラフィロソフィ』（サンマーク出版，2014年）

稲盛和夫『稲盛和夫の実学　経営と会計』（日経ビジネス人文庫，2000年）

稲盛和夫・述『稲盛和夫，かく語りき』（日経 BP，2021年）

稲盛和夫『経営のこころ　会社を伸ばすリーダーシップ』（PHP，2022年）

井上礼之『人を知り，心を動かす―リーダーの仕事を最高に面白くする方法』（プレジデント社，2021年）

入山章栄『世界標準の経営理論』（ダイヤモンド社，2019年）

工藤勇一，鴻上尚史『学校ってなんだ！　日本の教育はなぜ息苦しいのか』（講談社現代新書，2021年）

國貞克則『ドラッカーが教えてくれる「マネジメントの本質」』（日本経済新聞出版，2022年）

渋沢栄一著，守屋淳翻訳『現代語訳　論語と算盤』（ちくま新書，2010年）

渋沢栄一『論語と算盤』（角川ソフィア文庫，2008年）

武田雄治『社長のための１年で会社を黒字にする方法』（日本実業出版社，2012年）

武田雄治『社長のための１年で売上が急上昇する「黒字シート」』（日本実業出版社，2014年）

武田雄治『決算早期化の実務マニュアル〈第２版〉』（中央経済社，2016年）

武田雄治『「経理」の本分』（中央経済社，2019年）

戸部良一『失敗の本質　日本軍の組織論的研究』（中公文庫，1991年）

冨山和彦『コーポレート・トランスフォーメーション　日本の会社をつくり変える』（文藝春秋，2020年）

永守重信『成しとげる力』（サンマーク出版，2021年）

永守重信『永守流　経営とお金の原則』（日経 BP，2022年）

丹羽真理『パーパス・マネジメント―社員の幸せを大切にする経営』（クロスメディア・パブリッシング，2018年）

野村克也『野村ノート』（小学館文庫，初出2005年，文庫化2009年）

羽生善治『決断力』（角川 one テーマ21，2005年）

廣松隆志『なぜ倒産』（日経 BP，2018年）

平井一夫『ソニー再生―変革を成し遂げた「異端のリーダーシップ」』（日本経済新聞出版，2021年）

三谷宏治『経営戦略全史』（ディスカヴァー・トゥエンティワン，2013年）

三谷宏治，守屋淳『オリエント　東西の戦略史と現代経営論』（日経 BP，2021年）

森田健司『なぜ名経営者は石田梅岩に学ぶのか？』（ディスカヴァー携書，2019年）

村上龍『カンブリア宮殿　村上龍×経済人３―そして「消費者」だけが残った』（日経ビジネス人文庫，2012年）

柳井正『経営者になるためのノート』（PHP 研究所，2015年）

山田英夫『異業種に学ぶビジネスモデル』（日経ビジネス人文庫，初版2012年，文庫化2014年）

アレックス・オスターワルダー，イヴ・ピニュール共著『ビジネスモデル・ジェネレーション』（翔泳社，2012年）
ジム・コリンズ，ジェリー・ポラス『ビジョナリー・カンパニー』（日経BP社，1995年）
ジム・コリンズ『ビジョナリー・カンパニー3　衰退の五段階』（日経BP社，2018年）
ジム・コリンズ，ビル・ラジアー『ビジョナリー・カンパニーZERO』（日経BP，2021年）
シドニー・フィンケルシュタイン『名経営者が，なぜ失敗するのか？』（日経BP社，2004年）
デヴィッド・グレーバー『ブルシット・ジョブ―クソどうでもいい仕事の理論』（岩波書店，2020年）
トッド・ローズ『ハーバードの個性学入門　平均思考は捨てなさい』（ハヤカワ・ノンフィクション文庫，2019年）
トッド・ローズ，オギ・オーガス『Dark Horse―「好きなことだけで生きる人」が成功する時代』（三笠書房，2021年）
ピーター・F・ドラッカー『マネジメント　基本と原則［エッセンシャル版］』（ダイヤモンド社，2001年）
ピーター・F・ドラッカー『ネクスト・ソサエティ』（ダイヤモンド社，2002年）
ハワード・シュルツ，ドリー・ジョーンズ・ヤング『スターバックス成功物語』（日経BP社，1998年）

稲盛和夫 OFFICIAL SITE
筑摩書房の YouTube チャンネル

その他，新聞記事，各社 HP を参考にした。

《著者紹介》

武田　雄治（たけだ　ゆうじ）

公認会計士，武田公認会計士事務所 所長，「黒字社長塾」主宰。
関西学院大学商学部卒業。KPMG（現あずさ監査法人），東証上場企業財務経理部門，コンサルティング会社勤務等を経て，現在に至る。
監査をする側と監査をされる側の両方の経験を活かし，「経理を変えれば会社は変わる」との信念のもと，これまで数多くの上場企業財務経理部門の業務改善を行ってきた。決算早期化，決算業務改善の分野では第一人者と称されている。
2011年の東日本大震災の後，「日本の99%以上を占める中小企業こそ救わなければならない」と思い，中小企業に特化した経営コンサルティング事業「黒字社長塾」を立ち上げる。
現在，上場企業から中小企業，ベンチャー企業まで，幅広い企業の経営者，財務経理担当者から圧倒的な支持を受けている。セミナー・講演来場者は年間数千人，ブログ「CFOのための最新情報」の閲覧者は月間のべ10万人を超える。YouTube「黒字社長塾チャンネル」からも情報を配信している。

【著書】『「経理」の本分』『決算早期化の実務マニュアル〈第2版〉』（中央経済社）など多数。
【ホームページ】「武田公認会計士事務所」http://www.cpa-takeda.com/
「黒字社長塾」http://www.kurojijyuku.com/
【連絡先】otoiawase@cpa-takeda.com

「社長」の本分
——社会的価値を創出する思考力と実行力

2022年7月25日　第1版第1刷発行

著　者　武　田　雄　治
発行者　山　本　　継
発行所　㈱ 中 央 経 済 社
発売元　㈱中央経済グループパブリッシング

〒101-0051　東京都千代田区神田神保町1-31-2
電話　03（3293）3371（編集代表）
03（3293）3381（営業代表）
https://www.chuokeizai.co.jp
印刷／昭和情報プロセス㈱
製本／誠　製　本　㈱

ISBN978-4-502-43631-4　C3034